LETTRE

Des Auteurs des Mémoires Secrets, &c. à l'imprimeur de cet Ouvrage.

Tandis que vous étiez occupé, Monsieur, à l'impression de la suite des Mémoires Secrets, &c. pour l'année 1783, il se publioit dans nos cantons un ouvrage ayant pour titre : Anecdotes du dix-huitieme siecle. Dans ce cadre vaste & piquant nous comptions voir enchâssées beaucoup de choses du ministere du cardinal de Fleury, de la régence & même de la fin du regne de Louis XIV, époques si fécondes en événements, en aventures, en révolutions, en vaudevilles, en bons-mots, en saillies : point du tout, nous n'y avons trouvé qu'un extrait succinct de nos mémoires, une espece d'Ana, à l'usage des oisifs, de ces lecteurs frivoles qui n'ouvrent un livre que pour tuer le temps.

Nous n'examinerons point ici d'abord s'il

AVERTISSEMENT.

est bien honnête de pomper de la sorte toute la plus agréable substance d'un ouvrage pour se l'approprier, sans le consentement de l'auteur & sur-tout du libraire, possesseur du fonds. Depuis quelque temps, la littérature n'est guere qu'un amas de corsaires & de brigands qui se détroussent à l'envi, & il faut s'attendre à ces incursions inévitables.

Nous ne discuterons même point ensuite si l'on n'auroit pas pu apporter un choix plus sévere, un goût plus sûr dans cette collection, y mettre sur-tout plus d'ordre & de méthode : le but du compilateur semble avoir été de gagner de l'argent ; son édition s'est promptement enlevée, il n'y a qu'à le féliciter de son succès.

Mais ce dont nous nous plaindrons, c'est qu'il veuille imiter ce monarque dont nous parle Voltaire dans ses mémoires, qui, prenant les hommes comme des oranges, en exprime le suc, & puis en jette les pelures : Voltaire ajoute qu'il voulut mettre ses pelures en sureté ; & nous allons tâcher de défendre les nôtres. Voici ce que dit l'Avertissement :

MÉMOIRES
SECRETS
POUR SERVIR A L'HISTOIRE
DE LA
RÉPUBLIQUE DES LETTRES
EN FRANCE,
DEPUIS MDCCLXII JUSQU'A NOS JOURS;
OU
JOURNAL
D'UN OBSERVATEUR,

CONTENANT les Analyses des Pieces de Théâtre qui ont paru durant cet intervalle; les Relations des Assemblées Littéraires; les notices des Livres nouveaux, clandestins, prohibés; les Pieces fugitives, rares ou manuscrites, en prose ou en vers; les Vaudevilles sur la Cour; les Anecdotes & Bons Mots; les Eloges des Savants, des Artistes, des Hommes de Lettres morts, &c. &c. &c.

TOME VINGT-CINQUIEME.

. . . . *huc propius me,*
. . . . *vos ordine adite.*
Hor. L. II, Sat. 3, ⅴ. 81 & 82.

A LONDRES,
CHEZ JOHN ADAMSON.

M. DCC. LXXXVI.

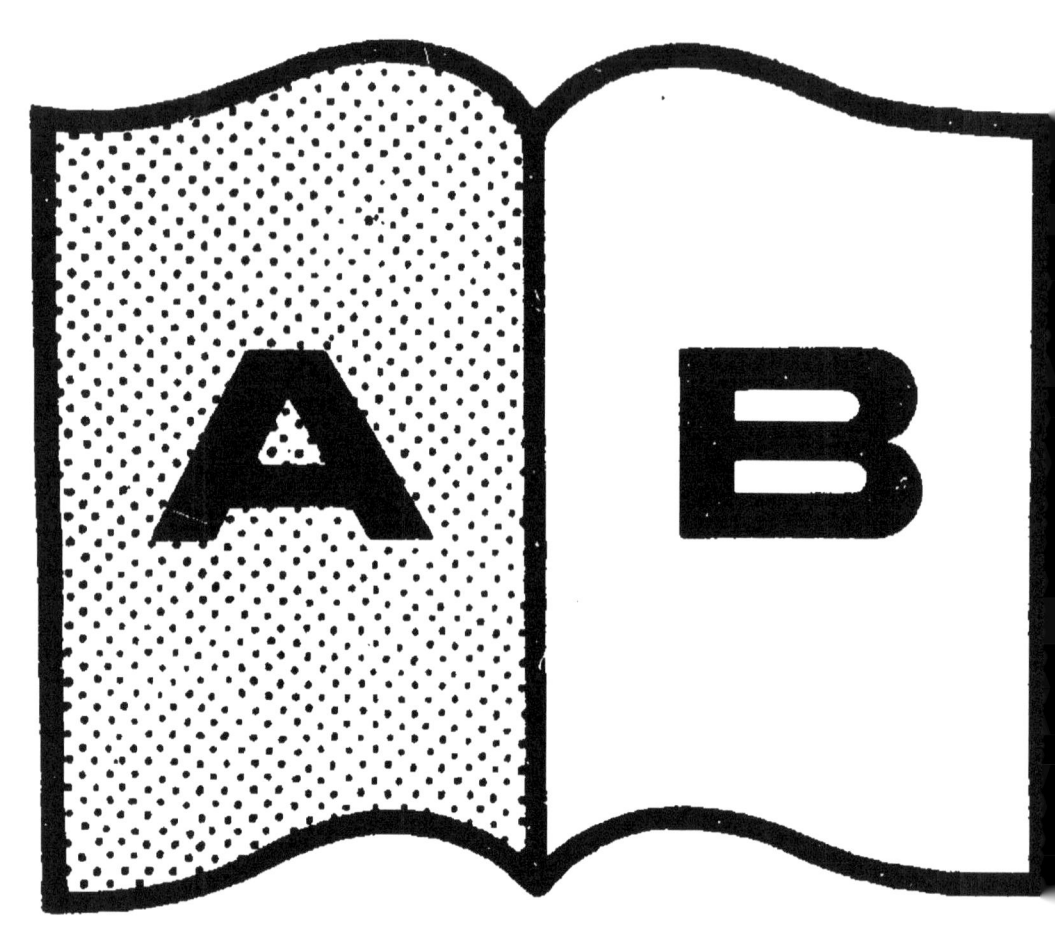

Contraste insuffisant

NF Z 43-120-14

AVERTISSEMENT.

« Celui qui acquerra ces deux volumes, pour-
» ra se dispenser de l'achat assez dispendieux
» des vingt volumes dont ils sont tirés ; il ne
» sera point obligé sur-tout de parcourir
» beaucoup d'inutilités pour trouver des ar-
» ticles propres à dédommager. »

Il faut distinguer dans notre ouvrage deux parties, l'agréable & l'utile ; heureux qui peut réunir les deux ! Mais un auteur estimable cherche toujours la derniere, & certainement Bachaumont, qui le premier imagina notre collection, ne l'avoit pas négligée. Pour s'en convaincre il suffit de suivre les éditeurs dans leur discussion raisonnée qui se trouve en tête de ces mémoires.

En observant le même plan que Bachaumont, nous avons cherché à l'étendre, c'est-à-dire en ne négligeant point ce qui pouvoit amuser, nous nous sommes efforcés d'y joindre encore plus ce qui pouvoit instruire. En effet, il s'étoit, comme l'indique le titre, borné à la littérature. Nous avons cru devoir aussi travailler pour l'histoire. Nous n'avons écarté que la partie absolument politique, à laquelle sont spécialement affectées les gazettes. Celles-ci ne sont guere que le théâtre des souverains. Le nôtre est celui de nos semblables. Nous pensons que ce genre d'histoire vaut bien l'autre; qu'il y a beaucoup plus de fruit à tirer de la lecture des aventures de la société, que du récit des sieges, des batailles, des grandes négociations, des cérémonies consignées avec tant de soin dans ces papiers publics.

Voilà qui répond aux reproches du Critique, n'envisageant notre collection que sous le même point de vue que la sienne, il regarde comme inutile tout ce qui ne fait pas rire, ou ne serre pas le cœur d'effroi, de tendresse, d'admiration, enfin n'excite pas une émotion quelconque dans l'ame du lecteur. Puisque l'occasion s'en présente, nous allons lui donner la clef de notre travail, lui découvrir qu'il n'est rien moins que superficiel & qu'également entrepris pour les philosophes & pour les gens du monde, il ne doit être indifférent à aucune classe de lecteurs.

La chronologie est la base de l'histoire, sans elle tout y est désordre & confusion. C'est

AVERTISSEMENT.

pourquoi nous datons tous nos articles, & si le compilateur nous eût imité, il ne lui fût pas arrivé de placer dans le même volume, à la page 216, la chanson sur la suppression des fêtes, insérée déjà à la page 20. De ce soin minutieux, au gré de beaucoup de gens n'approfondissant rien, il résulte non-seulement une exactitude qui prévient & les omissions, & les doubles emplois, mais encore plusieurs autres caracteres qui distinguent notre collection; la clarté, la précision, la véracité.

Sans ce qui le précede & ce qui le suit, un article ne seroit souvent qu'une énigme pour le lecteur ; c'est cet accompagnement des circonstances qu'on remarque toujours dans nos mémoires : point de fait qui ne soit, pour ainsi parler, coulé à fond. De ces parties qui, isolées, paroissent à notre critique n'avoir aucun intérêt, n'être que des superfluités ou des répétitions, il résulte un ensemble qui ne pourroit exister autrement & qui constitue le mérite réel de nos récits.

La précision est une autre suite de notre mé-

AVERTISSEMENT.

thode, parce que traitant chaque point séparément, nous ne pouvons guere y mettre cette redondance, apanage plus ordinaire des faits compliqués, où l'historien, pour peu qu'il soit disposé à la diffusion, sous prétexte de développement, se livre communément à son bavardage.

On regardera sans doute comme plus problématique la véracité que nous faisons dériver de la forme de notre journal. Nous nous expliquons.

En histoire il est deux sortes de vérités : La vérité absolue, que l'analiste ne peut offrir & promettre que dans le petit nombre de faits dont il a été acteur ou témoin; & la vérité relative qui provient de la tradition. Or celle-ci varie souvent comme les témoins, ce qui étoit vrai la veille, le devient quelquefois moins le lendemain, & le troisieme jour est une fausseté; & de même, au contraire, ce n'est pas une occupation peu philosophique que de suivre ainsi la gradation ou le décroissement de la vérité, de la voir sortir peu-à-peu des enveloppes dont l'erreur l'avoit défigurée, ou après avoir brillé un moment de rayons trompeurs, se

AVERTISSEMENT.

dissiper comme un prestige & rentrer dans la foule des mensonges dont on l'avoit fait sortir.

D'après cette comparaison que nous regardons comme inutile de pousser plus loin, le compilateur sera peut-être convaincu que son travail & le nôtre, quoique sur le même fond, n'ont rien de commun, & que sous prétexte de nous réduire & de nous améliorer aux yeux du grand nombre des lecteurs, il pourroit bien nous avoir mutilés & défigurés aux yeux du plus petit nombre, mais du plus sage, qui cherche, en s'amusant, à s'instruire.

Quant aux fautes légeres, nous convenons qu'il y en a beaucoup; peut-être quelques-unes de notre composition, car nous ne sommes point infaillibles; mais certainement la plupart de votre fait, Monsieur, auxquelles nous ne pouvons remédier dans l'éloignement, & c'est à vous à vous réformer. Nous aurions reçu avec reconnoissance les corrections du compilateur, & nous n'avons garde de prendre pour une marque d'estime, une négligence qui ne peut que nous causer du tort.

AVERTISSEMENT.

Nous avons cru, Monsieur, ne pouvoir vous adresser trop tôt cette explication ou apologie, pour que vous l'insériez, en forme de préface, à la tête des volumes que vous imprimez actuellement.

Nous avons l'honneur d'être, &c.

Lausane, ce 31 décembre 1783.

Notes des Libraires. Cette lettre nous avoit été adressée pour être insérée à la fin du vingt-quatrieme volume de 1783; mais étant arrivée trop tard, nous avons été obligés de la renvoyer à l'année suivante.

MÉMOIRES
SECRETS

POUR SERVIR A L'HISTOIRE DE LA RÉPUBLIQUE DES LETTRES EN FRANCE, DEPUIS MDCCLXII, JUSQU'A NOS JOURS.

ANNÉE M. DCC. LXXXIV.

Vers à deux amants.

BON jour, bon an, santé brillante,
Au cher couple d'amants heureux,
Que l'une soit toujours charmante,
Et l'autre toujours vigoureux!

Que dans vos ardeurs mutuelles,
Vos cœurs n'exhalent tous leur feux:
Gardez y quelques étincelles,
Pour le cousin qui fait ces vœux.

Mais chez vous l'amoureuse offrande,
A l'amitié n'ôte ses droits ;
Et vous savez, quoiqu'on prétende,
Bien servir deux dieux à la fois.

1. *Janvier* 1784. Le sieur *Pinetti* attire un monde prodigieux & de la plus haute volée. Ses tours sont aussi variés que surprenants ; & s'il n'étoit pas étranger, qu'il s'énonçât plus facilement, dans notre langue, il séduiroit infiniment davantage.

On admire sur-tout une petite *tête d'or*, grosse comme une noix, qui, mise dans un verre transparent & fermé d'un couvercle d'argent, devine tout ce qu'on lui demande, & l'indique par des signes.

La piece que cet habile escamoteur appelle *bouquet philosophique*, est un arbre composé de petites branches d'orangers, dont les feuilles sont fraîches & naturelles. Il le met sous une bouteille de crystal, & en lui jetant de loin quelques gouttes d'une eau de sa composition, les feuilles changent, le bouquet donne des fleurs & enfin des fruits. L'illusion que produit ce morceau ne laisse rien à désirer.

M. *Pinetti* présente aux spectateurs un jeu de cartes neuves ; plusieurs personnes de la compagnie en pensent ou en cachent une, après quoi le jeu est inséré dans une petite boîte d'argent ouverte dans sa partie supérieure, & dont la partie inférieure est terminée en un petit tuyau qu'on introduit dans le goulot d'une bouteille, laquelle préalablement est livrée à l'examen des spectateurs, & placée ensuite sur une table isolée. Au commandement, les cartes sortent du jeu & s'élancent en l'air.

Il fait sortir d'un œuf un serin vivant, auquel il donne alternativement la vie & la mort. A l'aide d'une commotion électrique, qu'il paroît communiquer avec une bande de papier ordinaire, il tranche le cou d'un pigeon vivant, sans qu'il y ait aucune goutte de sang répandu.

M. *Pinetti* exécute cinquante, cent, mille tours de cette espece, qu'on ne finiroit pas de détailler; mais il promet une merveille supérieure: il fait l'annonce d'un *serin organisé*, qui exécutera les pieces de musique qu'on lui offrira. L'oiseau sera isolé, & ne contiendra rien de ce qui pourroit le faire assimiler à une serinette.

Au surplus, M. *Pinetti* reste constamment en présence des spectateurs pendant toutes ses opérations, & il est difficile de deviner quelle est la communication établie entre lui & les différents objets qu'il offre à la curiosité de la compagnie.

1 *Janvier*. Le schisme établi dans la société du *musée de Paris*, continue & éclate aujourd'hui d'une maniere décidée. Les partisans de M. *Cailhava* se sont transportés rue Sainte-Avoye, dans le même endroit où M. *Pilâtre de Rozier* a ouvert un *musée scientifique*, le 11 décembre dernier. Ils y ont tenu une assemblée publique, sous la présidence de ce chef expulsé honteusement de la rue Dauphine. Ils en ont fait annoncer avec éclat la relation dans des feuilles publiques.

On voit une lettre datée du *musée de Paris*, le 26 décembre, où M. *Court de Gébelin*, président honoraire perpétuel de ce musée, réclame contre l'annonce envoyée par les schismatiques, où il déclare qu'elle est fausse & chimérique; que le *musée de Paris* n'a point transporté son local ; qu'il subsiste toujours où il a été institué en 1780, & que M. *Cailhava* n'est aujourd'hui qu'un *intrus* sur le siege de la présidence, puisqu'il a donné sa démission en bonne & due forme, le 7 août dernier, ainsi qu'on le lit dans une feuille de la *Gazette du commerce*.

C'est à M. l'abbé de *Fontenay*, rédacteur du *journal général de France*, que M. *Court de Gebelin* adresse sa réclamation.

1 *Janvier*. M. *Duvaucel*, grand-maître enquêteur-général réformateur des eaux et forêts au département de Paris & Isle-de-France, vient de mourir. C'étoit un grand amateur de filles, qui avoit mangé beaucoup d'argent avec elles, & laissé par conséquent une succession en très mauvais ordre. Il étoit garçon, & est pere d'un abbé *Duvaucel*, homme de lettres, prédicateur, qui a déjà fait un grand chemin dans l'église.

2 *Janvier*. On suppose dans la premiere des *lettres édifiantes & curieuses*, que M. l'évêque de *Rennes*, durant diverses retraites qu'il a faites à la *Trappe*, frappé de voir cent cinquante solitaires se suffire avec vingt-cinq mille francs par an, dont ils donnent plus de la moitié aux pauvres, & emploient une autre grande partie à exercer l'hospitalité indistinctement envers les voyageurs, a des remords sur l'emploi mondain qu'il fait de ses gros revenus. Il en fait part à M. l'évêque d'*Autun*, qu'il appelle *le Flambeau de l'église de France*, & le consulte sur ce qu'il doit faire. Il le prie de mettre la question en délibération avec MM. de *Narbonne* & de *Toulouse*, autres astres de *l'église Gallicane*.

M. d'*Autun* lui répond en se moquant de ses

scrupules : il lui dit que M. de *Toulouse* les traite de vapeurs ; qu'il faut laisser à l'évêque de *Lescars* agiter ces questions oiseuses & chimériques. Quant à M. de *Narbonne*, il a juré après lui comme un grenadier. Tous, en un mot, se réunissent pour l'exhorter de continuer à développer ses grands talents en administration, comme il a fait dans les derniers états, et comme il projette de faire encore.

Au surplus, M. de *Narbonne*, plus franc que les autres, & ne voulant rien prendre sur lui, a envoyé le cas de conscience à un de ses bons amis, un vieux profès des *Blancs Manteaux*, âgé de 80 ans, un peu janséniste, peut-être, mais honnête homme d'ailleurs. C'est ce *mémoire adressé par le révérend pere ***, bénédictin des Blancs-Manteaux, à monseigneur l'archevêque de Narbonne*, qui forme la troisieme partie du recueil.

Le savant moine traite succinctement la question : *Si les biens ecclésiastiques sont actuellement employés suivant le vœu de l'église* : il y a eu trois âges en ce genre.

Au premier, tous les biens formoient une masse commune, sur laquelle les pasteurs prenoient leur subsistance étroite & indispensable, pour suppléer au travail des mains, & le surplus servoit à secourir les pauvres, les malades, les voyageurs, les étrangers & les prisonniers. Ceux des pasteurs qui avoient un patrimoine, ne pouvoient y rien prétendre, qu'en l'abandonnant.

Le second âge fut celui où la division des biens de l'église fut faite en quatre parts. La premiere, pour l'évêque, la seconde pour le clergé du diocese, la troisieme pour les pauvres, & la quatrieme pour la fabrique de l'église.

Est venu le troisieme âge enfin, où les évêques, les chapitres & les moines ont envahi la meilleure part des biens eccléfiaftiques, & les malheureux curés ont pû à peine y trouver leur fubfiftance; la part des pauvres, celle des fabriques ont été totalement envahies. Pour y fuppléer, on a été obligé de mettre des impôts, d'établir une *taxe des pauvres, des charités dans* les paroiffes, *des quêtes pour les rachats des captifs,* & des ordres qui vivent fur ces quêtes.

On a capitulé avec le théâtre, & tandis que l'églife le frappe d'une main de fes anathêmes, elle reçoit de l'autre le quart de fon produit.

Pour former la part des fabriques, il a fallu louer, à prix d'argent, le droit d'affifter à la meffe hauffer en certains jours le prix des chaifes, comme on tierce aux fpectacles.

Pour fuppléer la part même des clercs féculiers & autres prêtres, envahie par les miniftres principaux, il a fallu imaginer *les ordres des mendiants, la quête des prédicateurs, le dedans de l'églife.*

Enfin on a énormément augmenté les *décimes,* fecours volontaire d'abord, dont on a fait l'impôt le plus onéreux qui exifte.

Le rigorifte termine par une peinture effroyable de l'ufage qu'on a fait de ces biens, par celle du luxe immodéré des évêques, de leur mondanité, de leur corruption.

2 Janvier. On devoit jouer hier à la comédie italienne, la feconde repréfentation du *Droit du feigneur.* La piece étoit affichée, le public s'étoit rendu en foule pour la voir, & a trouvé très-mauvais que les comédiens fe miffent en devoir d'en donner une autre. Il y a eu un tapage effroyable; le parterre les a empêchés de parler ou de chanter; il a fallu parlementer long-temps. Enfin, sur la représentation que Mad. du Gazon, la principale actrice, étoit malade & gisante au lit, ce qu'on pouvoit vérifier si l'on vouloit s'en donner la peine, on a exécuté le *Déserteur* au gré des mécontents.

3 *Janvier*. Au moment où les créanciers du prince de Guimené se flattoient de toucher quelque chose en vertu d'un arrangement pris avec le roi, pour différentes cessions qu'il faisoit à sa majesté, & sur-tout pour celle de *la mouvance de la* ville & du port de l'*Orient*, des cessionnaires des fermiers du domaine d'*Hennebon* & autres domaines de la couronne dont jouit, à titre d'engagement dans la province de *Bretagne*, S. A. S. monseigneur le duc de *Penthievre*, interviennent & lui contestent cette mouvance.

Le prince de *Guimené* croyoit être victorieux par arrêt du 27 octobre 1777, rendu en la grande direction en sa faveur, & un autre du 3 juillet 1781, rendu au rapport de M. *Joly de Fleury*, au conseil-royal des finances, confirmatif du précédent. On estimoit à quatre millions la somme qui devoit s'accroître à la masse au profit des créanciers; mais les réclamants reviennent aujourd'hui contre ces arrêts, prétendant en avoir le droit, & démontrer que le roi a été mal défendu. Tel est le résultat d'un grand mémoire & d'une consultation qu'ils publient, en date du 25 novembre 1783.

Le procès est engagé en la grande direction des finances, au rapport de M. *Bertrand Molleville*, maître des requêtes.

3 *Janvier*. On lit dans l'*Almanach Royal* de cette

année, à l'article des substituts du procureur-général du grand-conseil: *Barseknecht de Ponteils, ancien procureur au parlement.*

En effet, ce substitut, reçu l'année derniere dans ce parquet, avoit éprouvé des difficultés à cause de ce titre; ses confreres n'en vouloient point. Enfin l'autorité s'en est mêlée, & il a passé.

Le grand-conseil a vu avec peine cette note insérée là contre l'usage & malignement. Il y a une grande fermentation dans la compagnie, & les membres les plus chauds seroient d'avis d'assembler les sémestres pour en délibérer, & faire mander l'imprimeur d'*Houry*, afin de l'interroger & de savoir qui lui a suggéré cette méchanceté. D'un autre côté, celui-ci ne manquera pas de se mettre sous la protection du parlement, ce qui arrête les pusillanimes; par la crainte d'un engagement avec cette cour. On est curieux de savoir ce qui va arriver.

4 Janvier. M. le comte de *Guiche*, novice de l'ordre du Saint-Esprit, a eu la permission de venir passer quelques jours à Paris, pour y être reçu chevalier des ordres du roi. Il a dû repartir hier pour retourner à l'Orient, à raison de sa commission & de sa qualité de membre du conseil de guerre. Il s'est abstenu d'aller dans le monde & de manger avec qui que ce soit de la marine royale.

A son retour le Conseil doit reprendre. Il va lentement; il n'entend guere que cinq ou six témoins par jour.

4 Janvier. M. le marquis de *Fulvy* a fait sur la mort de Mad. la comtesse de *Bussy*, dont on a parlé, les vers suivants, qu'il intitule: *hommage bien mérité.*

Je pleure l'aimable Mirthé,
Séduisante sans artifice,
Obligeante sans vanité,
Sans fiel poëte, & belle sans caprice.
Sur son tombeau la sincere amitié
Répandra les plus justes larmes.
Dans le cœur de Mirthé, les charmes
Paroissoient croître de moitié.
L'Amour, le dieu qui lui prêtoit sa lyre,
Lui doivent les mêmes regrets :
L'un, pour plaire, en reçut ses plus jolis secrets ;
Et sa beauté, de l'autre affermissoit l'empire.

4 *Janvier.* Par une bizarrerie fort singuliere, ou plutôt par un hommage rendu à *Paris*, comme au centre du goût & des arts, les héritiers du comte *Soderini*, qui avoit à Rome une collection précieuse de tableaux & de dessins des plus grands maîtres, l'avoient fait transporter ici, dans l'espoir sans doute qu'ils y seroient mieux vendus. On en avoit dressé un catalogue raisonné, & la vente étoit indiquée au 18 décembre 1783.

Les possesseurs de cette collection, malheureusement ont observé que ces tableaux exposés pendant quelques jours aux curieux, ne faisoient pas l'impression qu'ils attendoient; ils ont craint que la vente n'allât mal, & ils se sont déterminés à ne pas la faire.

On attribue ce refroidissement des amateurs à la mal adresse du rédacteur du catalogue, qui avoit trop vanté cette collection ; à la médiocrité des tableaux, ne répondant pas au mérite de leurs auteurs, tels que *le Guide*, *le Carrache*, *le Poussin*, &c. & encore plus à la mode, à la frivolité du siecle, qui nous fait préférer les bambochades, les caricatures, les Flamands polis & brillants, aux productions des plus grands maîtres.

5 *Janvier*. On a donné aujourd'hui au théâtre italien : *Le Conciliateur à la mode*, ou *les Etrennes du Public*, divertissement nouveau, en un acte, mêlé de vaudevilles & d'ariettes. Cette bagatelle, qui auroit dû sans doute avoir lieu plutôt, a vraisemblablement été retardée par le *brouhaha* du jour de l'an arrivé à ce théâtre. Rien de plus médiocre. Cet ouvrage amphigourique, sans sel, & qui n'avoit de succès que par quelques plaisanteries grossieres, n'est point digne de son Auteur, M. *Patrat*. Un éloge de *Carlin*, est ce qu'il y a de mieux sans contredit.

5 *Janvier*. Il paroît décidé que M. de *Néville* quitte la direction de la librairie pour passer à une intendance. Les libraires sont dans l'enchantement. On doute cependant que les arrêts du conseil de 1777, contre lesquels ils réclament depuis ce temps, soient retirés, tant que subsistera M. le garde-des-sceaux, qui y est fort attaché & les regarde comme le principe d'une excellente administration en cette partie.

6 *Janvier*. Extrait d'une lettre de Londres, du 25 décembre 1783..... Il y a toujours un peu de vrai & beaucoup de faux dans tout ce qu'écrit Me. *Linguet*. A en croire la réclamation fastueuse de son *prospectus*, contre les contre-façons de ses annales multipliées, dit-il, jusques à l'extrava-

gance, on jugeroit que depuis dix-huit mois environ qu'il est sorti de *France* pour la derniere fois, il a continué son journal, qui a eu la plus grande vogue chez l'étranger, & a excité les spéculations mercantilles de tous les corsaires de la littérature. Voici le fait.

Me. *Linguet* n'a publié que cinq ou six numéros depuis qu'il est ici ; savoir, le 72eme. finissant la troisieme année de la souscription, & ne contenant qu'une longue déclamation contre le sieur *Le Quesne* : Les 73, 74 & 75, remplis uniquement de la *relation de sa détention à la Bastille* : Les 76 & 77, où il entre dans une analyse tardive & détaillée jusques à la satiété des *œuvres de Voltaire*, qu'il considere, & comme poëte, & comme historien, & comme philosophe.

Soit défaut de matériaux & de correspondances, soit pressentiment du dégoût des *Anglois* & autres étrangers pour son journal, soit que tournant toujours un regard de tendresse vers sa patrie, Me. *Linguet* craignit de s'en exclure tout-à-fait, & voulut encore en ménager le gouvernement : il n'a rien publié que depuis qu'il a eu permission de faire de nouveau circuler en *France* son journal, qui va recommencer véritablement. Il a composé depuis le N°. 78, où il traite du *Congrès* & des *Ballons*. Le 79eme. est en route, & vous en jugerez.

Les contrefacteurs, séduits par le titre, par le nom de ce célebre fugitif, & par une matiere neuve & intéressante, ont effectivement multiplié les éditions de sa *relation de la Bastille*, dont ils ont fait un ouvrage isolé ; mais aucun n'a touché au journal.... Voilà la solution du problème.

7 Janvier. On peut se rappeller une plaisanterie faite il y a plus d'un an, à l'occasion de la banqueroute du prince de *Guimené.* C'étoit une lettre prétendue écrite par Mlle. *Guimard* & ses consœurs de l'opéra, au prince de Soubise. Il en paroît une d'un genre différent, adressée au même seigneur, par les créanciers de l'illustre banqueroutier, qui ne rient pas, & s'impatientant de ne point voir venir d'argent, jettent les hauts cris, & disent même à M. le maréchal, non-seulement des vérités dures, mais des injures grossieres.

8 Janvier. Outre une assemblée générale des actionnaires de la caisse d'escompte, indiquée, suivant l'usage, au 15 de ce mois, pour fixer le dividende; il y en a une autre extraordinaire arrêtée avant pour le 10, afin d'y entendre le rapport qu'y doivent faire les commissaires de cette compagnie, nommés dans la séance du 26 novembre.

8 Janvier. Extrait d'une lettre de Mâcon du 3 janvier.... L'administration des états du Mâconnois a délibéré d'établir dans cette ville une école gratuite de dessin, sous la protection de M. le prince de *Condé*, notre gouverneur. Il est question de se procurer un professeur capable de diriger cette école en faveur des arts méchaniques, & l'on n'a cru pouvoir mieux faire que de suivre les errements donnés par M. *de la Tour*, qui forme un pareil établissement à *Saint-Quentin*. Le concours est ouvert à l'instar du sien, & c'est à l'école-mere de *Paris* qu'est renvoyée la décision.

8 Janvier. Rien de plus vrai que l'évacuation du Château de *Vincennes*. On présume avec assez de raison que l'ouvrage de M. le comte de Mirabeau sur les *lettres de cachet & les prisons d'état*, n'a pas peu contribué à déterminer M. le baron de Breteuil. Il a vraisemblablement reconnu la vérité des plaintes que l'illustre prisonnier y porte contre le geolier royal, M. de Rougemont. Cependant il est conservé dans sa place, ainsi que l'état-major; mais il en résultera toujours un *déficit* de bénéfice considérable pour ce lieutenant de roi.

9 Janvier. Comme par le nouvel arrangement avec les fermiers-généraux, ils ont consenti à laisser l'administration maîtresse d'opérer dans les traites & droits d'entrée, les changements qu'elle estimera les plus sages & les plus utiles; on continue toujours cette opération, & l'on espere que dans le cours de cette année, toutes les gênes qui existoient dans l'intérieur du royaume pour la libre circulation des marhandises, seront supprimées. C'est un M. de *Commercy* qui s'occupe de cette besogne.

9 Janvier. M. le duc de *Chartres* s'est fait tant d'ennemis par ses nouveaux bâtiments, que le libelle nouveau contre lui est couru avec fureur, & conséquemment se vend très-cher. Il n'a que deux cents pages, & coûte 12 livres. On en parle assez hautement dans toutes les conversations; chacun en cite des traits; & comme l'ouvrage est traité ironiquement, c'est-à-dire, en forme d'apologie, cette tournure prête à la gaieté. Au reste, il y a beaucoup de faits & d'anecdotes, & l'auteur paroît avoir fouillé assez avant dans la vie de son héros.

9 Janvier. MM. le marquis de *Vaudreuil* & le comte de *Bougainville*, ont ordre d'être rendus à *l'Orient* au plus tard demain 10, pour y être entendus par le conseil de guerre.

10 *Janvier*. On attribue au marquis de *Vilette*, la *lettre envoyée au maréchal de Soubise par les créanciers de sa fille & de son gendre*. La voici.

« Enfin, M. le maréchal, vous voilà de retour à l'opéra. Votre conscience est donc en repos sur toutes les atrocités commises par vos enfants, & vous pouvez impunément égayer votre vieillesse au milieu de vos courtisanes.

» Les gémissements, les larmes, les cris de la douleur, le tableau de la misere de tant de familles désolées ne viendront point troubler la joie de vos festins & de votre sérail.

» Si vos remords ne font pas aujourd'hui le tourment secret de votre existence, tremblez que des hommes réduits au désespoir & animés d'une juste indignation, ne viennent sur le théâtre même de l'opéra, vous présenter l'image terrible de la vérité.

» Si l'on a pardonné à votre stupide & barbare ambition d'avoir mis la *France* en deuil à Rosbach, si l'on conçoit plus de mépris que de haine pour les chimériques promesses & l'impuissante altesse de votre cardinal; si l'on se souvient à peine de l'orgueilleuse bêtise de votre fille & de votre gendre; au moins, avoit-on le droit d'espérer qu'un maréchal de France, un ministre d'état, un pere de famille, donneroit aux siens le précepte & l'exemple d'un généreux sacrifice, & qu'il se hâteroit de réparer de toutes ses forces l'injure faite à l'honneur de sa maison. Pourquoi votre fille est-elle encore un sujet de scandale ? Pourquoi n'a-t-elle pas enseveli dans un cloître sa honte & son repentir ? Pourquoi chercher encore à repaître de vaines paroles & de faux sermens des citoyens honnêtes & malheureux, dont vous avez tout à craindre, puisqu'ils n'ont plus rien à perdre.

» Il est temps de prendre un parti, M. le maréchal, songez que le prince est inexorable aux méchants. Si vous avez droit à sa clémence, nous avons les mêmes droits à sa justice. Il est, à son âge, le modele des vertus. Songez qu'il existe auprès de son trône un ministre; que sa probité & son mérite personnel ont rendu l'objet de la vénération publique; il sera notre interprete auprès de son maître & de notre pere. Il daignera soutenir notre cause, & nous allons la porter à ses pieds. »

10 *Janvier*. L'auteur de l'estampe de *Voltaire & Jean-Jacques aux champs Elysées*, qui a eu tant de succès, vient de mourir. C'étoit le sieur *Mairet*, graveur, éleve de *le Bas*, qui n'étoit pas encore de l'académie, mais très-digne d'y occuper une place. Son burin étoit correct, sa maniere douce & agréable: il sembloit avoir en vue celle de l'élégant *Bartolozzi*, & personne n'étoit plus près de ce charmant original. Du reste, beaucoup d'intelligence & de goût lui eussent incessamment procuré une grande célébrité.

11 *Janvier*. Extrait d'une lettre de Besançon, du 4 janvier 1784..... Sans doute il est bien singulier, tandis que le parlement fatigue le roi de remontrances sur remontrances, réclame sans relâche contre les vexations exercées dans la province sous l'autorité de sa majesté, lui peint avec une mâle énergie les calamités & la misere des peuples de son ressort, voudroit lui faire craindre que leur amour ne se relâchât enfin, soit préci-

sément le moment où la *Franche-Comté*, qui n'avoit point encore rendu cet hommage à aucun de nos rois, fasse dresser une statue à *Louis XVI*, & soit la première qui donne l'exemple. Assurément nous sommes pleins de vénération pour les vertus personnelles du monarque. Nous n'ignorons pas, nous sommes même persuadés qu'il veut le bien, qu'il le fait dès qu'on le lui montre. Mais il y a loin de ces sentiments aux transports, à l'ivresse, à l'enthousiasme, qui décernent les triomphes & élevent les monuments.

Il faut tout dire : il y a quatre ans que la ville de *Dole* avoit arrêté d'ériger cette statue. On en peut juger par l'inscription françoise, conçue en ces termes, & qui se rapporte à cette époque : *A Louis XVI, âgé de vingt-six ans*. Elle est aussi simple que noble, & c'est celle qui a été préférée par la cour. La modestie du roi n'a pas voulu des deux autres en vers que voici :

Louis, de son domaine a banni l'esclavage,
A l'Amérique, aux mers il rend la liberté :
Ses loix sont des bienfaits, ses projets sont d'un
   Sage ;
Et la gloire le montre à l'immortalité.

L'auteur de ce quatrain est M. *Philippon de la Madeleine*, auteur aussi de l'inscription adoptée. Un M. *Fourquet*, *de Dole*, en avoit composé une autre, qui avoit le mérite d'une plus grande précision, mais d'une adulation outrée, que *Louis XVI* lui-même a dédaignée :

Du plus auguste des Rois,
Vous qui contemplez l'image,
Voyez-y tout à la fois,
Un Pere, un Héros, un sage.

On assure que c'est ce mot de *héros* qui a surtout déplu à un monarque qui ne s'est pas encore trouvé dans le cas de mériter ce titre, en se mettant à la tête de ses armées, & y déployant ses qualités martiales.

Au surplus, la cérémonie de l'inauguration a été très modeste. L'intendant l'a pressée pour faire sa cour & démentir les assertions du Parlement. Un peuple mécontent n'érige pas de statues; un peuple dans la misere n'a pas de quoi subvenir à ces monuments, souvent p'us de luxe que d'amour.

Nota. L'académie de *Dijon* avoit été consultée pour l'inscription, & en avoit envoyé plusieurs qui n'ont pas réussi.

11 *Janvier*. On n'a appris que depuis peu la mort, en pays étranger, de M. *Peroneau*, dont l'académie même ignoroit le destin, puisqu'il se trouve encore sur la liste de l'almanach royal, 1784. La vie errante qu'il avoit toujours menée, habituoit à ne le point voir, & à se passer de ses ouvrages. Il n'avoit point exposé au salon dernier, ni même en 1781. L'inconstance de son caractere l'avoit empêché de se fixer nulle part, quelque avantage qui s'y présentât pour lui. On voit de ses ouvrages en *Italie*, en *Espagne*, en *Angleterre*, en *Allemagne*, en *Russie*, en *Pologne*, à *Hambourg*, en *Hollande*, où il a terminé sa carriere, & dans les principales villes de *France*.

C'étoit un peintre de portraits au pastel. Son

deſſin étoit correct, ſes attitudes d'un choix noble; la diſpoſition de ſes draperies bien priſe, mais ſa touche lourde & ſans effet. Il avoit auſſi le coloris mauvais. Ce qui cependant ſans doute fait l'éloge de ſon talent, c'eſt que le plus célebre peintre de portraits de nos jours dans cette maniere, M. *de la Tour*, l'avoit choiſi pour faire le ſien.

12 *Janvier.* Il a commencé à geler dans ce pays-ci, ſans interruption, à-peu-près depuis le 7 décembre, ce qui a d'abord occaſionné la malpropreté des rues aſſez habituelle, & preſque inévitable en pareil cas. Le 27 il a commencé à tomber de la neige, & le 28 elle a été ſi abondante & ſi continue, qu'il s'en eſt trouvée huit pouces de hauteur. Une forte gelée, venue par-deſſus, a rendu très-difficile le défoncement de cet amas de glaces. Cependant la riviere étoit baſſe depuis long-temps; elle pouvoit ſe prendre aiſément; il étoit eſſentiel de pourvoir à la ſubſiſtance de la capitale & même de *Verſailles*. En ſorte que, dans une circonſtance où l'on auroit eu beſoin de doubler, tripler, quadrubler, décupler les bras des balayeurs & les voitures, il a fallu en détourner une partie pour tranſporter les vivres par terre. Il eſt arrivé un faux dégel, ſuivi de nouvelles gelées; *Paris* eſt devenu un cloaque, la communication a été abſolument interrompue entre les habitants, & pendant quelques jours, il n'y a eu ſur pied que les gens qui étoient forcés par le beſoin, par leur métier, ou par leur devoir. Des bras, des jambes caſſées, d'autres accidents ont été la ſuite de cette intempérie de la ſaiſon.

Au milieu de cette eſpece de calamité publique, il eſt des gens qui ont trouvé encore à en tirer parti, à rire & à s'amuser. D'abord les courses en traîneaux ont eu lieu tant qu'on a voulu; ensuite il s'est offert un spectacle plus nouveau & plus piquant pour les amateurs. On alloit voir à la halle, les poissardes en bottes, en culottes, leurs cotillons retroussés jusqu'au nombril, exerçant leur métier dans cette espece de mascarade, & redoublant de quolibets & de propos grivois.

Au reste, malgré les clabauderies de nos sybarites, qu'incommode un pli de feuilles de roses, on doit applaudir au zele avec lequel la police a veillé aux deux points les plus essentiels, la subsistance & la sureté. Les vivres sont toujours venus en abondance, & l'on n'apprend pas que les assassins & les voleurs aient fait plus de coups de main en ce temps si favorable pour eux que dans un autre.

12 Janvier. Extrait d'une lettre de l'Orient, du 6 janvier.... Le roi ayant coutume d'envoyer tous les ans à l'empereur de la *Chine*, des marchandises & quelques raretés de son royaume, on ajoute cette fois aux curiosités ordinaires, douze ballons aérostatiques de taffetas, avec des bouteilles d'acide vitriolique & tous les instrumens, ustensiles & instructions nécessaires, adressés aux anciens missionnaires qui sont à *Pékin*, dans le palais même de l'empereur.

Tout cela est embarqué sur un navire qui doit partir pour la *Chine* dans le courant de février.

12 Janvier. On a donné hier sur le théâtre de l'opéra une nouveauté intitulée : *l'Oracle, ballet d'action.* Quoique cette pantomine ait été assez bien reçue du public, elle ne suppose pas un grand génie de la part du compositeur, le sieur *Gardel,* l'aîné, puisqu'il n'a fait que suivre de scene en scene, de point en point, la jolie piece de Sainte-Foix. Il a été seulement obligé de gâter le sujet en allongeant, & de suppléer à l'expression du dialogue par l'addition de deux scenes. Quant à l'exécution, Mlle. *Guimard* renouvelle aujourd'hui le prestige de Mlle. *Gaussin* autrefois, & elle paroît, ainsi qu'elle, n'avoit que 15 ans dans le rôle de *Lucinde*. Celui de *Charmant* est exécuté avec autant de graces & plus de vérité par le sieur *Nivelon*.

Le ballet est terminé par une fête très-agréable, qui laisse aux autres coryphées de la danse la liberté de déployer leurs talents.

12 *Janvier*. Extrait d'une lettre de l'Orient, du 6 janvier...... Quoiqu'il ne soit pas permis aux membres du conseil de guerre qui se tient ici de rien dire concernant leurs assemblées, cependant par les témoins & leur rapport, on tire des inductions. On croit que les dépositions sont, pour le plus grand nombre, en faveur des officiers-généraux & des chefs de division, dont on examine la conduite, conséquemment contre le comte de *Grasse*, qui les accuse.

Le baron d'*Arros*, entr'autres l'un des matelots du général, prouve par témoins qu'il s'est battu non loin de la *ville de Paris*, encore demi-heure après qu'elle se fut rendue.

13 *Janvier*. Il a sur-tout paru deux écrits contre le régime actuel de l'ordre de *Saint-Benoît*, l'un intitulé: *Appel comme d'abus des élections faites par l'assemblée de Saint-Denis*; l'autre, *Lettre des supérieurs majeurs de la congrégation de Saint-Maur*, qui ont mérité son attention. Il prétend qu'ils sont dans le cas des quatre composés dans le même esprit, publiés au nom de

dom *Mousso* & de ses adhérents, supprimés par arrêt du conseil, du 12 juillet 1783, comme contraires au respect dû à l'autorité du roi, au maintien du bon ordre & à la tranquillité que sa majesté entend maintenir dans la congrégation de Saint-Maur. Cependant il n'a pas voulu requérir cette suppression flétrissante, & il a cru plus sage, plus honnête & plus avantageux, afin d'éclairer les membres aveugles d'une faction expirante, de publier un *mémoire & consultation*, dont s'étoit chargé Me. *de la Croix*, avocat excellent, non pour traiter profondément de pareilles matieres, mais pour les mettre à la portée des gens du monde, les rendre l'objet des conversations & gagner d'autant les suffrages du public.

13 *Janvier*. Sans doute la tournure de donner au public la *Vie privée du Duc de Chartres*, sous la forme d'une apologie, étoit une idée heureuse, adroite & plus piquante qu'une satire directe, si elle eût été bien remplie. Mais ce pamphlet, de 134 pages seulement, est plus que médiocre; beaucoup de bavardage, des anecdotes connues, point de détails curieux dans les morceaux où les faits du héros sont liés à l'histoire publique. Par exemple, le combat d'*Ouessant* fournissoit une ample matiere à une narration intéressante, si l'écrivain eût été instruit. Mais tout prouve que ce n'est qu'un libelliste obscur, ignorant, guidé par un intérêt sordide, car la vengeance ne semble pas même avoir animé sa plume, sans énergie & sans vigueur.

13 *Janvier*. Le *Macbeth* de M. *Ducis*, attendu depuis deux mois, a été enfin joué hier. Cet auteur, encouragé par ses succès inouis, a cru pouvoir faire passer désormais toutes les folies, toutes

les absurdités, toutes les barbaries du poëte Anglois, qu'il paroît avoir entrepris de transporter successivement sur notre scene tant qu'on voudra bien l'y souffrir. On sait que cet étranger est *Shakespéar*, c'est-à-dire, le plus sublime & le plus bas, le plus hardi & le plus extravagant de tous les tragiques. A en juger par le peu d'accueil que *Macbeth* a reçu hier, on seroit tenté de croire que l'on commence à se lasser de tant d'horreurs puériles & dégoûtantes. On assure qu'à la répétition du dimanche, M. Ducis, effrayé lui-même de l'amas de monstruosités & de platitudes dont son ouvrage est rempli, avoit en quelque sorte perdu la tête & étoit devenu fou, avec son héros, de remords d'avoir si cruellement outragé le goût, la raison & le bon sens. Cependant, comme certains morceaux ont été fort applaudis, & que le parterre n'a point témoigné son indignation d'une façon marquée, qu'il n'y a eu que de la froideur de sa part, son amour-propre lui a persuadé qu'avec des corrections, des retranchements & des mutilations, & sur-tout à l'aide d'une forte cabale, il pourroit faire aller la piece & peut-être lui procurer le triomphe. En conséquence la seconde représentation est remise à samedi, & il faut voir ce qui en résultera.

14 *Janvier. Les petits soupers & les nuits de l'hôtel de Bouillon. Lettre de M. le comte de ****** à milord *****, au sujet des récréations du marquis de Castries & de la danse de l'ours, anecdote singuliere d'un cocher qui s'est pendu à l'hôtel de Bouillon, au sujet de la danse de l'ours.*

A la confusion de ce titre on peut juger du pamphlet, qui n'est pas mieux ordonné, très-vuide & d'une très-grande platitude en outre, quant au style.

On avertit dans un *avis* que les *petits soupers* avoient déjà été imprimés au mois de juin 1782, mais que le ballot, arrivé sans encombre aux portes de Paris, y avoit été saisi. L'éditeur de cette rapsodie ne s'est point lassé & a fait faire une seconde édition, qui certainement ne sera pas suivie d'une troisieme.

La princesse de Bouillon, la princesse d'Henin, la duchesse de Lauzun, le duc de Bouillon, le duc de Chartres, le comte de Genlis, le prince de Guimené, le chevalier de Coigny, le marquis de Castries, le chevalier Jerinhim ou Jardinié, enfin le pere Fortuné, théatin, sont les personnages dont il est spécialement traité, mais très en bref, puisque l'ouvrage en gros caracteres n'a que 93 pages. Il est en forme de dialogue entre le comte & un inconnu. L'envoi en est daté de Paris, le 30 Mai 1782.

14 Janvier. Dans le mémoire & consultation pour le régime actuel de la congrégation de Saint-Maur, contre les appellants comme d'abus des élections faites au chapitre de l'abbaye de Saint-Denis en 1783, Me. de *la Croix* fait d'abord un éloge mérité de l'ordre des bénédictins. Il entre ensuite dans le détail de son régime, & dans l'historique des troubles qui l'agitent depuis quelque temps en France. Il tire parfaitement au clair tout ce qui s'est passé en 1781, dans la province de Normandie, lors de la diete provinciale convoquée à l'abbaye du Bec, où le visiteur de la province, homme entêté & impérieux, parvint à substituer l'arbitraire & le despotisme à la regle, par un vice d'élection qui a infecté tout ce qui s'en est suivi, & conséquemment celles faites même au chapitre général de *Marmoutiers*. De-là, un premier appel comme d'abus au parlement en 1781, qui fut rejeté, & un *arrêt du conseil* du 29 juin de la même année, qui enjoignoit aux opposants *de reconnoître les supérieurs nommés dans le chapitre général & de leur obéir*. Les opposants se conformerent aux volontés du souverain.

Heureusement, le clergé de *France* assemblé par extraordinaire en 1782, prit en considération le sort d'une congrégation aussi précieuse à l'église & à l'état. Et après un examen sérieux du sujet des contestations qui s'étoient élevées dans son sein, représenta au roi que la religion de sa majesté avoit été surprise, & que l'affaire méritoit d'être discutée plus profondément. Intervint ensuite l'*arrêt du conseil* du 24 juin 1783, & tout ce qui s'en est suivi, c'est-à-dire, un renversement absolu de ce qui avoit été fait par le chapitre de Marmoutiers.

Dom *Mousso* & ses adhérents n'ont pas voulu acquiescer aux nouveaux arrangements. M. l'abbé *Mey*, avocat consultant, le plus grand canoniste de nos jours, leur a prêté sa plume pour critiquer les délibérations du chapitre de 1783, & conséquemment les élections, ce qui replonge l'ordre dans un autre chaos. Ces réfractaires aux arrêts du conseil, avoient interjeté appel *ad apostolos* de tout ce qui se feroit, & depuis la clôture du chapitre, l'ont porté devant le parlement, d'où est venue la *réponse du roi* à cette cour : « Que son in-
» tention étoit de maintenir par lui-même la
» paix & l'ordre dans la congrégation de *Saint-*
» *Maur*, dont l'institut est utile à la religion &
» aux progrès des lettres, & de veiller à sa con-
» servation par la sagesse des mesures qu'il avoit

« prises. » Mais comme sa majesté n'a point dépouillé le parlement de la connoissance de l'affaire, que d'un jour à l'autre elle peut y être appellée ; Me. de *la Croix* a cru devoir faire connoître aux magistrats & au public : « 1. Que le chapitre
» de 1781, sur lequel s'appuie le régime ancien,
» ne peut point être regardé comme canonique ;
» que par conséquent la nomination de dom
» *Mousso* & des autres supérieurs étoit vicieuse. Que
» celui de 1783, a tous les caracteres de la ca-
» nonicité, & que conséquemment l'élection des
» supérieurs actuels leur a imprimé les pouvoirs
» attachés à leur dignité. »

Après avoir réfuté ainsi les écrits qui attaquent les nouvelles élections, dans un bout de consultation du 20 décembre 1783, il est d'avis de n'en plus parler, & d'attendre le repentir des coupables.

14 *Janvier*. On croit que le conseil de l'*Orient* s'avance beaucoup, car le comte de *Grasse* a reçu ordre de s'y rendre aussi.

14. *Janvier*. On a parlé de l'attachement de M. *Deslon* à la doctrine du sieur *Mesmer*, concernant le *magnétisme animal* ; du zele avec lequel il l'a défendu au sein de la faculté, & des persécutions qu'il avoit courageusement essuyées pour ce nouveau chef de secte.

On a dit que ces deux personnages s'étoient brouillés depuis, mais sans en connoître la raison. Il paroît que le docteur *Deslon*, ayant, pendant que le docteur *Mesmer* étoit à *Spa*, l'été de 1782, essayé de traiter quelques malades par le *magnétisme animal*, obtint des succès dont la renommée excita la jalousie du dernier. Ce fut là cause de son étonnante lettre à la faculté, où il accusoit son disciple de l'avoir trahi, d'en imposer au public, de n'avoir jamais reçu les instructions suffisantes pour pratiquer les secrets de la doctrine du maître.

M. *Mesmer* revenu à Paris, & convaincu sans doute de la nécessité d'arrêter une division funeste, a été le premier à rechercher M. *Deslon*. Celui-ci après six mois de sollicitations, a consenti de retourner à son école, à condition, que M. *Mesmer* l'instruiroit de bonne foi & à fond de cette théorie qu'il lui avoit tant vantée, & qui, selon lui, devoit changer tout le système des connoissances humaines; qu'il renonceroit au projet d'avilir son secret en le communiquant au premier venu pour cent louis, suivant qu'il l'avoit annoncé par une souscription ouverte : au contraire, qu'il formeroit à sa méthode de traiter les maladies, des médecins, seuls propres par leurs lumieres acquises à l'exercer.

D'après cette convention, M. *Deslon* s'est de nouveau rendu le coadjuteur & l'apôtre de M. *Mesmer*. Mais le dernier n'effectuant pas ses promesses, & le premier le sommant de les remplir, il en fut congédié. Malheureusement pour M. *Mesmer*, tous les malades que M. *Deslon* lui avoit amenés déserterent aussi : ce qui a de nouveau rallumé sa jalousie & provoqué son désaveu de ce médecin pour son éleve & le participant de sa doctrine.

M. *Deslon* a pris le parti d'abandonner pour jamais ce maître, mais non ses principes; d'élever autel contre autel, & de rendre compte au public de toute cette querelle dans une lettre du 28 décembre, insérée au *journal de Paris*, du 10 de ce mois.

15 *Janvier*. M. *Cardonne*, secrétaire interprete

du roi, garde des manuscrits de sa bibliotheque, censeur & professeur royal pour les langues turque & persane au college royal, est mort à la fin de décembre. C'étoit un érudit dont les ouvrages sont peu connus. On prétend qu'il laisse en manuscrit un *recueil de fables Indiennes*, qu'il avoit traduites, & qui n'est pas indigne d'être transmis au public par l'impression.

15 *Janvier*. Personne ne doute aujourd'hui que les bruits répandus sur madame la comtesse d'*Artois* avec un éclat si scandaleux, ne soient une calomnie, mais provenue sans doute d'une cabale assez puissante pour n'en pas craindre les suites. Quoiqu'il en soit, on assure que le roi & M. le comte d'*Artois* redoublent d'attention envers elle depuis ces bruis infames. Voici au surplus ce qui y a donné lieu, & l'histoire plus constatée du garde d'*Artois* arrêté. Le sieur *Desgranges* (c'est son nom) est fils d'un maître de postes de *Barbésieux*, près Angoulême. C'est un très-beau cavalier. Lorsque M. le d'*Artois* fut à Bordeaux, il conduisit lui-même son altesse royale. Elle le remarqua, fut touchée de son zele, & voulut se l'attacher en le faisant entrer dans ses gardes. Au bout de quelque temps le sieur *Desgranges* s'est vu avoir beaucoup d'or, des diamants, des bijoux, prendre une sorte de train, & il y a plus de trois ans que, lorsqu'il étoit à Angoulême, sur les difficultés qu'on faisoit de le recevoir dans les maisons de la noblesse, à raison de sa basse extraction, ses camarades disoient : *Vous avez tort, les grandes dames de la cour ne sont pas si délicates que vous*. Madame la comtesse d'*Artois* le protégoit, & il s'en est prévalu pour accréditer des bruits faux, qu'il regardoit comme honorables pour lui. Quoi

qu'il en soit, M. le comte d'*Artois* venoit de le faire capitaine de cuirassiers & son gentilhomme ordinaire, peu de temps avant sa détention.

15 Janvier. Bibliotheque des dames de la cour, avec de nouvelles observations. Décembre 1783.

Traité de l'amitié à l'usage des souverains, par la reine de *France*.

Traité sur le plaisir, dédié à la reine.

L'art de bien vivre avec son mari, & de le rendre toujours amant, par Madame.

Les charmes de la Vérité, dédiés à Madame, par mesdames de *Lesparre*, de *Laval* & d'*Escars*.

Traité du danger d'aimer trop son mari, dédié à madame la comtesse d'*Artois*.

La Bonté personnifiée, dédiée à madame la duchesse de *Chartres*.

Des Inconséquences de l'humeur, traité dédié à madame la duchesse de *Bourbon*. (1).

Le Catafalque vivant, dédié à madame la princesse de *Conti* (2).

La Matiere préférable à l'esprit, dédié à madame la princesse de *Lamballe*, par le marquis de *Clermont*, revu par *la Vaupalliere*.

La Liberté des mœurs, par le prince *George de Hesse*, & le marquis de *Montesquiou*.

Les Minuties, brochure, par la princesse de *Chimay* (3).

---

(1) On sait que cette humeur est cause de sa séparation d'avec son mari & son beau-pere.

(2) Tout le monde sait que son mari n'a jamais voulu coucher avec elle.

(3) Elle est dame d'honneur de la reine.

La Politesse Françoise, dédiée à la comtesse d'*Ossun* (1).

L'Enfant du plaisir, dédié à la comtesse de *Balby* (2), par * * *.

La Nécessité de faire la barbe, dédiée à la duchesse de *Lorges* (3).

Traité sur l'ambition, dédié à Mad. *Adélaïde*, par Mad. la duchesse de *Narbonne* (4).

Traité sur la maussaderie, par la duchesse de *Laval*.

Les Effets de l'eau-bénite, dédiés à Mad. de *Luxembourg* (5).

La Prude galante, ou *l'utilité des portes de derriere*, dédiée à la comtesse de *Blot*, par le maréchal de *Castries* (6).

La Passade, dédiée à la même, par M. le comte d'*Artois*.

J'ai donné dans la boue, livre dédié à la comtesse *Diane*, par le marquis d'*Autichamp* (7).

---

(1) Madame la comtesse d'*Ossun* est d'une rusticité sans exemple.

(2) Il faut se rappeller la querelle de M. le comte de *Balby* avec sa femme. Elle est aujourd'hui dame d'atour de *Madame*.

(3) Elle a de la barbe comme un homme.

(4) On sait que cette femme intrigante a beaucoup d'ascendant sur l'esprit de la princesse.

(5) On assure que madame la maréchale de *Luxembourg*, dévote, met de l'eau bénite dans son bidet pour éviter les tentations.

(6) On sait que, depuis long-temps, le maréchal de *Castries* est attaché à cette dame.

(7) C'est le bruit général de la cour qu'il a fait un enfant à cette dame.

Une jolie mine mene à tout, dédié à la duchesse de *Polignac*, par le marquis *de Vaudreuil*.

L'Empire des femmes, dédié à Mad. de *Châlons*, par le duc de *Coigny*.

L'Argent au dessus de tout, conte dédié à la baronne de *Talleyrand*.

Traité sur les corps opaques, dédié à la marquise de *Montmorin* (1).

Le Libertinage, traité dédié à la marquise de *Fougieres*, par le public.

L'Ami des hommes, dédié à la vicomtesse de *Laval*, par MM. de *Fitzjames*, de *Jaucourt* & de *Luxembourg*.

Les Regrets du temps, à Mad. de *Roucery*.

Traité sur le commérage, dédié à la marquise *d'Estourmel*.

La Belle & la Bête, dédié à la comtesse de *Crenay*, par M. de *Megrigny*.

Traité sur le tortillage, par la comtesse *d'Harville*.

Histoire des treize Cantons, par Mad. de *la Suze*.

Notre mere Sainte-Eglise, dédiée à Mad. de *la Roche-Aymon*, par l'évêque de *Tarbes*.

L'Amour fraternel, par Mad. de *Grammont* (2).

La Coquetterie, par Mad. de *Simiane* (3).

Nouvelle invention de ratelier postiche, dédiée à Mad. de *Montmorin*, par M. de *Viomesnil*.

───────────

(1) Cette dame est extrêmement épaisse.

(2) On prétend qu'elle a couché avec le duc de *Choiseul* son frere.

(3) La plus jolie femme de la cour.

La Femme Homme, dédiée à Mad. la duchesse de *Luynes*.

La Statue ambulante, dédiée à madame de *l'Ascuse*.

Observations sur les Précieuses ridicules, par la marquise de *Bourbon - Busset*.

Traité sur le Patélinage, par Mad. d'*Ararey*.

Traité sur l'Esprit, par la marquise d'*Andlau* (1).

Traité sur la fausseté, dédié à la vicomtesse de *Tavannes*.

La Bourgeoise de qualité, dédiée à Mad. de *Civrac*.

Traité sur la physionomie, par la duchesse de *Lausun*.

La Cavale débridée, à Mad. de *Modene*, par les *Cassecols*.

Traité sur l'audace, dédié à la comtesse de *Grammont*.

L'abus de la galanterie, par mesdames de de *Matignon*, de *la Châtre*, d'*Oudenarde* & *Dudreneuc*.

16 *Janvier*. On craint fort que le marquis de *Vaudreuil*, le lieutenant - général de la marine, ne se trouve compromis désagréablement dans le jugement du conseil de guerre de l'*Orient*. Il étoit le second de l'armée navale, & on l'inculpe de n'avoir pas fait tout ce qui dépendoit de lui pour secourir son général, & défendre le pavillon amiral. On sait que les *Vaudreuil* ont

―――――――――――――

(1) Elle est fille de M. Helvetius, auteur du livre de l'esprit.

fait en conséquence tout ce qu'ils ont pu pour empêcher que ce conseil de guerre n'eût lieu. Depuis il y a eu différents mémoires de donnés par eux à ce sujet. Enfin, le comte de Vaudreuil, le plus accrédité de cette famille aujourd'hui, a eu derniérement une prise à cette occasion avec le maréchal de *Castries*. Elle a été si vive, que celui-ci se trouvant trop pressé, lui a dit : *Mais vous oubliez, Monsieur, que vous parlez à un maréchal de France & à un ministre du roi!* —— *Je ne puis l'oublier*, lui a répondu M. de *Vaudreuil*, *puisque c'est moi qui les ai faits; ce seroit à vous à vous en souvenir.* —— *Je rendrois le bâton tout-à-l'heure, & remettrois le porte-feuille au roi, si je croyois n'être monté à ces honneurs que par un canal aussi peu glorieux*, a repliqué le ministre. Depuis ce temps ils se boudent & l'on travaille à les raccommoder. Du moins, telle est l'anecdote fort accréditée parmi les courtisans.

16 *Janvier*. On a donné hier sur le théâtre lyrique, la premiere représentation de *la Caravane*, paroles mauvaises & musique foible. Voilà quel a été le résultat en bref du jugement des connoisseurs. Les premieres sont de M. *Morel*, & la seconde de M. *Grétry*. Il y a du reste beaucoup de beaux habits, de riches décorations, un charmant spectacle, & les yeux ont de quoi se satisfaire.

17 *Janvier*. M. le comte de *Grasse* a eu ordre de se rendre à *Vannes*, d'autres disent à *Nantes*, à portée du port de l'*Orient*, pour qu'il y puisse aller plus facilement de cette ville, ou de l'autre, & donner au conseil de guerre, sans le troubler & sans intriguer, les instructions dont il auroit besoin.

17 *Janvier.* Le travail de M. *Bourboulon*, suivant ce qu'en rapportent les actionnaires de la caisse d'escompte, est moins un morceau d'éloquence, qu'un tableau savant & profond de la situation de la compagnie, à l'occasion d'une dispute élevée dans son sein sur la cause de l'engorgement. Les uns l'attribuoient à la finance, d'autres à la banque, d'autres au commerce. Par le dépouillement qu'a fait le calculateur, il a démontré que la finance étoit celle qui avoit principalement contribué au discrédit où l'on venoit de tomber, & qu'en derniere analyse, c'étoit elle qui avoit le plus profité de la caisse, c'est-à dire, le roi, par les secours qu'il en avoit tirés. On ne sait quand ce mémoire qu'on avoit tant exalté, & qu'on avoit promis de rendre public, paroîtra. On craint que, par la raison qu'on vient de dire, le gouvernement ne s'y oppose. Quoi qu'il en soit, il a senti par-là la nécessité de ne point laisser tomber une caisse aussi utile, & de-là tous les efforts qu'il a faits pour la relever.

Au surplus, les diverses assemblées de cette compagnie, tenues depuis peu, pour arrêter son régime intérieur, ne sont pas encore finies. Un parti violent, opposé au sieur *Panchault*, l'instituteur de la caisse, voudroit bien l'expulser de l'administration. En conséquence, chaque membre a fait sa motion de n'y point admettre quiconque auroit été entaché par la moindre apparence de faillite, au moins jusqu'à ce qu'il eût fait pafaitement honneur à ses affaires. La cabale du sieur Panchault a senti où les adversaires en vouloient venir, & s'efforce d'empêcher la motion de passer.

17 *Janvier.* Tandis que M. *Brissot de Varville* établit à *Londres* un *Lycée*, ou assemblée & cor-

respondance pour la réunion & communication des gens de lettres de tous les pays, avec le tableau périodique de l'état actuel des arts & des sciences en *Angleterre*, l'établissement de M. de *la Blancherie*, qui lui a servi de modele, s'écroule & tombe. Avant-hier, cet agent qui luttoit depuis long-temps contre les efforts de M. le comte d'*Angiviller*, a déclaré que son puissant adversaire l'emportoit enfin, & que l'assemblée actuelle étoit la derniere. Il a ajouté qu'il lui étoit interdit de donner plus de publicité à cette défense, en la faisant inférer dans les journaux, gazettes, &c.

17 *Janvier*. Hier on donnoit à l'*opéra* la douzieme représentation de *Didon*, où Mlle. *Saint-Huberty* continue à jouer avec une supériorité au-dessus de tous les talents connus en ce genre. Ses partisans avoient apporté une couronne de lauriers, on l'a fait passer de main en main jusqu'à l'orchestre, qui l'a remise au batteur de mesure : celui-ci l'a posée sur le théâtre aux pieds de l'actrice, & le parterre n'a pas eu de cesse qu'on ne l'ait mise sur sa tête ; mais la modestie de mademoiselle *Saint Huberty* ne lui a pas permis de la garder.

17 *Janvier*. On est sur-tout fort mécontent que dans la promotion on ait oublié M. le duc de *Charost*, seigneur qui a bien servi, & d'ailleurs estimable par ses projets patriotiques. On trouve très-mauvais au contraire, qu'on ait fait lieutenant-général le marquis de la *Grange*, de la même promotion que M. de *Charost*, mais tout-à-fait décrié, sur-tout à raison d'un procès qu'il a eu derniérement, si criant qu'on lui en a donné le surnom de *Voltaire* (*Vole-terre.*)

18 *Janvier*. Les actions de la caisse d'escompte

ne perdent point, mais ont singuliérement baissé de prix. Le capital en est aujourd'hui de 3500 liv, & elles ne se vendent que 3750 livres.

18 *Janvier*. Dimanche dernier 11 janvier M. le premier président est allé à *Versailles* porter au roi des représentations de son parlement au sujet des évocations en général, & spécialement de quatre qu'il vient d'attribuer à son conseil : celle des *Quinze-vingts*, celle de la *librairie*, celle des *bénédictins* & celle de l'*évêque de Noyon*.

18 *Janvier*. Quoique Mr. *Ducis*, en élaguant de beaucoup sa tragédie, n'y ait fait d'autre changement réel que d'y substituer une absurdité de plus, en y faisant intervenir l'ombre du monarque assassiné, repoussant du trône *Macbeth*, lorsqu'il veut s'y asseoir. Les vigoureux battoirs qu'il avoit placés au parquet, l'ont servi si bien, que la troupe moutonniere des spectateurs a suivi, & qu'on a demandé l'auteur à grands cris. Il a daigné se montrer ; mais pour conserver la dignité académique, c'est d'une loge seulement qu'il s'est fait voir. On a voulu que le sieur *Larive* vînt aussi recevoir sa part des applaudissements, & il a paru avec des battements de mains incroyables. En sortant on n'a pas manqué de dire que la piece avoit été aux nues ; & voilà un triomphe.

18 *janvier*. Voici comme on raconte la détention du sieur *Desgranges*. Il étoit à l'opéra. Un exempt vint lui dire que M. *le Noir* auroit quelque chose à lui communiquer. Il trouve cela très-mauvais. Cependant il promet de s'y rendre après le spectacle. Il va au foyer, y rencontre un de ses amis, avec lequel il devoit souper. Il lui apprend qu'il est obligé de passer d'abord chez M. *le Noir*; il lui propose d'y venir avec lui. Celui-ci y consent;

ils vont à la police, & tandis que M. *Desgranges* entre dans le cabinet, son camarade l'attend dans le salon qui précede. Au bout de quelque temps il voit arriver M. le baron de *Breteuil*. Ce ministre reste environ un demi-quart d'heure dans le cabinet, & puis ressort. M. *le Noir* le reconduit. En revenant, il demande à l'étranger ce qu'il veut? Celui-ci répond qu'il est venu avec M. *Desgranges*, avec qui il doit souper & l'attend. M. le lieutenant-général de police lui apprend que son ami est parti. Il va chez lui, ne le trouve point & se rend au souper; il n'y étoit pas. Il retourne le lendemain matin chez M. *Desgranges*, & ne le rencontre pas davantage. Il apprend qu'il n'est pas venu coucher. Il se doute alors de l'aventure & répand la nouvelle.

On varie seulement sur le lieu de la détention de M. *Desgranges*. Les uns le mettent simplement à la *Bastille*, d'autres à *Pierre-scize*, d'autres aux isles *Sainte-Marguerite*, d'autres enfin aux Cabannons de *Bicêtre*, avec le garde-du-corps qu'on dit y être depuis long-temps, pour une aventure de cour très-connue sous *Louis XV*.

19 *Janvier*. Vendredi dernier, aux chambres assemblées, quelqu'un de messieurs ayant rendu compte que la lettre de cachet contre M. de *Mions* subsistoit toujours, il a été arrêté que M. le premier président interposeroit de nouveau ses bons offices auprès du roi, pour obtenir sa liberté.

19 *Janvier*. Extrait d'une lettre de *Dole*, du 10 Janvier.... Vous avez raison de regarder comme un trait d'adulation de l'intendant, voulant faire sa cour, l'érection de la statue de *Louis XVI*.

Assurément nous le portons bien tous dans notre cœur, & son image y est empreinte, mais nous n'aurions jamais choisi cette époque pour lui décerner un de ces témoignages de reconnoissance & d'admiration qui perdroit tout son prix, s'il étoit donné sans quelque grand motif. D'ailleurs cette ville a moins qu'un autre lieu de se louer de la *France*. Avant sa conquête, *Dole* étoit la capitale de la province. Elle avoit le parlement, la chambre des comptes, l'université, un fameux collège. Elle n'est plus la capitale, elle n'a plus rien que le collège, absolument tombé. On pourroit donc mettre à la statue pour inscription plus réelle : *Erexit la Corée.*

Quant au sculpteur, c'est un artiste de cette ville, qui n'est pas sans talent, mais qui n'a pas le génie & l'exécution qu'il faudroit pour élever un grand monument.

20 *Janvier.* On pense sérieusement à rendre navigables les rivieres de *Bretagne* ; & la communication de *Saint-Malo* sera ouverte l'année prochaine. On doit s'occuper aussi de la riviere de *Carhaix*, qui tombe dans la rade de *Brest*. Il est également question de faire un port à *l'isle aux bois*, riviere de *Pontrieux*, évêché de *Tréguier* & de *Saint-Brieux*. Le port est tout fait, mais les approches en sont difficiles.

20 *Janvier. Recueil de lettres de la communauté de Vienne, adressées à son pasteur, le cardinal Migazzi, avec des réponses & documents pour la postérité.* Tel est le titre d'une brochure imprimée à *Francfort*, peu intéressante en elle-même, mais qui excite la curiosité, depuis que par la *gazette de Vienne* on a su que le cardinal archevêque désavouoit ses réponses insérées dans le recueil, sous le nom supposé de *Gabriel Welder*. On y voit au surplus que la fermentation occasionnée

par les changements que l'empereur a faits dans ses états, dans l'administration relative au clergé, n'est pas éteinte; & celui de *France* adopte & recherche avec avidité ce pamphlet médisant & calomnieux, du moins qualifié tel par le prélat, dont au surplus l'anathême lui sert merveilleusement de véhicule dans l'empire.

20 *Janvier*. Les nouvelles lettres dont on a parlé il y a plusieurs mois, continuent à être d'une rareté excessive, & portent le titre de *suites des lettres secretes sur l'état actuel de la religion & du clergé de France, à M. le marquis de ***, ancien mestre-de-camp de cavalerie, retiré dans ses terres.* On se rappelle les quatre premieres. Celles-ci, au nombre de huit, sont datées de 1782 & 1783. Elles ont quatre-vingt-deux pages, & sont infiniment plus piquantes que les autres. Mais il y a une clef qu'il faut avoir pour en mieux sentir le sel & les finesses. On en parlera plus en détail.

21 *Janvier*. Puisque le mauvais goût prévaut & que les représentations de *Macbeth* continuent, il faut donc se déterminer à disséquer ce monstre dramatique, dont M. *Ducis*, en voulant lui donner des proportions raisonnables, n'a peut-être fait qu'augmenter la difformité, par le mélange des formes de la tragédie moderne avec les irrégularités & la barbarie de la tragédie angloise.

Dans le premier acte, *Macbeth* est annoncé comme vainqueur des ennemis de l'*Ecosse*, sa patrie. On fait le récit de ses victoires, & il arrive bientôt avec éclat & avec pompe; mais dès qu'on le voit, il commence à ne pas répondre à l'idée qu'on s'en est formée. On remarque un prince foible,

foible, crédule, sournois, & méditant quelque projet sinistre qui l'empêche de jouir de sa gloire & de son bonheur. Bientôt on lui annonce que *Duncan*, son roi, auquel naturellement il auroit dû commencer par aller rendre compte de ses exploits, vient au devant de lui, est arrivé dans son château, & se propose d'y passer la nuit. *Macbeth* se rend auprès du monarque, qui ne paroît pas.

Le second acte commence par une longue scene entre *Macbeth* & *Frédégonde*, sa femme. Le premier fait part à celle-ci d'un rêve qu'il a eu, & *Frédégonde* lui répond sur le même ton, par le récit de sa conversation avec des magiciennes. Il résulte de l'un & de l'autre que *Macbeth* doit monter sur le trône. La femme ambitieuse profite de la crédulité de son mari pour l'exciter à accélérer l'événement, en profitant d'une circonstance aussi favorable qu'il l'a de se défaire du roi. Il résiste, il se défend même avec une force de sentiment & d'éloquence qui lui ramene le spectateur tenté de le croire toujours vertueux. Sur ces entrefaites, on apporte un billet, par lequel on annonce que les rebelles ont conçu le projet de venir investir le château d'*Inverness*, où est le roi, & de s'en défaire; nouvel incident qui devroit confirmer *Macbeth* dans ses bonnes résolutions. *Frédégonde* les détruit à l'instant par la supposition grossiere qu'on a desservi son époux auprès de *Duncan*, que sa disgrace est certaine & qu'il va être opprimé. En sorte que celui-ci l'appellant dans le moment à son secours, le héros y vole; mais c'est pour l'assassiner.

Seyward, montagnard d'*Ecosse*, ouvre le troisieme acte. Il a nourri & élevé, comme son propre fils, sans qu'on sache pourquoi ni comment,

Malcolm, fils de *Duncan*, qui ne se doute pas de sa noble extraction. Il forme le projet de la révéler à *Macbeth*, comme le plus propre à faire reconnoître & appuyer les droits de cet héritier du trône. Point du tout, *Macbeth* égaré, troublé, déchiré de remords, vient se trahir lui-même devant ce personnage dans l'obscurité de la nuit. Il est obligé de renoncer à la confidence qu'il vouloit faire, de prendre un autre moyen pour couronner *Malcolm* & venger *Duncan*. Cependant *Frédégonde* conçoit de la défiance de *Seyward* & de ses enfants. Elle en fait part à son mari, qui les mande & les interroge. Il reconnoît dans *Malcolm* les traits de *Duncan*. On croit que de ce moyen il va résulter le nœud de l'intrigue, ce qui formeroit toujours duplicité d'intérêt & d'action: mais *Macbeth* ne donne aucune suite à ces soupçons qui auroient dû, au contraire, l'agiter beaucoup, & l'auteur a préféré de substituer à ce moyen naturel, des visions dont il tourmente par intervalles le prince maniaque.

Seyward poursuit son dessein, & prend le parti de révéler à *Malcolm* ses destinées; ce qui a lieu au quatrieme acte. Il a beaucoup de peine à déterminer ce jeune prince, qui préfere la vie douce & tranquille au soucis du trône, & sur-tout aux efforts qu'il doit tenter pour y monter & venger son pere. A la fin il se rend & se dispose à ce devoir sacré. Mais au moment où il va le remplir, il est arrêté, ainsi que *Seyward*. Cependant on veut procéder au couronnement de l'usurpateur, son mal le prend, il faut différer. *Frédégonde* cherche à lui rendre l'esprit, à le fortifier, à le cuirasser contre les remords. Pendant ce temps, il a transpiré quelque chose du crime de l'usurpateur:

il se forme une révolte, & l'époux & la femme quittent la scene pour l'appaiser.

Au cinquieme acte, *Seyward* dans la captivité a une entrevue avec *Macbeth*, qui veut le poignarder. Nouvel accès de la frénésie qui le prend à la vue d'une écharpe que le montagnard a eu l'adresse, on ne sait comment, de tremper dans le sang du Roi. Le poignard lui échappe: le vieillard en profite pour lui reprocher son forfait; il l'accable de malédictions, il jette tour-à-tour dans son ame le trouble, le repentir, la terreur, le désespoir. Lui-même il se trouble & remet à *Macbeth* un billet, la seule preuve de la naissance de *Malcolm*. Il demande la mort. Cette scene, très belle, amene le dénouement. *Frédégonde* a vaincu les rebelles; elle leve le fer sur *Malcolm* qu'on lui amene désarmé. *Macbeth* lui arrache ce jeune prince, crie aux siens que c'est le sang de leur roi, leur montre le billet de *Duncan*, chasse de devant lui *Frédégonde*, ordonne de l'enfermer & se tue pour expier son noir parricide.

22 *Janvier*. Extrait d'une lettre de Lyon, du 17 janvier 1784.... *Parturiunt montes, nascitur ridiculus mus*. C'est ce qui vient de résulter du ballon de cette ville, annoncé depuis si long-temps & avec tant d'emphase.

Les premieres expériences de M. *Joseph Mongolfier* l'aîné, ont été finies le 29 décembre, & peut-être les choses auroient-elles mieux été sous sa direction. Mais il nous est arrivé un garçon physicien de *Paris*, qui a tout gâté. C'est le sieur *Pilâtre de Rozier*, le directeur du musée scientifique de la rue Ste. *Avoye*, qui a quitté ses souscripteurs & les laisse depuis un mois béant aux corneilles. A la vue de ce premier navigateur aérien, l'enthousiasme de nos provinciaux s'est exalté, les idées se sont agrandies, les têtes ont tourné, & il a occasionné beaucoup de changement dans la machine. Depuis cette époque, cent cinquante ouvriers travailloient jour & nuit à ce magnifique ouvrage. C'est, ou plutôt c'étoit, *fuit Illion ingens*; un cône renversé, tronqué au sommet, hexagone de cent pieds de diametre. Elle devoit être montée par soixante personnes ; mais le sieur *Pilâtre* voulant des Argonautes aussi intrépides que lui, n'étant pas content du marquis d'*Arlande*, son premier compagnon, avoit imaginé de ne prendre qu'un nombre de bras suffisant pour manœuvrer, & d'embarquer en marchandises le surplus du poids ; c'est-à-dire qu'il avoit réduit l'équipage de son bâtiment à six matelots, & du reste comptoit porter cinquante quintaux de marchandises de différentes especes.

Ce premier bâtiment aérien devoit se nommer *le Flesselles*, du nom de notre intendant. M. *Pilâtre* en devoit être le capitaine, & M. de *Montgolfier* en second. Grande dispute de cet honneur entre eux. Le premier vouloit le céder à M. de *Montgolfier*, qui l'avoit refusé en disant qu'il se feroit gloire d'être son matelot. Le second avoit répliqué : *Hé bien, mon maître, vous serez témoin que je soutiendrai la gloire de votre pavillon jusqu'au dernier échantillon de votre équipage*. En effet, le projet étoit d'aller à *Paris* ou à *Marseille*, suivant la direction du vent.

Le magasin étoit une galerie très-solide & très-légere, de soixante-six pieds sur quatre de large. Il y avoit une espece de corridor servant de communication à tous les voyageurs. Le feu ne devoit être alimenté que par du bois ; & quoique la machine fût construite en toile, en coton, en papier & en laine, on se flattoit d'avoir prévenu tous les accidents du feu.

On prétendoit en outre que cette machine ne coûteroit pas la moitié de celle M. *Charles* & seroit remplie en quinze minutes.

Le sieur *Pilâtre* avoit fait construire par le sieur *Castel-Nuovo*, neuf thermometres de comparaison, trois barometres selon la méthode de M. *Changeux*, & M. *Saussure* s'est rendu exprès de *Geneve* à *Lyon*, avec deux hygrometres de son invention. Les portes-voix, les bombes, les lunettes & tous ces préparatifs, annonçoient des projets d'expériences détaillées & fort intéressantes.

Des dames demandoient en grace d'être choisies pour servir de matelots. Du reste, un concours de spectateurs immense; des étrangers venus de très-loin. M. de *Flesselles* avoit tous les jours une table de cent maîtres, & cela lui a coûté énormément. Aussi l'on dit que M. de *Calonne* lui a fait donner une pension considérable. L'Académie, du reste, avoit été invitée de présider aux expériences.

On avoit fait élever une estrade de cent pieds en carré, où reposoit la machine, afin que tout le monde pût jouir complétement du spectacle.

Le 10, les expériences ont commencé: mais les travaux se sont trouvés mal faits; des coûtures ont manqué; on n'a pu remplir le ballon.

Le 15, la seconde expérience a eu lieu avec le plus grand succès. Toute la machine a été gonflée également en dix-sept minutes, & a produit le spectacle le plus majestueux.

Le 16, devoit se faire la plus curieuse, puisque c'étoit le jour du départ des voyageurs. Mais le feu a pris à la machine, & a prouvé qu'elle n'étoit rien moins qu'incombustible. On travaille à la réparer; on y met une ardeur incroyable; l'infatigable *Pilâtre* n'en veut pas démordre & seroit trop honteux de retourner à *Paris* comme il est venu, ainsi que M. le comte de *Dampierre*, officier aux gardes, qui a quitté son régiment sans congé, couru les risques de manquer à son service & d'être cassé. M. le comte de *la Porte* arrivé à *Lyon* aussi exprès, & le prince *Charles*, fils aîné du prince de *Ligne*, dont le pere a payé la place 50 louis.

22 *Janvier*. Dimanche, M. de *Calonne* est entré au conseil, & a obtenu ainsi le caractere de ministre. On prétend qu'il a cette obligation au parti des *Vaudreuil*, qui, le sachant déjà brouillé avec le marquis de *Castries*, a été bien-aise de se ménager ainsi en lui une voix de plus.

23 *Janvier*. L'académie royale de peinture, dans son assemblée du 10 de ce mois, a reçu académicien M. *Guibal* de *Lunéville*, premier peintre & directeur de la galerie de S. A. S. le prince régnant de *Wurtemberg* & *Teck*.

Cet artiste est auteur de l'*Eloge du Poussin*, qui a remporté le prix à l'académie royale des sciences, belles-lettres & arts de *Rouen*. Ainsi, c'est en outre un homme de lettres.

23 *Janvier*. C'est M. *Lantier* qui devoit nous donner la premiere nouveauté en comédie, & l'on attendoit sa piece des *Coquettes rivales*. Il cede son tour à M. *Rochon*, qui a une comédie prête en cinq actes & en vers, ayant pour titre l'*Amant jaloux*, Les comédiens qui l'ont reçue par acclamation, sont empressés de la jouer.

24 *Janvier*. Extrait d'une lettre de *l'Orient*, du

20 Janvier..... Voici toute la filiation du conseil de guerre; car, quoique les membres en soient fort discrets, tout transpire.

Il paroît qu'il avoit été fait différents rapports aux conseils de marine, extraordinairement assemblés dans les ports, à l'occasion de la conduite tenue par l'armée navale du roi, au combat du 12 avril 1782, à la hauteur de la Dominique.

Sur ces rapports, ordre du roi, du 29 août 1783, pour juger si les ordres transmis par les signaux du général ont été fidélement exécutés; si les ordonnances, qui font une loi aux matelots de s'occuper plus de la défense du pavillon de S. M. que de la conversation de leur propre vaisseau, n'ont point été violé; enfin, si chaque commandant d'escadre, de division, de vaisseau, de frégate ou d'autre bâtiment, a tenu en cette occasion la conduite que lui prescrivoient les ordonnances, attendu qu'il est important pour le maintien de la discipline, que les coupables, s'il en existe, soient punis suivant la rigueur des loix; & pour l'honneur des officiers inculpés, qu'ils soient loués, si leur conduite a été irréprochable.

En conséquence, conseil de guerre extraordinaire, convoqué pour le 20 septembre 1783.

Ordre du Roi, du 3 novembre 1783, nommant le sieur *Siviniant*, greffier de la prévôté de la marine à *Brest*, greffier du conseil.

Et le sieur *Bourgoin*, greffier du Châtelet, autre greffier du conseil.

Le 10 novembre 1783, le conseil a nommé rapporteurs, MM. *d'Arbaud de Jouques & de Cherisey*. L'information commencée le onze mars 1783, composée de 304 témoins, n'a fini que le 17 janvier 1784.

24 Janvier. Extrait d'une lettre de *Lyon*, du 19 janvier.... Quoique la machine aérostatique eût été très-fatiguée par les expériences précédentes, par la gelée, la pluie, la neige & sur-tout le feu, qui en avoit embrasé une partie, elle a été réparée avec un zele & une promptitude inconcevables. La machine s'est remplie aujourd'hui avec succès, mais lentement, puisque l'opération a duré plus de deux heures. Cependant au moment où l'on s'attendoit à son départ, le sieur *Pilâtre* a fait une objection. Il a prétendu que le nombre des voyageurs étoit beaucoup trop considérable, qu'il falloit le réduire à trois. Aucun n'a voulu quitter son poste. On s'en est rapporté à l'intendant, qui a regardé comme infiniment préférable de satisfaire tous les illustres voyageurs, & de faire plutôt quelques sacrifices sur l'ascension & le voyage projeté. En effet, les cordes ont été coupées sur le champ; la machine s'est élevée à une hauteur estimée de cinq cents toises, puis est revenue rudement descendre, après quinze minutes de marche, dans une prairie peu éloignée du lieu de son départ, non sans éprouver le violent accident d'une scissure de quatre pieds & demi.

Vous voyez qu'à l'appareil près, cette expérience est moins que rien aujourd'hui, & ne vaut pas même celle de *la Meute*. Bien des gens estiment que la difficulté ridicule, élevée par le sieur *Pilâtre* au moment du départ, n'étoit qu'une tournure concertée avec M. de *Flesselles*, pour ménager l'amour-propre de ce navigateur, qui sembloit devoir aller jusques à *Paris* dans ce char aérien...... Ainsi je ne m'en dédis pas encore: *Parturiunt montes, nascitur ridiculus mus.* C'est une expérience ratée, relativement à l'importance qu'on y avoit mise.

24 Janvier. Les actionnaires de la caisse d'escompte n'ont pas fini leurs débats & se sont encore ajournés aujourd'hui 24, pour la continuation de leur assemblée.

24 Janvier. Hier, le bruit général de l'opéra étoit que M. le maréchal prince de *Soubise* entretenoit Mlle. *Zacharie*, nouvelle danseuse d'environ quinze ans, cousine & éleve de Mlle. *Guimard*. On disoit que celle-ci, pour perpétuer son empire sur ce magnifique seigneur, s'étoit substituée le jeune tendron. Cette nouvelle indignoit le public, qui avoit pris part à la premiere douleur du prince de *Soubise*, & le croyoit vivement affecté de la banqueroute de son gendre & de sa fille. On veut qu'il donne deux mille écus par mois à Mlle. *Zacharie*.

25 Janvier. Florestan, capitaine de vaisseau, a rendu au pacha d'*Egypte* le service signalé de sauver de la tempête le navire qui portoit ses richesses. Il est à sa cour & en est retenu pour assister à une fête que le pacha veut lui donner.

Florestan est peu disposé à la joie. Il a perdu un fils unique, entraîné par son ardeur de voyager & de combattre sur mer. Il sait qu'il a fait naufrage; & du reste il n'en a aucune nouvelle.

Saint-Phar, c'est le nom du fils, est devenu, durant ses courses, amoureux de *Zelime*; il l'a épousée; & comme il la ramenoit en *France* pour la présenter à son pere, ils ont été faits esclaves l'un & l'autre. *Husca* les amene avec quantité d'autres au Caire, pour les vendre.

Le pacha est enchanté de *Zelime*, & l'a achetée, malgré les larmes & les offres de *Saint-Phar* de payer sa rançon. Il résout de l'enlever, de tuer le barbare, ou de périr.

Almaïde, favorite du pacha, furieuse de se voir délaissée pour l'étrangere, seconde l'entreprise de *Saint-Phar*; mais il est arrêté & amené aux yeux du pacha. *Florestan* présent reconnoît son fils; il lui obtient sa grace & *Zelime*.

Tel est le fond romanesque & trivial de *la Caravane du Caire*, opéra en trois actes représenté d'abord devant leurs majestés à *Fontainebleau* le 30 octobre, & qu'on joue actuellement aujourd'hui à *Paris* avec une grande affluence, malgré la méchanceté du poëme & la médiocrité de la musique. Voici maintenant le cadre heureux dans lequel il est enchâssé & qui en fait le succès.

D'abord M. *Morel* convient dans sa préface que le sujet est assez indécent, & que mettre sur la scene les mœurs de l'*Asie* & l'intérieur d'un sérail, c'est s'exposer aux reproches des gens d'un goût délicat & austere: mais il s'autorise de l'exemple du *marchand de Smyrne* à la comédie françoise & de l'acte *Turc* de l'*Europe galante* sur le théâtre lyrique. Au reste, si ce spectacle est admissible quelque part, c'est sur-tout à l'opéra, & l'auteur en a tiré grand parti pour y produire beaucoup d'effet aux yeux. Il faut avouer que ce sens y est complétement satisfait.

Au premier acte, le théâtre représente une halte de caravane & une campagne sur les bords du Nil. On voit plusieurs groupes de voyageurs, les uns libres, les autres esclaves, qui témoignent alternativement leur joie & leur tristesse: les premiers, d'arriver au terme de leur désir; les autres, au comble de leurs maux. On conçoit que cette opposition prêtoit infiniment au musicien & à une variété de motifs agréables ou intéressants. Le marchand dans une tente occupé à calculer le produit de la vente future, jette du comique dans le début. Il est bientôt troublé par une horde d'Arabes qui viennent attaquer les voyageurs & piller la caravane. *Saint-Phar* se distingue dans le combat & obtient sa liberté; mais il la refuse & veut que *Zelime* soit délivrée à sa place; ce à quoi refuse de consentir *Husca*, son maître.

Au second acte, un ballet des sultanes, qui présentent à leur maître le sorbet, les parfums & des fleurs, n'est qu'un prélude du spectacle qu'offre le *Bazard* ou la *Foire du Caire*. On y voit les personnages du premier acte, des boutiques brillantes, des cafés, des orchestres. On distingue l'assemblage & le costume de toutes les nations, des marchands d'esclaves, &c.

Le pacha arrive avec sa garde. *Husca* & d'autres marchands font passer devant lui les esclaves. Les unes dansent, les autres chantent; il en est qui jouent des instruments. Enfin arrive *Zelime* cachée sous un voile: elle fait la conquête du pacha.

Un salon d'audience préparé pour une fête; l'entrée du pacha & sa suite, le commencement de la fête à laquelle préside la favorite, le bruit & le désordre de l'enlèvement, *Zelime* entourée des gardes, *Saint-Phar* enchaîné, varient le spectacle du troisième acte, terminé, suivant l'usage, par un ballet général.

25 *Janvier*. Les noms des voyageurs embarqués dans la machine aérostatique de *Lyon*, sont: M. *Montgolfier* l'aîné, M. *Pilâtre de Rozier*, le prince *Charles*, fils aîné du prince de *Ligne*, le comte de *la Porte d'Anglefort*, lieutenant-colonel d'infanterie & chevalier de Saint-Louis, le comte de *Laurencin*, chevalier de Saint-Louis;

le comte de *Dampierre*, officier aux gardes françoises, & le sieur *Fontaine*, de *Lyon*, coopérateur très-zélé : en tout sept voyageurs.

26 *Janvier*. M. le comte de *Mirabeau*, l'auteur du livre *des lettres de cachet & des prisons d'état*, s'attribuant avec raison quelque part dans la destruction du dongeon de *Vincennes*, a imaginé d'en perpétuer le souvenir par une estampe, dont le dessin a été présenté au roi dimanche dernier, 18, de ce mois. On dit qu'il a été agréé de sa majesté, & qu'on va le graver. La composition ressemble beaucoup à celle de l'estampe qui est à la tête de la relation de Me. *Linguet*, concernant son séjour à la Bastille.

26 *Janvier*. Dans les premieres lettres sur le clergé actuel, on en peignoit l'ignorance, l'inertie, le désordre, on pleuroit sur les maux de la religion & sur la perte des mœurs. L'auteur des nouvelles entre dans les détails de la maniere dont s'est opérée la révolution, & suit le plan & les intrigues de certains prélats novateurs, qui trouvant leur ambition mal appuyée sur un fantôme religieux qui s'éclipse de jour en jour, ont estimé plus sage de l'établir sur la base solide d'un économisme politique. De-là, la distinction entre les évêques attachés aux anciens principes, & qu'on appelle *évêques évangélistes*, & ceux de la doctrine moderne, qualifiés d'*évêques administrateurs*.

C'est sur-tout à l'archevêque de *Toulouse* qu'on attribue ce plan vaste & profond, dont le développement fait l'objet de la lettre cinq. On y représente l'archevêque d'*Aix* comme son second. Le premier point étoit de se ménager la feuille des bénéfices, le moyen essentiel pour propager leur système. Malheureusement, un prélat qui joignoit l'énergie du caractere à la franchise des sentiments, étoit déjà annoncé au public pour succéder à M. de *la Roche-Aymon* ; ses concurrents travaillent d'abord à écarter ce rival, qu'on sent être l'archevêque de *Lyon*.

On montre dans les sixieme & septieme lettres, comment ayant réussi, l'archevêque de Toulouse auroit bien désiré se substituer au disgracié ; mais craignant d'exciter la jalousie du comte de *Maurepas*, il imagine d'élever à ce ministere au moins une créature dont il soit sûr ; & l'évêque d'*Autun* est le mannequin qu'il choisit. Après un concordat qu'il lui fait signer conjointement avec l'archevêque d'*Aix*, il met en mouvement l'abbé de *Veri* auprès de la comtesse de *Maurepas*, & celle-ci détermine son mari à proposer au roi M. d'*Autun*.

La huitieme est consacrée à convaincre le marquis incrédule, aux yeux duquel on décompose tout entier M. de *Marbœuf*, & on lui prouve qu'aucun motif soit de concurrence, soit de faveur, soit de justice, n'ayant parlé pour lui, il n'y a que l'intrigue qui ait pu lui faire donner la feuille.

La neuvieme lettre contient un tableau triste & révoltant de la distribution des graces ecclésiastiques, égayé par la peinture des *audiences de Monseigneur* ; anecdotes curieuses sur l'adresse avec laquelle les prélats triumvirs tiennent en lisiere la raison de M. de *Marbœuf*, sujette quelquefois à des écarts.

La suivante, qui devoit être la derniere, est consacrée à des réflexions intéressantes pour la religion & la vérité. C'est une péroraison où l'auteur releve l'espérance des fideles, & leur fait entrevoir des jours plus heureux par la deſtitution future du miniſtre de la feuille, trop avili, trop mépriſé pour pouvoir la conſerver encore long-temps.

Dans les onzieme & douzieme lettres, l'écrivain reprend la plume à l'occaſion du fameux mandement de l'archevêque de *Toulouſe* du 2 novembre 1782, & de l'eſpece de *Code de diſcipline* qu'il y a joint, à l'uſage des curés & eccléſiaſtiques de ſon dioceſe. Il fait voir qu'on y trouve l'homme d'eſprit, le moraliſte, le légiſlateur & le philoſophe; tout, excepté l'évêque qui édifie. Il en faut penſer autant du mandement de l'archevêque d'*Aix*, du 28 décembre 1782, à l'occaſion des portions congrues; logogriphe théologique, où perſonne n'entend rien, au moyen duquel il a cru faire bruit, & ne s'eſt rendu que ridicule.

Il faut avouer que ces lettres ſont charmantes; malgré leur méchanceté, elles n'ont aucun ton d'aigreur ni d'amertume : elles ſont pleines de légéreté & de gaieté. Le perſifflage ſent l'homme de cour le plus aimable. D'ailleurs les anecdotes dont elles ſont ſemées, annoncent bien que l'ouvrage n'a pu être compoſé que par quelqu'un très-verſé dans les intrigues de *Verſailles*. Le perſifflage du ſieur de *Beaumarchais*, qui a amuſé dans le temps, n'eſt que du bavardage auprès de celui-ci du meilleur ton.

27 *Janvier*. M. le comte de *Rochambeau* a écrit le 31 décembre, aux officiers-généraux & meſtres de camp, qui ont ſervi en Amérique pendant la guerre derniere, pour les inviter à ſe raſſembler chez lui le 7 de ce mois.

Ce jour il a fait part à ces meſſieurs des inſtituts de la ſociété de *Cincinnatus*, à laquelle le roi a permis que ces messieurs s'associassent, conformément à l'invitation qui leur en a été faite par le général *Washington*, les généraux & les délégués de l'armée Américaine. Il leur avoit communiqué préalablement la lettre du général.

Les auteurs de l'association n'ont pas voulu la borner à une distinction honorifique pour eux. Ils ont désiré qu'elle fût utile aux veuves & enfants de leurs camarades qui ont péri pendant la guerre. Ils ont en conséquence arrêté de contribuer, dans une proportion graduelle, à leur soulagement. Les officiers François ont acquiescé avec empressement à cette cotisation.

Ils doivent former un fonds de 60,000 livres, qu'on enverra au général *Washington*, pour en faire la distribution conformément au vœu de la société. La contribution est ainsi qu'il suit :

Le comte de Rochambeau . .	6,000 liv.
Le chevalier de Chatellux . .	4,000
Les maréchaux-de-camp, chacun .	2,000
Les brigadiers, chacun . . .	1,500
Et les colonels, chacun . . .	1,000

27 Janvier. On a déjà donné la suite des *Lettres curieuses & édifiantes*. Elles sont au nombre de six, depuis la date du 6 novembre jusqu'au 15 décembre 1783. On y a joint aussi un second mémoire du vieux *Blanc-manteau* prétendu. On creuse dans cette collection la première idée des scrupules de M. l'évêque de Rennes, & le but du mémoire est, après avoir démontré dans le précédent *que les biens ecclésiastiques ne sont pas actuellement employés suivant le vœu de l'église primitive & des saints canons, d'examiner aujourd'hui si le souverain, dans ses états, a le droit de ramener l'usage de ces biens à leur destination primitive.*

& *si ce n'est pas un devoir de la souveraineté*. Les citations, les raisonnements solides dont il est appuyé, rendent cet écrit très-redoutable au clergé.

27 *Janvier*. Il y a une grande fermentation dans le parlement contre l'abbé *Sabatier de Cabre*, conseiller de la seconde chambre des enquêtes, qui passe pour être l'espion de M. de *Calonne*, & qu'il a été question d'expulser en conséquence. Il étoit déjà suspecté de ce métier, & l'on peut se rappeller que, dans la conversation familiere de l'abbé de *Saint-Sauveur*, on l'appella *la petite Poste des Enquêtes*. Il faut attendre que l'anecdote soit éclaircie pour en parler plus pertinemment.

27 *Janvier*. On parle d'un grand différend élevé dans le sein de la comédie françoise, entre Mlle. *Sainval* cadette & Mad. *Vestris*. On sait l'antipathie qui regne depuis long-temps entre les deux familles, dont est résulté l'expulsion de la premiere *Sainval*. Il paroît que les *Dugazon* voudroient faire expulser la seconde. Quoi qu'il en soit, on parle d'une lettre imprimée de la part de madame *Vestris*, très-longue & très-détaillée. C'est une espece de *Factum*, qu'on attribue à Mad. *Gerbier*, dont l'actrice veut bien de temps en temps ranimer la triste & froide existence.

28 *Janvier*. La guerre entre les deux *Musées de Paris*, dont chacun s'attribue le titre exclusif, dure encore, & l'on attend avec impatience de savoir ce qu'il faut en croire. De-là, deux chefs dont il s'agit de déterminer l'intrus. Quel concile littéraire le décidera? On voit un lettre du 18 de ce mois, adressée à l'abbé de *Fontenay*, le rédac-

teur du journal-général de *France*, où un M. de *l'Aulnay*, avocat, répond à M. de *Gebelin*. Il défend contre les schismatiques la perpétuité de la présidence en la personne de M. *Cailhava*, qui avoit donné, il est vrai, sa démission, mais fut invité de la reprendre dans l'assemblée-générale du 12 août dernier ; donc ce sont les membres enrôlés sous sa banniere, & qui l'ont suivi, qui constituent & composent le véritable musée de Paris.

28 Janvier. Il paroît que M. le baron de Breteuil a grande envie de se signaler dans les diverses branches de son département, qu'il n'en néglige aucune, & qu'il met dans toutes la plus grande activité. Il a été rendu le 3 de ce mois un *Arrêt du conseil, portant réglement pour l'académie royale de musique*, dont les dispositions sont importantes & méritent d'être connues, quand elles seront plus fixes & mieux développées. En général, il en est de sujettes à inconvénients & qui n'ont pas été discutées avec la maturité nécessaire. Le ministre ne pouvant entrer lui-même dans ces détails indignes de son génie, & dont il ne s'est jamais occupé, s'en est rapporté à gens qu'il en a cru bien au fait, & qui travaillant plutôt pour eux ou leurs créatures, que pour le bien de la chose, l'ont trompé. On croit que ce réglement est émané d'un comité tenu entre les sieurs de *la Ferté*, commissaire du roi, ayant l'inspection de ce spectacle sous le ministre ; *Morel*, *factotum* de celui-ci, & *Suard*, homme de lettres qui s'est immiscé dans le tripot lyrique, sans avoir jamais rien composé pour ce théâtre, & voudroit s'en rendre le despote.

28 Janvier. Quoique par l'exposition seule du

sujet de *Macbeth*, un lecteur tant soit peu au fait du théâtre françois, sente facilement combien il est vicieux, & en saisisse même déjà les défauts principaux, il n'est pas hors de propos d'en approfondir davantage quelques-uns. Ce seroit un trop grand travail de les discuter tous, ils sont innombrables.

Le premier & le capital, parce que c'est celui sur lequel repose toute la charpente de la piece, c'est de lui avoir établi pour base un rêve, des prédictions de sorcieres, dans un siecle où l'on ne croit plus ni aux rêves, ni aux sorciers ; ce qui lui donne un air de conte de *peau-d'âne*, & dispose merveilleusement à rire, au lieu de pleurer.

Le second, c'est après avoir prévenu le spectateur en faveur du principal personnage, de *Macbeth*, représenté en récit comme un héros, le libérateur de sa patrie, de ne le montrer, de ne le faire parler & agir que comme un prince sans caractere, irrésolu, le jouet d'une femme ambitieuse & atroce. C'est sur-tout au moment même où l'on se flatte qu'il est encore vertueux, qu'il a repoussé le noir dessein que lui a suggéré *Frédégonde*, d'assassiner le roi ; c'est, disons-nous, de lui faire commettre ce forfait, dont il a dévéloppé toute l'horreur avec une éloquence de sentiment vraiment attendrissante, & cela, sans qu'aucun incident nouveau ait pu l'y déterminer. C'est de peindre ce fameux coupable moins bourrelé que fou de remords ; ce qui mêle une teinte de ridicule absolument disparate avec les couleurs lugubres dont tout le reste est empreint. C'est de le mettre toujours sur la voie du repentir, sans qu'il se repente, commettant au contraire de nouvelles horreurs, jusques à ce qu'enfin, au moment où il devroit redoubler de fureur & de carnage, puisqu'il se voit prêt de perdre la couronne pour laquelle il a commis tant de crimes, une grace efficace en triomphe, pour amener un dénouement tout-à-fait postiche.

Le caractere de *Frédégonde* offre un troisieme défaut, non-seulement en ce qu'il est un monstre inaccessible sur la scene, mais en ce que l'y admettant, il manque de ces grands traits qui devroient du moins étonner & confondre le spectateur. Son éloquence n'a point assez d'énergie pour conduire son époux au régicide, & elle en manque encore plus pour lui ôter les remords, du moins pour l'étourdir, l'entraîner par son ascendant irrésistible.

Du personnage de *Seyward*, il résulte un quatrieme défaut, très-grand aussi, puisque ce personnage est la cheville ouvriere de l'intrigue, du nœud & du dénouement de la piece. En effet, il n'est point assez connu : on ne sait proprement ce qu'il est, ni d'où il vient. On ignore comment il a reçu l'avis d'une conspiration contre *Duncan*; comment & pourquoi ce monarque lui a confié son fils. Il entre dans le château ; il en sort de jour, de nuit, à toute heure, avec une facilité incroyable, lorsque le mystere & le silence en devroient garder toutes les avenues.

Mais le comble des autres défauts, c'est celui, en voulant transporter l'intérêt sur le fils de *Duncan*, d'avilir ce jeune prince au point de le rendre presque insensible, & à la découverte de sa naissance, & à celle de l'assassinat de son pere, & à la vengeance qu'il devroit respirer. Ce caractere, créé par M. *Ducis*, suffit pour prouver qu'au lieu d'améliorer *Shakefpear*, il l'a gâté. Il feroit trop long d'entrer dans le parallele des deux pieces, dont tout l'avantage feroit en faveur de l'Anglois.

En comparant auffi les morceaux de celui-ci, imités par M. *Ducis*, avec la traduction de monfieur de *la Place*, on préfere la derniere, plus élégante, auffi nerveufe & purgée de toute la bouffiffure de *fhakefpear*.

29 Janvier. On prétend que le roi qui, jufqu'à préfent, n'avoit pas aimé le grand opéra, & lui préféroit la gaieté de l'opéra-comique & des petits fpectacles, y a pris goût l'année derniere au voyage de *Fontainebleau*. On attribue ce changement du monarque fur-tout au jeu & au chant de madame de *Saint-Huberty*, & l'on a vu que fa majefté lui avoit donné des marques de fon contentement.

On ajoute que le roi a obfervé que les poëmes étoient bien mauvais, & l'on réalife aujourd'hui l'idée qui lui étoit venue, d'encourager par des prix les écrivains d'un talent diftingué à fe livrer à la compofition des poëmes lyriques. Par un article de l'arrêt du confeil du 3 janvier, il eft dit qu'il fera établi trois prix. Le premier d'une médaille de la valeur de 1,500 livres, pour la tragédie lyrique, reconnue la meilleure au jugement des gens de lettres invités au nom de S. M. à en faire l'examen. Le deuxieme, d'une médaille de la valeur de 500 liv. pour la tragédie du même genre qui obtiendra le fecond rang. Le troifieme, d'une médaille de la valeur de 600 livres pour le meilleur opéra-ballet, paftorale, ou comédie-lyrique.

Les formes prefcrites pour le concours, le choix des gens de lettres à qui l'examen des poëmes sera confié, le temps où les ouvrages pourront être envoyés au concours, & celui où se fera la distribution des prix, seront fixés par un réglement particulier, dont les dispositions seront rendues publiques.

L'amour-propre de certains auteurs attachés au théâtre lyrique, est déjà révolté de cette espece d'examen, auquel ils craignent d'être assujettis, & c'est un des articles de l'arrêt du conseil qui certainement souffrira le plus de difficultés. Peut-être même jugera-t-on impossible de l'exécuter, quoiqu'au premier coup-d'œil il semble tendre à perfectionner les poëmes.

29 Janvier. Dans la *Suite des lettres curieuses & édifiantes*, on trouve un détail effrayant de la milice ecclésiastique. On la fait monter à 300,000 desservants, évêques, curés, chanoines, vicaires, habitués, séminaristes, moines. Il y a près de 15,000 couvents, 12,000 prieurés, 13,000 chapelles, 1,300 abbayes, 40,000 paroisses au moins, & l'on calcule que l'entretien de tout cela coûte au moins deux cent-soixante-dix millions.

Une anecdote ou bon mot qu'on y lit, mérite aussi d'en être extrait C'est ce que dit un des moines dissidents, lors du chapitre-général de *Saint-Denis*, à MM. de *Narbonne* & de *Bordeaux*; *Vous tirez aujourd'hui, Nosseigneurs, sur la prêtraille & la moinaille; prenez garde, on tirera un jour à mitraille.*

On y voit encore que la lettre de cachet contre dom *d'Apres* a coûté beaucoup d'argent à monseigneur de *Narbonne*; qu'il auroit bien voulu faire mettre aussi à la Bastille dom *Lieble*, le bibliothécaire de *Saint-Germain*, dont on a parlé, qui a passé pour fournir les matériaux des pamphlets & pour l'auteur des remontrances du parlement ; mais que ce moine est la créature du garde-des-sceaux, & qu'on n'a osé y toucher.

29 *Janvier.* M. l'abbé de *Mably*, curieux sans doute de s'illustrer sur ses vieux jours, ou plutôt de faire parler de lui, avoit déjà excité contre lui toute la horde Voltairienne & philosophique, en traitant avec un mépris souverain le chef de cette secte dans son *Traité de la maniere d'écrire l'histoire.* Aujourd'hui rival de l'abbé *Rainal*, il se met à dos tout le parti des prêtres & des dévots, par ses *Principes de morale*, ouvrage où il semble, non-seulement tolérer, mais encourager les lieux de prostitution. Toute la Sorbonne est en l'air, & il est question de sévir contre lui & contre son censeur, car l'ouvrage est imprimé avec approbation & privilege

30 *Janvier.* Au premier avril prochain commencera une école pour le théâtre lyrique, qu'on désire depuis long-temps, & absolument essentiel. C'est une disposition du nouveau réglement, à laquelle tout le monde applaudit. Cette école sera tenue par d'habiles maîtres de musique, de clavecin, de déclamation, de langue françoise & autres, chargés d'y enseigner la musique, la composition, & en général tout ce qui peut servir à perfectionner les différents talents propres à la musique du roi & à l'opéra.

Il doit intervenir sur cette institution, dont l'objet & le régime sont encore trop vagues, un réglement particulier.

30 *Janvier.* Quoique mardi dernier *la caravane* ne fut qu'à sa quatrieme représentation, ce ce jour-là même les comédiens Italiens, toujours

alertes, en ont joué la parodie, sous le titre du *Marchand d'Esclaves*, en deux actes en vaudevilles. Il est vrai qu'elle n'a pas coûté beaucoup d'invention, puisqu'on y a suivi exactement l'opéra.

Le dénouement seul, autre parodie du ballon de M. *Charles*, parfaitement bien imité, a procuré quelque succès à cette plate facétie, dont le meilleur couplet est celui qu'il occasionne, sur l'air: *J'ai perdu mon âne.*

    De telles venues
  Ne nous sont pas inconnues,
  Car l'on voit de temps en temps
  Des peres & des dénouements,
    Qui tombent des nues.

On a demandé l'auteur, & le sieur *Rosiere* est venu chanter un couplet de remerciement, sans doute préparé tout exprès, où il déclare qu'il a composé ce chef-d'œuvre avec un compere. Celui-ci est le sieur *Radet*.

30 *Janvier.* C'est le 14 janvier dernier que Mlle. *Sainval* cadette, a écrit à sa troupe pour se plaindre des vexations de Mad. *Vestris*, qui ne lui laisse à jouer que trois ou quatre rôles doux, tendres, pleureurs, & ne l'avertit jamais qu'à l'instant pour la doubler dans les autres; ce qui la met dans l'impossibilité de se préparer & de le faire. En conséquence, ne pouvant plus supporter d'être la très-humble esclave de cette camarade, mademoiselle *Sainval* demande sa retraite pour pâques. Elle finit par insinuer que sans doute le projet de Mad. *Vestris* est de se défaire des deux sœurs. Cette insinuation maligne, & l'affectation de Mlle. *Sainval*, de répandre des copies de sa lettre

parmi ses partisans, ont fait juger à sa rivale que son dessein étoit de la perdre dans l'esprit du public, qu'elle avoit eu beaucoup de peine à ramener depuis la retraite de l'aînée. En conséquence, Mad. *Vestris*, ayant eu le 19 communication de cette lettre par la troupe, y a fait une réponse en date du 24 janvier.

Dans cette réponse, très-longue, de vingt-deux pages, simple, claire, bien faite, modérée, Mad. *Vestris* se disculpe non-seulement des reproches de la cadette, mais encore de toutes les imputations dont la retraite de l'aînée l'avoit fait charger. Elle appuie sa défense sur des faits à la connoissance de tous ses camarades, & consignés dans les registres de la comédie.

Le lundi 26, madame *Vestris* a envoyé sa lettre manuscrite à sa troupe, qui en a paru satisfaite & y a applaudi. Alors elle a fait apporter un ballot d'exemplaires imprimés de cette lettre, qu'elle a distribués à tous ses camarades présents : coup de théâtre qui a fait changer la scene. On lui a reproché de révéler ainsi, sans y être autorisée par le consistoire comique, ce qui se passoit dans son sein.

Du reste, le public qui aime à être instruit & en dernier ressort, est le juge suprême des justices mêmes, sait bon gré à Mad. *Vestris* de ce *Factum*, qui la justifie complétement, si les faits sont vrais & restent sans contradiction.

Il faut attendre la réplique de Mlle. *Sainval*. Quoi qu'il en soit, il résulte déjà de cette querelle entamée, une grande fermentation entre les partisans des deux actrices & les amateurs du spectacle en général, & les plaisants s'apprêtent à rire aux dépens de qui il appartiendra.

31 Janvier. Jusqu'à quand le nom de *Mirabeau*, si respectable & si décrié, fera-t-il retentir les tribunaux d'une façon injurieuse à ceux qui le portent? C'est aujourd'hui la dame de *Riquety de Mirabeau*, épouse du marquis de *Cabris*, qui y est traduite par la dame de *Lombard de Saint-Benoît*, marquise de *Cabris*, douairière. Elle y trace le tableau le plus diffamant de la vie de sa bru, & se plaint d'y être forcée pour repousser les horribles calomnies de celle-ci. On est surtout fâché de voir figurer dans ces aventures romanesques & scandaleuses, son frere, le comte de *Mirabeau*, cher aux lettres & à la patrie, depuis son estimable ouvrage sur les *Ordres du roi illégaux & les prisons d'état*.

On a parlé dans le temps des mémoires de la jeune marquise de *Cabris*, réclamant & son époux & sa fille. Elle a perdu à *Grasse* & à *Aix*; mais elle est revenue contre au conseil, & a fait casser les jugements & arrêts le 15 août 1783. La contestation est renvoyée pardevant le lieutenant du Châtelet de *Paris* & par appel au parlement.

C'est à cette occasion que la belle-mere, à qui la curatelle de l'époux interdit & l'éducation de sa petite fille ont été confiées, a cru devoir prévenir les magistrats & le public par un mémoire préparatoire & par une consultation en date du 10 décembre dernier. Ils sont de Me. *Robin de Mozas*, jeune avocat dont le talent commence à se développer dans ce *factum* intéressant.

31 Janvier. Depuis long-temps on n'avoit eu à Paris un hiver aussi rigoureux que celui-ci, sur-tout par sa durée. Il gele depuis deux mois presque consécutivement, & une neige abondante couvre & les toits & les rues. Il est d'usage que

Tome XXV.

les princes devant leur palais, & les grands seigneurs devant leur hôtel, fassent allumer des feux pour chauffer les porte-faix, les savoyards, les fiacres, tous les malheureux qui, par leur état ou les circonstances, sont obligés de rester dans les rues. A ces secours trop foibles, M. le Noir en a joint d'autres, qu'il a sollicités du ministere.

On a averti tous les manœuvres & journaliers qui sont sans ouvrage, de se présenter à l'hôtel de la police avec confiance & qu'ils y trouveront du travail & du salaire.

On a établi dans de vastes salles des célestins, des capucins du fauxbourg Saint-Jacques & des grands augustins, des poëles toujours allumés, où l'on emploie à des ouvrages moins durs les femmes, les enfants, les vieillards & les infirmes.

Enfin on a distribué à messieurs les curés & commissaires de police, des sommes d'argent, pour fournir du bois, du charbon, du pain aux pauvres honteux & autres qui se présenteront.

On doit rendre justice à l'excellence du cœur du roi, qui, de sa main, a écrit au contrôleur-général, lui exposant les demandes du lieutenant de police; qu'il autorisoit le ministre des finances à faire donner tous les secours qui seroient nécessaires pour secourir les pauvres, & lui a dit de vive voix: *qu'il n'y avoit aucune dépense qui ne dût être retranchée, s'il le falloit pour celle-là.*

La reine, de son côté, a envoyé à M. le Noir cinq cents louis pris sur les fonds de sa cassette, en déclarant que jamais dépense ne fut plus agréable à son cœur.

31 *Janvier. L'auteur par amour*, est une co-

médie nouvelle en trois actes & en vers, jouée hier aux italiens pour la premiere fois & la derniere, si le vœu public étoit exaucé. Elle est très-médiocre & beaucoup au-dessous du conte du *Connoisseur* de M. *Marmontel*, dont elle est tirée. L'histoire de la chûte d'une piece est la seule tirade qui ait été applaudie.

31 *Janvier*. M. de *Sancy*, le censeur de l'ouvrage de l'abbé de *Mably*, est déjà suspendu de ses fonctions. Il a cependant fait voir que cet auteur avoit abusé de sa bonne foi, en ne se conformant pas aux corrections exigées, qu'il lui avoit promis d'exécuter. Mais il s'avoue coupable de négligence, en ne voyant pas si les épreuves étoient conformes à sa censure.

Quant à l'abbé de *Mably*, il a vu l'archevêque de *Paris*, il se demene beaucoup, & l'on espere que l'affaire se civilisera.

1 *Février* 1784. M. de *la Lande* est un astronome assez renommé aujourd'hui, mais qui n'est cependant pas infaillible; ce qu'on a vu par plusieurs erreurs grossieres dans lesquelles il a donné & induit le public. Il n'en est pas moins intolérable; il décide & tranche despotiquement. Il avoit d'abord prétendu que l'homme ne pourroit jamais se soutenir en l'air, assertion démentie depuis l'invention des machines aérostatiques. Il assure aujourd'hui qu'elle ne seroit jamais que de pure curiosité, par l'impossibilité démontrée de les diriger. Un poëte s'est permis à cette occasion de le plaisanter par l'épigramme suivante:

Dans le char aérien de *Pilâtre* & d'*Arlande*,
Doit s'élever, dit-on, l'astronome *la Lande*.
C'est fort bien fait à lui de visiter les cieux;
Peut-être à son retour il en parlera mieux.

1 *Février*. M. *Pilâtre de Rozier* est enfin revenu, & après une interruption de près de six semaines, a repris son cours hier. Quoique claqué, fêté, couronné à *Lyon*, il a paru un peu sot devant ses écoliers, d'être arrivé par une voiture ordinaire en simple mortel, lui qui devoit descendre ici comme un dieu. Il donne pour excuse à présent que la machine n'avoit été destinée dans l'origine que pour élever des fardeaux, & qu'elle a complétement réussi à cet égard, puisqu'au lieu de huit milliers qu'elle devoit peser, suivant le projet de la souscription, avec son lest, elle en pesoit plus de seize. Mais pourquoi en a-t-il voulu changer la destination? Pourquoi a-t-il souffert que toutes les lettres de *Lyon*, tous les papiers publics, retentissent de son projet, sans le démentir? Pourquoi cette machine consacrée aux masses pesantes, n'en a-t-elle point été chargée, & n'a-t-elle enlevé que des hommes? Pourquoi s'est-il vanté lui-même de ce voyage par sa réponse à M. de *Montgolfier*, qu'on a rapportée? Au surplus, plusieurs lettres de *Lyon* font mention que les voyageurs, dans leur courte ascension, n'ont pas laissé que de courir des risques, & que leur descente, ou plûtôt leur chûte, n'a pas été aussi douce que l'ont annoncé les enthousiastes ou les charlatans de l'opération, puisque M. *Montgolfier* en a eu le visage écorché, & un de ses compagnons une dent cassée. On veut que ce soit M. le comte de *Laurencin* qui, affligé de voir tomber beaucoup de neige le dimanche 18, veille du départ, avoit reçu le quatrain suivant, commun à tous les autres navigateurs aériens

 Fiers assiégeants du séjour du tonnerre,
  Calmez votre colere:
 Eh! ne voyez-vous pas que Jupiter tremblant,
 Vous demande la paix par son pavillon blanc.

Le comte de *Laurencin* avoit répondu gaiement que ses compagnons & lui s'étoient chargés d'aller prendre les articles de la capitulation. C'est ce nouveau *Titan* qui a été terrassé.

2 *Février*. Lorsqu'il fut question en décembre dernier de *l'édit d'emprunt*, M. de *Calonne* passa chez le premier président, lui dit que l'intention du roi étoit qu'il ne souffrît pas de difficultés à l'enrégistrement, d'autant qu'il n'étoit qu'un revirement de l'emprunt de deux cents millions qu'on venoit de fermer à cent. M. *d'Aligre* lui promit de faire tout ce qui dépendroit de lui pour remplir le désir du roi, & du reste se confondit en protestations de zele & d'attachement envers le contrôleur-général.

M. de *Calonne* a depuis appris non-seulement que M. le premier président n'avoit pu empêcher les représentations sur cet édit, qui ont eu lieu, mais qu'il avoit beaucoup contribué à les provoquer de concert avec le président de *Fleury*, M. le *Fevre d'Amecourt* & autres membres, jaloux de la place du contrôleur-général, ou prévenus contre lui, & il a senti la nécessité de détruire ce foyer d'intrigues dans le parlement qui, s'il acquéroit plus de force & de consistance, pourroit lui devenir très-funeste. En conséquence, soit qu'il en ait instruit le garde-des-sceaux ou le roi même, soit que M. le premier président en ait reçu des reproches de S. M., du chef de la justice, ou de M. de *Calonne*, n'importe par quelle voie, sur laquelle on varie, le chef du parlement a su que l'abbé *Sabatier de Cabré* étoit le traître qui, dans une lettre à M. de *Calonne*, l'avoit instruit de ce qui s'étoit passé dans le sein de la compagnie à cette époque, des divers avis qui avoient été ouverts, & s'étoit même permis de fouiller dans les intentions en entrant dans le détail des motifs qui déterminoient chaque *Opinant*. M. d'*Aligre*, bien certain du fait, en a instruit M. de *Bonneuil*, président de la chambre dont est l'accusé. Il y a eu une assemblée à son sujet, dans laquelle on est convenu de ne point communiquer avec lui, jusqu'à ce qu'il se fût lavé de l'imputation.

Après cette délibération, la premiere fois que l'abbé *Sabatier* a paru à la chambre, tout le monde a déserté; un seul est resté qui, interrogé sur cette désertion, lui a répondu que c'étoit qu'on le regardoit comme un *J. F.* avec lequel on ne vouloit plus fraterniser. Il est allé trouver là-dessus son président pour avoir une explication; ce qui l'a mis dans le cas de voir successivement M. d'*Aligre*. Ne pouvant plus douter de sa disgrace, il s'est rendu chez M. de *Calonne*, qui lui a donné une lettre justificative, où il nie que l'abbé *Sabatier* lui eût jamais écrit sur ce qui s'étoit passé à l'occasion de l'édit d'emprunt. Muni de cette piece, l'abbé l'a montré à sa chambre, sur laquelle cette preuve négative n'a pas paru opérer une grande impression, mais elle a empêché qu'on ne passât outre. Le vendredi 30 janvier, où il y avoit assemblée de chambres, l'abbé *Sabatier*, quand son avis est venu d'opiner concernant l'objet de sa délibération, a profité de la circonstance pour péroré avant, longuement & avec beaucoup de *pathos*, à l'occasion des bruits injurieux qui couroient sur son compte. On lui a répondu que ce n'étoit pas ce dont il s'agissoit, & qu'on agiteroit, s'il le demandoit, cette matiere une autre fois.

Dans le cours des opinions, M. d'*Espréménil* est revenu sur le même objet, & a dit que depuis trop long-temps on calomnioit le ministere & la magistrature en pareille matiere; qu'il falloit nécessairement remonter à la source de ces bruits. Qu'en conséquence il étoit d'avis qu'on fît une enquête très-sévere sur ce qui concernoit l'accusation intentée contre l'abbé *Sabatier de Cabre*. Celui-ci, qui depuis son discours avoit paru très-rassuré, très-animé, a pâli à ce propos, a voulu parler pour écarter une motion qu'il redoutoit sans doute. Les partisans du ministere, les gens mous, les timides ont exagéré les inconvénients de l'enquête. Ils ont dit qu'au surplus on ne pouvoit s'en occuper qu'autant que l'abbé *Sabatier* porteroit plainte lui-même. Et après avoir terminé la délibération qui occupoit en ce moment, ou plutôt après l'avoir renvoyée au mardi, on a levé la séance.

2 *Février*. On peut se rappeller qu'un citoyen anonyme a fondé un prix annuel de 600 liv. pour l'encouragement des sciences & des arts, à décerner par l'académie des sciences. Cette compagnie, sur le rapport de ses commissaires concernant la machine aérostatique inventée par MM. de *Montgolfier*, leur a décerné ce prix comme à des savants à qui l'on doit un art nouveau, qui fera époque dans l'histoire des inventions humaines.

3 *Février*. Dans l'arrêt du conseil du 3 janvier, portant réglement pour l'académie royale de musique, en dix-sept articles, ceux concernant le nombre, la qualité des sujets & leurs appointements semblent les plus invariables.

Le nombre des places des premiers sujets du chant est fixé à sept; savoir, deux premieres *basses-tailles*, deux premieres *hautes-contres*, & trois *premieres actrices*.

Les places dites de *remplacement*, seront du même nombre & dans les mêmes genres.

Les places des *doubles* seront à trois; savoir, une *haute-contre* & deux *actrices*.

En tout, dix-sept sujets.

Le corps des premiers sujets de la danse, sera composé d'un *maître des ballets*, d'un *aide*, de trois *premiers danseurs*, de trois *premieres danseuses*, de trois *remplacements* en *danseurs* & *danseuses*, & de six *doubles*, dont trois hommes & trois femmes.

En tout, dix-sept sujets.

Les appointements des premiers acteurs & actrices seront fixés pour toujours à 9,000 liv., & ceux des *remplacements* à 7,000 liv., & ceux des *doubles* à 3,000.

Sur les appointements des premiers & des doubles du chant & de la danse, il sera fait annuellement une retenue proportionnelle pour fournir à chacun, au bout d'un certain temps, un fonds qui lui sera rendu, & dont les détails économiques seroient fastidieux ici.

On voit avec peine l'extinction des feux, objet d'une grande émulation, imaginé par le sieur de *Vismes* avec beaucoup de succès. « Entend
» néanmoins S. M. (est-il dit dans l'article XI.)
» que ceux des sujets qui ont droit au partage
» des bénéfices qui pourroient résulter de recettes
» plus avantageuses, dues en partie à leur zele
» & à leurs travaux, ainsi qu'à leur économie
» dans les dépenses, continueront d'en jouir à
» l'avenir, de même que ceux qui seroient par la
» suite admis au même partage, suivant l'état qui
» en sera arrêté tous les ans. »

Quant aux articles concernant la discipline intérieure de l'opéra, ils sont judicieux & sévères pour forcer les bons sujets à jouer & les empêcher de porter chez les étrangers des talents dont ils doivent compte à ceux qui les paient.

3 *Février*. On a commencé depuis quelques jours la vente de la bibliotheque du duc de *la Valiere*. La plupart des princes étrangers, la plus grande partie des possesseurs des grandes bibliotheques, &c. ont donné des commissions pour l'achat des livres qu'ils désirent. L'empereur même a envoyé son bibliothécaire à cet effet.

La *Bible de Mayence*, imprimée en 1462, par *Jean Faust*, en deux volumes *in-folio* sur vélin, a été vendue 4,685 liv. Il y a eu trois enchérisseurs jusqu'à 4,000 liv.

Un seul volume, imprimé par le même, intitulé *Catholicon Joannis de Janua*, a été poussé jusqu'à 2,000 liv. C'est un dictionnaire latin qui est dans toutes les bibliotheques; mais cette édition de *Mayence*, en 1460, est fort recherchée. Comme il y a beaucoup de ces livres de fantaisie, on estime que la vente de cette riche bibliotheque pourroit bien monter à 500,000 liv.

3 *Février*. Malgré les fréquentes assemblées de la caisse d'escompte, les actionnaires n'ont encore rien terminé. Il doit s'en tenir une aujourd'hui, qu'ils esperent être définitive.

Les débats occasionnés par la motion dirigée contre le sieur *Panchault*, ont été si vifs, qu'il a fallu que M. le contrôleur-général s'en mêlât & interposât son autorité. On est convenu sur cet article que n'étant pas compris dans les statuts, il pourroit avoir lieu à l'avenir, mais sans effet rétroactif pour ce jour.

Le sieur *Pontra* a fait une autre motion qui a excité beaucoup de fermentation. Il a prétendu qu'il falloit exclure de l'administration les étrangers. On a jugé qu'elle étoit comprise implicitement dans les statuts. Cependant il n'a encore été arrêté rien de définitif à cet égard.

4 Février. Le procès des deux actrices n'est point terminé. Madame *Vestris* ayant jugé à propos d'envoyer sa lettre à Mlle. *Clairon*, qui est dans ce pays-ci, en a reçu une réponse très favorable, mais qu'elle n'a pas eu permission de faire imprimer. On dit que les *Sainval* y sont traitées avec le dernier mépris.

4 Février. Le contrôleur général a fait passer aux intendants des provinces les mêmes ordres de bienfaisance de la part du roi pour les malheureuses victimes, faute de travail, de l'intempérie de la saison, & les curés, en conséquence, administrent dans les bourgs & villages, des secours à tous ceux qui en ont besoin.

4 Février. Le sieur *Blanchard* revient sur le tapis. Il annonce qu'à l'aide d'un globe, à l'instar de MM. *Charles & Robert*, il compte enfin prendre l'essor dans son *vaisseau volant*. Ses ailes & ses mouvements pour la direction sont faits & approuvés. Un foible moteur les fait agir dans tous les sens avec assez de force pour le porter en avant, à droite, à gauche, le tenir à telle hauteur qu'il lui plaira, le laisser descendre à volonté, sans déperdition d'air inflammable.

C'est au 28 février que l'expérience aura lieu dans un emplacement qu'il indiquera. Après avoir, par des évolutions multipliées dans tous les sens, prouvé l'excellence de sa méthode, il se rendra dans un château qu'il aura indiqué auparavant comme le terme de sa source, est une personne de qualité se propose de lui donner une fête.

Un physicien doit accompagner le sieur *Blanchard*, & se propose de faire des observations, pendant que celui-ci s'occupera de ses évolutions & de sa direction. Ce physicien, certain des moyens qu'emploie le sieur *Blanchard* pour se garantir d'une chûte rapide, au cas que le ballon vînt à faire explosion, le presse fortement pour monter au plus haut possible.

Comme ce méchanicien a déjà promis quantité de choses qu'il n'a pu tenir, on n'a pas encore beaucoup de confiance en lui. Cependant on lui a permis d'ouvrir une souscription à 3 livres le billet, & les amateurs pourront aisément voir le méchanisme de sa machine, à commencer du 6 de ce mois.

5 *Février*. Dans l'assemblée du 3 de ce mois, tenue par les actionnaires de la caisse d'escompte, on s'est sans doute concilié, & l'élection des nouveaux administrateurs au nombre de treize, a eu lieu ce jour-là. Ce sont MM. *Bandard de Sainte-James*, *Coltin*, *de Serilly*, *Julien*, *le Coulteux du Moley*, *le Normand*, *Lullin*, *Marquet de Greves*, *Pache de Montguyon*, *Rilliet*, *Tourton*, *Van den Yver* & *Harmensen de Polny*.

5 *Février*. Le projet de la suppression des traites pour réduire tous les droits d'entrée en un seul, & supprimer ceux de l'intérieur du royaume, dont s'occupoit M. *d'Ormesson* avec tant d'ardeur, quoique le principe de sa chûte par sa résiliation du bail des fermes qu'il croyoit nécessaire pour l'effectuer, n'occupe pas moins M. de *Calonne*. C'est un M. de *cormerui* qui a la direction de ce projet & y travaille depuis plus de dix ans. Comme

les fermiers-généraux, redoutant ce changement, refusoient de donner à M. de *Cormerui* tous les renseignements dont il avoit besoin, par la communication de leurs registres, ils ont reçu ordre de le faire, de lui ouvrir les dépôts de leurs archives qui sont à Saint-Lazare, & une quantité considérable de commis sont employés à en faire le dépouillement. M. de *Cormerui* assure que son plan sera en état d'être exécuté cette année. La principale difficulté consiste à balancer les intérêts du roi, de maniere que la recette, sous la nouvelle forme, moins onéreuse à la liberté du commerce, & moins gênante pour les particuliers, ne diminue cependant pas les revenus, trop essentiels à conserver en ce moment dans la même abondance, & ses partisans assurent qu'il réussira.

6 Février. On répete à force l'opéra de *Chimene*, paroles de M. *Guillard*, musique de M. *Sacchini*. Celui-ci, malheureusement a la goutte & ne peut suivre les répétitions. On ne compte pas moins donner ce spectacle par extraordinaire le lundi 9. Les amateurs en sont fort contents en général, & ne doutent pas de son succès.

6 Février. La reine a aussi envoyé 12,000 livres à l'archevêque de *Paris*, avec la destination d'être employées au soulagement des pauvres de la campagne de son diocese. Malheureusement ce n'est qu'une goutte d'eau. On a calculé qu'il n'en résultoit qu'une répartition de 36 livres par village.

6 Février. L'abbé *Pommyer* vient de mourir. Cet événement n'auroit fait aucune sensation il y a un an, mais le rôle que ce conseiller de grand'chambre a joué dans les assemblées au sujet de la réforme de la justice; l'opiniâtreté qu'il a mise à ne point se départir des épices excessives auxquelles il avoit porté les honoraires de sa charge; le ridicule qu'ont versé sur lui les libelles répandus à cette occasion par des anecdotes scandaleuses & reconnues très-vraies; l'espece d'exécration dans laquelle il étoit tombé; tout cela l'avoit rendu malheureusement trop fameux. On assure que la populace a suivi & honni son convoi.

6 Février. M. le duc de *Charost*, si estimable par sa bienfaisance, par son amour des arts & par ses autres qualités, si aimé généralement, plus afin de contenter ses parents & ses amis, que sensible personnellement à l'oubli fait de lui dans la promotion nombreuse des officiers de terre, mise en lumiere depuis peu par M. de *Ségur*, a fait toutes les démarches nécessaires en pareil cas; mais il n'a décidément reçu aucune satisfaction. Le ministre lui a répondu que l'intention de sa majesté étoit de ne déroger à la regle qu'elle avoit établie pour les époques de la promotion, qu'en faveur des officiers qui avoient servi.

6 Février. Dans l'assemblée des chambres du 3 février, M. d'*Eprémesnil* a remis de nouveau en délibération la motion qu'il avoit déjà faite le vendredi au sujet de l'abbé de *Cabre*. Il a voulu piquer celui-ci d'émulation, en l'invitant de former une plainte qui ne pouvoit tendre qu'à sa décharge; mais l'accusé se regardant comme assez blanchi par la lettre de M. de *Calonne*, a persisté dans le silence, & les partisans du ministere ont continué à s'en prévaloir pour écarter la motion.

7 Février. Quoique le gouvernement depuis plusieurs années, dépense environ cent mille écus par mois pour étayer *Paris* dans toutes les parties du fauxbourg *Saint-Germain*, excavées par la fouille des carrieres, il arrive de temps en temps des crevasses. C'est ainsi que depuis peu il s'en est formé une dans la rue de *Mezieres*, & une autre dans la place de *Sorbonne*. On ne parle point de ces accidents, de crainte d'effrayer le public, & heureusement aucun n'a encore été funeste.

7 Février. Le froid & la neige continuent, ce qui redouble les embarras & la vigilance de M. le lieutenant-général de police. À peine se réserve-t-il cinq ou six heures de sommeil par nuit. On ne se rappelle point avoir vu un hiver de cette espece. Il est bien à craindre que le bois ne vienne à manquer. Le mardi 3 février il n'y en avoit plus que soixante-dix mille voies. Ce jour-là six mille ont été enlevées, & il a été mis des gardes dans les chantiers pour en empêcher les trop grandes levées à la fois. Beaucoup de gens commencent à faire usage du charbon de terre, au moins mélangé avec le bois.

La propreté des voies publiques est regardée aujourd'hui comme impossible. On calcule qu'il y a sur la surface de cette capitale quarante-huit lieues de rues à nettoyer. On voit qu'il en résulteroit une multitude de bras, de voitures & de chevaux, effrayante seulement à l'imagination, & une dépense encore qui feroit tort aux objets de charité plus pressants. Ce sont tous ces soins qui occupent M. *le Noir*, & rendent cette époque de son administration la plus difficile qui eût encore existé sous aucun de ses prédécesseurs, & sans doute occasionnent le bruit que pour récompense il aura bientôt une autre département.

Dans les campagnes, les seigneurs de paroisse ont été invités à seconder, autant qu'il seroit en eux, la bienfaisance du souverain. Quelques-uns n'ont pas attendu cette invitation & l'ont prévenue. Celui de *Pantin* (M. le comte de *Sahois*) a fait publier au prône, & afficher que tous les infirmes, malades, vieillards ou autres de ses vassaux qui manqueroient de bois, eussent à s'adresser au curé, qui leur administreroit de sa part des *bons* pour le boucher, le boulanger, le marchand de vin, &c.

MM. les bénédictins de *Saint Denis*, renommés pour la bonne chere qu'ils faisoient en poisson, ont arrêté de le retrancher de leur table, de se contenter de légumes & de consacrer l'argent de cette économie à secourir les malheureux.

8 Février. Extrait d'une lettre de *Montargis*, du premier février..... Ce n'est point un conte; le directeur de notre papeterie se flatte de l'invention d'un nouveau *papier uniquement fait avec de l'herbe*. Je vous en adresse un échantillon; il assure qu'il parviendra à le rendre aussi blanc que celui sur lequel je vous écris. Mais il faut attendre qu'il ait tenu ce qu'il promet & se méfier de toutes ces découvertes prétendues.

8 *Février.* Lorsqu'on a commencé à parler de la machine aérostatique de MM. de *Montgolfier*, on a aussi beaucoup vanté une invention nouvelle des Anglois pour marcher au fond de la mer, & l'on a célébé *Coxe*, son auteur.

Un M. *Fréminet*, publie aujourd'hui deux lettres, dans lesquelles il dispute cette découverte aux Anglois, & prétend démontrer les défauts & le danger de leur machine ou cloche, dont l'événement, suivant lui, a confirmé l'inutilité. Quant à la sienne, il n'en a trouvé la construction dans aucun auteur ancien ou moderne. Les principes dont il se sert, sont le fruit de son imagination, de son travail, & lui appartiennent. Après avoir tenté avec succès des expériences dans la *Seine*, à *Paris*, il les réitera au *Havre* dans la mer, en 1774, & à *Brest* en 1776.

M. *Fréminet*, en conséquence, sollicite actuellement le privilege de retirer les bâtiments & effets naufragés sur les côtes de *France*.

9 Févier. Il paroît que depuis la paix, le commerce de la *France* avec les peuples des *Etats-unis* n'a pas été avantageux, qu'il a même éprouvé des pertes considérables ; du moins c'est ce qui est arrivé à celui de *Marseille*. Le gouvernement craignant que nos négociants ne se dégoûtent & ne laissent les Anglois reprendre des liaisons plus étroites avec leurs anciens sujets, a sans doute en conséquence invité la chambre du commerce de *Marseille* à publier un imprimé ayant pour titre : *Observations sur le commerce avec les treize Provinces-unies de l'Amérique, pendant l'année 1783.* Elles tendent non-seulement à démontrer les avantages que peuvent se promettre les négociants qui feront des expéditions pour les *Etats-unis*, mais encore à établir entre les commerçants des deux pays une confiance solide, sans laquelle les spéculations pourroient être fausses.

9 Février. Les rieurs continuent à s'égayer sur la machine aérostatique de *Lyon*, annoncée avec tant d'emphase, & qui a eu si peu de succès. Elle a donné lieu à l'épigramme suivante, marquée au coin des la naïveté :

Vous venez de Lyon : parlez-nous sans mystere ;
Le globe. — Il est parti. — Le fait est-il certain ?
Je l'ai vu. — Dites-nous : alloit-il bien grand train ?
S'il alloit ! Ah, Monsieur ! il alloit *ventre à terre*.

9 Février. C'est le 19 janvier que la réception à l'association de *Cincinnatus* a eu lieu, tant pour ceux des officiers Américains qui se trouvent à Paris, que pour les François à qui cette marque d'honneur a été déférée par l'armée Américaine.

Les premiers s'étant rassemblés chez le marquis de *la Fayette*, ce général les revêtit des *aigles*, marque distinctive de l'association, & fut aussi-tôt après, à leur tête, complimenter les amiraux, chefs-d'escadre & généraux des armées françoises, auxquels le major *l'Enfant*, député par l'armée Américaine, & portant des ordres des *Cincinnati*, présenta les aigles, portant sur leur poitrine les emblêmes relatives au caractere de *Cincinnatus*, avec ces devises : *Cincinnia relinqui ad servandam rempublicam & virtutis præmium.*

M. le comte de *Rochambeau*, chez lequel étoient rassemblés tous les officiers de son département, les revêtit des aigles ; & termina la cérémonie par un festin, où l'on porta les santés du général *Washington*, de l'armée des Etats-unis, &c.

Le comte *d'Estain*, le même jour a reçu les aigles.

M. de *Vaudreuil* a reçu à l'Orient, les aigles qui lui étoient expédiées, le même jour que la réception a eu lieu à *Paris*.

9 Février. Les colporteurs nous annoncent un nouvel ouvrage venant de *Lausane*, qui a pour titre : *Du Gouvernement des mœurs*, avec cette épigraphe : *Non si male nunc, olim sic erit.* On l'attribue à M. *Polier de Saint-Germain*, magistrat de la même ville, âgé de près de 80 ans, mais dont l'âge a plutôt mûri qu'altéré le génie.

19 Février. L'espoir du dégel s'est évanoui

encore, & la gelée a recommencé vivement, avant que les toits & les rues aient pu être dégagés, en sorte que Paris continue d'être un cloaque, malgré tous les soins qu'on se donne pour le nettoyer. La neige durcie, entassée le long des maisons, forme comme deux murs qui rétrécissent de beaucoup le passage & redoublent le froid du dehors & de l'intérieur. Dans les campagnes c'est pire, & les voitures ont beaucoup de peine à arriver. Tout reste ainsi engorgé : le foin, la paille ont singulièrement augmenté de prix ; les légumes & les autres comestibles sont aussi d'une horrible cherté ; le pain même n'est plus à si bon compte. Mais c'est le bois sur-tout qui commence à manquer. En conséquence, le bureau de la ville a rendu le 7 une ordonnance pour qu'il n'y eût plus dans les chantiers que des demi-membrures, c'est-à-dire, pour que chaque particulier ne pût emporter à la fois qu'une demi-voie de bois. En outre, on est assujetti à plusieurs formalités pour le bon ordre, mais qui retardent & allongent d'autant la distribution. Cette précaution ne peut concerner les boulangers, dont au contraire on a voulu assurer la consommation.

Ce qu'il y a de fâcheux encore, c'est qu'au moment où le charbon de terre commençoit à prendre & à suppléer au bois, il manque aussi.

On ne conçoit pas comment le prévôt des marchands, instruit par la disette de bois qui a commencé à se manifester dès l'année passée, n'a pas pris plus de précautions pour celle-ci. On a beau dire que la riviere a été long-temps sans être navigable, c'étoit une raison de plus pour profiter du temps où elle l'a été, & l'on voit par une ordonnance du bureau de la ville du 16 janvier dernier, que ce n'est qu'à cette époque qu'elle a commencé de s'en occuper sérieusement, c'est-à-dire, quand il a été trop tard.

Il paroît que le parlement a voulu se faire rendre compte de l'état des choses, & que sur l'exposé qui lui a été fait, que deux cents mille cordes de bois étoient arrêtées au plus à la distance de dix lieues de la capitale, il s'est contenté de cette foible excuse; & n'a pas mandé & réprimandé, comme il auroit convenu, M. de *Caumartin*, dont on voit avec grand plaisir finir la prévôté. Il est seulement à souhaiter pour lui que la disette n'augmente pas assez pour faire tourner en mouvements populaires les murmures des mécontents, qui déjà le maudissent assez hautement.

Il n'en est pas de même du lieutenant-général de police, qui, après avoir assuré la consommation des vivres qui le concerne, par le nombre nécessaire de voitures arrêtées de toutes parts pour cet objet, s'occupe aussi des détails de l'intérieur, soit pour le nettoyement des rues, autant qu'il est possible, & la liberté des communications, soit pour le soulagement de tous les malheureux, dont la dureté du temps augmente chaque jour la multitude.

M. *le Noir* ne pouvant par lui-même tout voir & tout savoir, consulte les magistrats les plus sages de chaque quartier, propres à l'aider de leurs lumieres. C'est ainsi qu'il a invité M. de *Fays*, conseiller honoraire de la cour des aides, l'ami & le compagnon de M. de *Malesherbes*, renommé pour l'austérité de ses mœurs, pour son patriotisme, pour l'excellence de ses vues, & pour sa charité, à l'aider dans le meilleur usage à faire des bienfaits du roi.

M. *le Noir*, en outre, se répand de temps en temps dans la ville, & voit si ses ordres pour la sureté, la propreté, les travaux publics & le soulagement des pauvres sont bien remplis par les subalternes sous ses ordres.

10 *Février*. La premiere représentation de *Chimene* a eu lieu hier, comme elle étoit annoncée. Quoiqu'il y eût beaucoup de choses à dire sur la maniere dont M. *Guillard* a agencé le poëme, l'excellence de la musique en a couvert les défauts. D'ailleurs, contre l'ordinaire, l'exécution de la part des premiers sujets a été parfaite, presque en totalité. Mais Mad. *Saint-Huberty* sur-tout a soutenu la haute réputation qu'elle s'est acquise depuis *Didon*, de la plus grande actrice de l'Europe.

11 *Février*. Extrait d'une lettre de *Montgeron*, du 10 février...... Malgré la rigueur de la saison nous avons vu chasser ici dans la plaine M. le prince de *Conti*. Cela ne nous a pas surpris. Il couroit risque de faire casser les bras & les jambes à ses valets de chiens, à ses piqueurs, à ses gentilshommes, à toute sa suite; ce sont-là jeux de prince, ils n'ont rien de mieux à faire : mais quel a été notre étonnement de voir avec S. A. monsieur le premier président d'*Aligre*, qui depuis plusieurs années a demandé au roi la permission de ne faire le service de la grand'chambre que trois fois par semaine pour sa santé. Et tandis que le président d'*Ormesson* essuie pour lui toute la fatigue, tout le poids du jour, il couroit ainsi par monts & par vaux, & faisoit le jeune homme, le fainéant & le prince. Et sa compagnie ne met pas aux mercuriales un chef qui se comporte aussi indécemment!... O honte ! ô avilissement !...

11 *Février.* Depuis la lettre de Mad. *Vestris*, répandue à *Paris* & dans la province avec la plus excessive profusion, contre Mlle. *Sainval* cadette, on étoit fort surpris de la voir rester dans le silence; on commençoit à lui donner le tort & à croire qu'elle n'avoit pas de bonnes raisons à fournir pour sa défense: mais ses partisans assurent aujourd'hui que dans la crainte de ne pas avoir la liberté de la presse avec la même facilité que son adversaire, elle a pris la tournure de faire faire un *Mémoire à consulter & Consultation*, & qu'il va paroître incessamment.

11 *Février.* On ne laisse point tranquille l'évêque de *Rennes*, & les autres prélats administrateurs. On assure qu'il va se répandre bientôt une nouvelle facétie contr'eux. Cet acharnement confirme le soupçon que le ministere le fomente, afin de préparer les coups qu'on veut porter sur le clergé. En effet, on assure qu'un ballot des dernieres *Lettres curieuses & édifiantes* ayant été saisi; M. le baron de *Breteuil* se les a fait apporter à *Versailles*, & y en a fait lui-même une distribution à ses amis, dans ses bureaux & aux gens de la cour.

12 *Février.* L'ouvrage du *Gouvernement des mœurs* n'est point une capucinade, un sermon, un traité de morale; l'auteur y déploie des vues plus étendues, & envisage son objet du côté de la politique. C'est le développement raisonné des principaux ressorts qu'il seroit à désirer qu'on mît en jeu pour réformer les mœurs générales & leur imprimer un mouvement plus uniforme au vœu de la société, au bonheur public & particulier. On fait voir que ces ressorts secrets & puissants sont à la portée de tous les hommes, sans qu'ils

s'en doutent ; mais sur-tout dans la main du prince, qui ne s'en apperçoit pas toujours, & l'on invite les ames honnêtes & patriotiques à porter leur attention & leur activité sur ces objets, au moins aussi intéressants que les ballons & que la plupart des questions dont s'occupent les sociétés littéraires & savantes.

La finesse & la profondeur des vues nouvelles que présente cet essai ; la sagesse de sa marche, toujours guidée par le bien public, & aussi éloignée du rigorisme que de l'indifférence ; les graces simples & naïves de son style ; le ton d'aménité & de philanthropie qui y regne ; ce ton qu'on n'imite point & qui va toujours au cœur, parce que c'est le cœur qui l'inspire : tout rend ce livre digne d'occuper une place dans les bibliotheques choisies & sur-tout d'être lu & médité par les législateurs.

— 12 *Février*. On vient en effet d'envoyer à toutes les portes cocheres un *Mémoire à consulter pour la Dlle. Sainval cadette, comédienne ordinaire & pensionnaire du roi, contre la dame Vestris, aussi comédienne ordinaire & pensionnaire du roi*.

Son objet est 1°. de justifier les plaintes que Mlle. *Sainval* a portées contre Mad. *Vestris*. 2°. De la laver de l'imputation que lui fait celle-ci.

Suit une *consultation* de Me. *Tronson du Coudray*, en date du 4 février, qui estime être dû à sa cliente des réparations pour les accusations calomnieuses que la dame *Vestris* s'est permises contre elle, & qu'en outre Mlle. *Sainval* a droit de demander aux tribunaux la suppression de la lettre de la dame *Vestris*.

On peut juger par l'éclat qu'acquiert la querelle, combien elle devient intéressante pour les amateurs du théâtre & du sexe consacré à ce genre de plaisir.

13 *Février*. Les partisans de Me. *Linguet* ceux-mêmes les plus zélés, les enthousiastes les plus aveugles conviennent que son journal est aujourd'hui absolument dénué d'intérêt. Le clergé lui reproche d'abandonner la cause & de ne plus injurier vigoureusement, comme il faisoit autrefois, les philosophes. En général, on voit qu'il adule tant qu'il peut les nouveaux ministres, & l'on juge que ne tirant pas de son travail le lucre accoutumé, il désireroit rentrer en France.

13 *Février*. On commence à plaider depuis quelque temps au palais la cause de madame de *Valory*. L'abbé *Noyon*, dont il a été question dans cette affaire & auquel on attribue les mémoires pour cette dame, si violents contre les avocats, s'étant montré à l'audience, a été tellement hué par ceux-ci, qu'il a été obligé de disparoître.

13 *Février*. Extrait d'une lettre de *l'Orient*, du 6 février..... Voici la suite des opérations du conseil de guerre. Le 23 janvier 1784, le conseil de guerre arrête que le comte de Grasse sera mandé pour être entendu.

Le 31 janvier, le conseil de guerre défend aux aux parties d'imprimer des mémoires, conformément aux intentions du roi, & leur déclare qu'ils ne seront reçus que manuscrits.

Continuation d'information, commencée le 23 janvier & finie le 3 février, composée de vingt-trois témoins.

Le conseil arrête le 4 février, en vertu d'une lettre ministérielle, que si les mémoires des parties contiennent des expressions fortes, & ne sont pas dans un style convenable, elles seroient obligées de les changer.

En conséquence, la requête du comte de *Grasse* rejetée.

14 *Février*. Le comte d'*Arci*, appellé jusqu'à présent le chevalier d'*Arci*, est généralement regardé comme fils naturel du comte de Toulouse, quoique ce prince ne l'ait pas reconnu légalement. En conséquence, il a joui dans le monde d'une considération & de faveurs telles qu'il ne les auroit jamais obtenues autrement. Ce'st ainsi qu'il fut admis dans l'ordre de Malte par un bref portant, qu'il est *fils naturel de feu le sérénissime prince comte de Toulouse*. Il auroit sans doute été loin, si aux talents & à l'esprit qu'il avoit, il eût joint une meilleure conduite. Mais malgré tous les secours qu'il a reçus du duc de *Penthievre* & de la cour, malgré le rôle important qu'il a joué pendant plusieurs années qu'il étoit publiquement l'amant de madame de *Langeac*, qui menoit à son gré le duc de *la Vrilliere* & son département ; il se trouve aujourd'hui dans un état de dénuement absolu. Le duc de *Penthievre* l'a totalement abandonné, sur-tout depuis qu'il a mis le comble à ses sottises en épousant une fille. Abymé de dettes, il est réduit pour se soustraire à la poursuite de ses créanciers, à vivre dans le Temple, où il a paru se jeter dans la dévotion, pour mieux toucher son auguste frere. Le duc de *Penthievre* n'a point été dupe de son hypocrisie. En sorte qu'il ne lui reste plus qu'une ressource, celle de la réclamation de son état & de son nom.

Dès 1783, il avoit préparé un mémoire à consulter ou, d'après les faits & anecdotes relatifs à sa naissance, il demande :

1. Si par les circonstances qu'il a exposées, il n'est pas dans le cas de se faire reconnoître fils naturel du comte de Toulouse?

2. S'il est encore fondé à réclamer son état, & quelle voie il doit prendre pour le recouvrer?

Dès le 26 août, une *consultation* signée de sept jurisconsultes lui étoit favorable, appuyée encore par une seconde du 6 novembre. Cependant, sentant l'importance de l'affaire, craignant les suites d'un éclat que redoutoit le duc de *Penthievre*, lié par la parole qu'il avoit donnée à ce prince de ne rien publier ou divulguer à cet égard, il a hésité long-temps encore; mais pressé vraisemblablement par la faim, il rend ce mémoire public depuis huit à dix jours.

14 *Février*. Ce sont MM. *Thomas, Gaillard, Arnaud, de Lille, Suard, Champfort & le Miere*, tous membres de l'académie françoise, qui ont été invités par le ministre, au nom du roi, à se charger de l'examen des poëmes lyriques destinés à concourir aux prix fondés par S. M. Ces messieurs ont accepté.

M. *Suard*, l'un d'eux, est chargé de faire les fonctions de secrétaire du comité.

Il est à remarquer que ce *Suard* n'a jamais fait d'opéra, non plus qu'aucun des autres juges, & que plusieurs n'ont même jamais fait des vers.

Quoi qu'il en soit, les concurrents dont les ouvrages auront été mis en musique, seront tenus d'envoyer leurs poëmes avant le mois de décembre prochain. On fera connoître par la voie des journaux les titres des ouvrages couronnés & le ministre remettra les prix aux auteurs.

Les juges seront obligés de donner leur avis motivé.

Ces messieurs jouiront de leurs entrées aux loges & amphithéâtre, & ils sont invités à se trouver aussi aux répétitions des ouvrages nouveaux, pour contribuer par leurs observations au succès de la mise de ces ouvrages au théâtre.

15 *Février*. Le sujet du *cid* est absolument étranglé dans l'opéra. Deux actes entiers de la tragédie sont sautés ; l'action qui en fonde tout l'intérêt est passée. *Rodrigue*, après s'être soustrait pendant quelque temps à la poursuite de *chimene* dont il a tué le pere, revient. C'est où commence la piece. *chimene* éplorée, quoiqu'aimant toujours le meurtrier de l'auteur de ses jours, ouvre le premier acte. Le roi vient pour la consoler. Elle demande vengeance au contraire, mais foiblement ; ce qui atténue la situation, lorsque *Rodrigue* arrive & la rend plus intéressante. Son pere Dom *Diegue* & ses amis, annonçant que les Maures doivent surprendre la ville pendant la nuit, jettent du mouvement dans la scene & préparent le nœud de l'intrigue, en ce que *Rodrigue* se met à leur tête & court à la victoire.

Le second acte offre beaucoup de spectacle : le peuple y exprime sa crainte de l'approche des ennemis & se réfugie dans le palais du roi. Bientôt des princes captifs, suivis d'une foule de prisonniers, remplissent la scene, & l'on entend des chants d'alégresse. *Rodrigue* est proclamé vainqueur ; ce qui rend la position de *chimene* plus embarrassante. Elle persiste dans son projet de vengeance & désire ne point l'obtenir. Des chevaliers s'empressent d'entrer en champ clos en faveur de cette beauté ; c'est la seule maniere dont on puisse satisfaire aux loix de l'honneur, sans blesser la gloire du héros. Dom *Sanche*, son rival est choisi.

Le meilleur acte est le troisième, parce que l'auteur suit de plus près la tragédie. *Rodrigue* va de même combattre contre Dom *Sanche*; il entre de même en lice, après que *Chimene* lui a dit de sortir vainqueur d'un combat dont elle est le prix. Encouragé par ce mot flatteur, la victoire ne lui semble plus douteuse. L'acteur qui a joué ce rôle, le sieur *Lainez*, s'est surpassé dans cet endroit, & c'est là sur-tout où les applaudissements ont été prodigués avec enthousiasme. On observera seulement que le dénouement de l'opéra satisfait bien moins à la décence que celui de la tragédie, & qu'on ne peut qu'être choqué, non-seulement de voir *Chimene* consentir elle-même à épouser *Rodrigue*, mais se livrer à des mouvements de joie & chanter son bonheur.

La musique se distingue sur-tout par un mérite bien pécieux & bien rare dans les compositions modernes. C'est celui d'avoir toujours le caractere propre des personnages mis en scene & de leur situation, savante, variée, naturelle, elle peint avec un égal succès tous les mouvements, toutes les passions. Les accompagnements répondent à la justesse des motifs, à leur expression simple, noble, touchante, pure. Les chœurs & les airs de danse sont la partie foible. Les premiers sont d'ailleurs en trop grand nombre. Il est fâcheux que M. *Sacchini*, toujours retenu chez lui par la goutte, n'ait pu juger par lui-même de l'effet de cette partie & la renforcer.

15 *Février.* Un procès purement contentieux occupe aujourd'hui le public par sa singularité. Le marquis de *la Grange*, acquéreur d'une terre, en réclame deux au bout de quinze mois, & son seul titre est une erreur de greffe, désavouée par le greffier.

Le marquis de *Bouthillier*, son adversaire, dans son premier mémoire, en 1783, a prouvé par les démarches, la signature & la conduite du marquis de *la Grange*, qu'il n'avoit jamais eu l'intention d'acheter la seconde terre, qu'il n'avoit jamais pu croire qu'elle fît partie de son adjudication, & ne le croyoit pas même au moment où il en formoit la demande.

Dans son second mémoire, en rendant compte des procédures qu'avoit employées le marquis de *la Grange*, non pour soutenir ses prétendus droits, mais pour en éloigner le jugement, il a démontré le peu de cas que le demandeur lui-même faisoit de ses prétentions.

On croyoit cette affaire éteinte : on apprend aujourd'hui par un troisieme mémoire du marquis de *Bouthillier*, qu'après des démarches d'accommodement, le marquis de *la Grange* le force à rentrer en lice & de demander des dommages & intérêts, ainsi que l'impression & affiche de l'arrêt qu'il a droit d'attendre.

Ce mémoire, ainsi que les autres, très-bien fait par M. *Bouthillier* lui-même, lui concilie l'esprit du public, auprès duquel son adversaire est déjà en très-mauvaise réputation pour plusieurs affaires peu honorables qu'il a eues. Aussi l'appelle-t-on dans les sociétés, *la Grange-Voltaire* (Voleterre), comme on l'a dit.

16 *Février*. Il est fâcheux que M. *Cathelin* n'ait pas pu exposer au salon le portrait de M. *Boers*, directeur de l'académie des sciences de *Harlem*, premier avocat de la compagnie hollandoise des Indes orientales & son député à la cour de *France*. Cette gravure, d'après le dessin de M. *Cochin*,

est d'un burin ferme & noble. On lit au bas ce vers de M. *Imbert* :

<blockquote>
Les muses ont daigné l'instruire,
Et la vertu prit soin de le former :
Qui l'écoute, bientôt l'admire ;
Qui le connoît doit l'estimer.
Il prête à son pays ses soins, son éloquence ;
Il est sensible affectueux ,
Le bien de sa patrie est l'objet de ses vœux,
Et l'amitié sa récompense.
</blockquote>

19 *Février*. On croyoit que le mémoire à consulter de Mlle. *Sainval* cadette, n'étoit qu'une forme pour publier sa réponse à madame *Vestris*; mais l'affaire prend une tournure vraiment juridique, & celle ci a été assignée de la part de la premiere, en réparation d'honneur.

Une chose très-remarquable dans cette querelle, c'est le silence des journalistes qui, si avides de tout ce qui peut leur fournir matiere à remplir leurs feuilles, restent dans le plus profond silence sur les écrits des deux actrices, & n'en ont pas fait la plus légere annonce. Il semble que ce soit l'*Arche du Seigneur*, à laquelle ils n'osent toucher.

16 *Février. Considérations politiques.* Tel est le titre d'une brochure imprimée chez l'étranger, il y a quelques mois, & qui se répand depuis clandestinement à *Paris*. M. le comte de *Vergennes*, sur le compte qui lui en avoit été rendu, avoit d'abord accordé la permission de l'introduire en *France* ; mais en ayant pris lecture lui-même, il a révoqué cette permission, non qu'il jugeât

l'ouvrage mauvais, mais parce qu'il le trouvoit au contraire trop bon, c'est-à-dire, contenant fans doute des vues & des éveils, dont il regarde la grande publicité comme dangereuse.

On attribue cet ouvrage à M. *Mignonneau*, commissaire des gardes-du-corps de la compagnie de *Beauveau*. Il est trop intéressant dans sa briéveté pour n'y pas revenir après l'avoir bien médité

17 *Février*. Aux éditions du *XV siecle*, vendues exhorbitamment à la vente des livres du duc de *la Valliere*, il faut joindre les manuscrits sur vélin, avec miniature; les livres des *XVI, XVII & XVIII siecles*, imprimés sur vélin; les livres ornés d'estampes estimées, ceux dont la rareté est généralement connue, les éditions des imprimeurs célebres; enfin, les livres en grand papier & ceux qui sont d'une riche & belle reliûre.

Entre les éditions du XV. siecle, outre les deux livres déjà cités, on vante le Durandi *rationale divinorum officiorum*, Mayence 1459. Ce superbe exemplaire a été porté à 1,700 liv.

17 *Février*. Il est certain qu'on juge facilement à la lecture du chiffon que Mlle. *Sainval* la jeune a adressé à la comédie, que son intention n'étoit pas qu'il devînt public, & il n'est point à présumer qu'elle ait répandu des copies d'un écrit aussi informe, ainsi que l'a supposé adroitement madame *Vestris*, pour s'autoriser à imprimer sa réponse très-étudiée & très-bien faite, afin de détruire l'accusation d'animosité, de persécution & de vengeance dont on la croit depuis quatre ans coupable envers les deux sœurs.

Madame *Vestris* récrimine dans sa lettre, & prétend, au contraire, que les *Sainval* ont formé depuis huit ans le projet de lui enlever son état

Elle les peint comme deux intrigantes qui, à force de manege, ont soulevé le public contre elles & ont travaillé à la faire accabler de dégoûts. Elle parle de combinaisons perfides, d'ingratitude, d'injustice, de projet sinistre. C'est à de pareilles imputations que Mlle. *Sainval* cadette oppose sa défense légale; c'est pour s'en venger qu'elle invoque la justice des tribunaux.

Quant à ses plaintes personnelles contre madame *Vestris*, elle sent bien qu'elles ne tiennent qu'aux procédés & ne peuvent être portées en justice, même devant ses supérieurs ou ses camarades, plutôt faits pour maintenir les réglements rigoureux qui favorisent sa rivale, que pour les enfreindre. En conséquence, n'y voyant pas d'autre remede, elle persiste à demander sa retraite, elle ne veut point accepter les offres de madame *Vestris*, de lui céder en chef une partie de ses rôles, parce qu'elle ne les regarde que comme une proposition captieuse, par laquelle elle a imaginé de paroître faire des sacrifices dont elle sait bien n'être pas la maîtresse. Son ennemie auroit aussi tout le mérite d'une générosité qui ne s'effectueroit jamais. Au surplus, en se défendant, Mlle. *Sainval* cadette défend son aînée, enveloppée dans la même accusation. Elle reproche à madame *Vestris* de rappeller cette vieille querelle, dont la sœur n'a été & n'est encore que trop punie de parler du libelle qu'on lui a imputé, qu'elle a constamment désavoué par écrit; mais dont elle a eu la délicatesse de ne vouloir jamais nommer les auteurs, aux risques de tout ce qui lui en pourroit arriver.

Telle est l'analyse succincte du mémoire de Mlle. *Sainval*, bien propre à balancer dans l'esprit des gens impartiaux les impressions qu'y avoit laissées la lettre de Madame *Vestris*. En effet, si celle-ci a plu par son ton de modération, d'honnêteté, de candeur, de noblesse, de désintéressement; on aime le ton véhément de l'autre, qui s'élève avec force contre l'astuce, la duplicité, l'hypocrisie de sa rivale, dont il faut attendre la réplique.

En général, quoique Mad. *Vestris* ne soit plus aussi bien avec le maréchal duc de *Duras* qu'autrefois; quoiqu'elle insinue dans sa lettre qu'il lui a été peu utile dans sa querelle avec Mlle. *Sainval* l'aînée; quoique ses partisans assurent que c'est à M. le duc de *Villequier* seul, supérieur ferme & integre, qu'elle doit la justice qui lui a été rendue; il est certain que l'autorité est pour elle, parce que le droit stricte y est aussi. Mais le public, qui décide plus par ses affections que par soumission à des réglements faits sans lui & sans sa participation, est pour Mlle. *Sainval* cadette; ce qui tient en partie à la nature de leurs rôles. La premiere est pour les rôles forts, l'autre pour les rôles sensibles, & avec ceux-ci on entraîne toujours la multitude.

18 *Février*. La disette du bois est telle, que si les transports par eau continuent encore jusqu'au mois de mars à être impraticables, comme il y a tout lieu de l'appréhender, la quantité qui en reste, sauf les dix mille voies de bois mises en réserve pour les boulangers, deviendra insuffisante pour fournir aux besoins que la rigueur & la durée extraordinaire du froid occasionnent, mais que la crainte augmente encore plus. En conséquence, le conseil s'en est occupé ces jours-ci: il y a été proposé différents avis, comme celui de

renvoyer dans les provinces les évêques, les abbés, les moines, les intendants, les gouverneurs, les magistrats & autres qui y sont attachés; d'exiler en quelque sorte dans leurs terres tous les gens qui en ont, en les invitant instamment de s'y rendre. Ce moyen a paru trop insuffisant & trop lent. On s'en est tenu à celui plus efficace, de faire venir par terre trente mille voies de bois arrêtées aux environs de *Paris*. S. M. consacre deux cents mille francs à cette destination; c'est à-dire, fait les avances, qui rentreront par un impôt momentané de six livres d'augmentation sur chaque voie de bois qui se délivrera pendant quinze jours.

En conséquence, il se publie un arrêt du conseil sur cet article, en date du 15 février.

18 *Février*. Extrait d'une lettre de Bourges, du 14 février... Notre administration provinciale subsiste toujours; elle va même mieux qu'elle n'a jamais été, parce que les membres qui la composent se sont formés depuis quelques années à cette manutention, où ils étoient absolument neufs. Les objets qui nous occupent spécialement aujourd'hui, sont les atteliers de charité & les grands chemins.

Nous avons été long-temps en schisme sur ce dernier objet, par rapport à la corvée. La noblesse a voulu maintenir sa prérogative & en être exempte. Quelques membres avoient proposé un *mezzo termine*, de fournir un don gratuit, absolument volontaire, mais dont le montant tourneroit au moins à une diminution de la charge pour les corvéables. Cela n'a point passé, & elle est restée toute entiere à la charge du roturier; seulement au lieu de l'exiger en nature, nous avons préargent,

Notre intendant, homme sévere sur les principes, mais par son état opposé à notre administration qui diminue de beaucoup l'autorité de sa place, vient d'obtenir une faveur qui est un véritable échec pour le bureau. C'est que toutes les demandes que nous ferons, passeront par son canal pour être adressées à la cour, & c'est à lui que les réponses seront envoyées, sauf cependant certains cas, où le bureau trouveroit expédient de ne pas se servir de cet intermédiaire. Vous sentez que, si au lieu de M. de *Villeneuve*, nous avions un commissaire départi aussi intrigant & d'aussi mauvaise foi que celui de *Moulins*, avec cette restriction, notre administration provinciale seroit bientôt tellement degoûtée, qu'elle s'anéantiroit d'elle-même.

C'est ce qui doit arriver incessamment de celle de *Montauban*, absolument asservie à l'intendant, à moins qu'elle n'obtienne ce qu'elle demande ; c'est-à-dire, un réglement conforme au nôtre sur cet objet.

Nous devons craindre d'autant mieux les efforts des commissaires départis, que ces deux administrations provinciales sont les seules qui subsistent aujourd'hui, & que vraisemblablement le nombre n'en augmentera pas.

19 *Février*. L'auteur des *Considérations politiques*, justifie d'abord son entreprise, en établissant que tout homme a droit de donner ses idées au public en pareille matiere ; mais il voudroit seulement que l'écrivain politique choisît le moment favorable. De-là un parallele rapide & serré de la situation désastreuse de la France sur la fin du regne, & à la mort de *Louis XV*, & de sa régénération sous *Louis XVI*. C'est dans ces moments

de force & d'énergie qu'il estime utile de fermenter sur la politique.

Il examine ensuite, si les citoyens d'une monarchie sont moins susceptibles de vertus patriotiques que ceux d'une république. Il répond, non : seulement elles dérivent d'une cause différente. On voit encore dans ce paragraphe, une énumération des souverains actuels, tous animés de l'amour du bien bublic, & très-propres à porter leurs sujets au patriotisme.

Quelques-uns cependant ne sont pas exempts de l'amour des conquêtes, ce qui amene une digression sur le projet des deux cours impériales contre l'empire Ottoman, précédé du tableau de l'état actuel des puissances prêtes à guerroyer, & de leurs voisins. L'écrivain jette ensuite des vues sur les avantages que la France pourroit retirer des circonstances si, comme son intérêt doit l'y porter, elle prenoit le parti de secourir le Turc, sur les ressources même qu'elle auroit pour s'agrandir & diminuer de notre côté la puissance des conquérants, au cas où l'on ne pourroit en arrêter les progrès.

Un troisieme paragraphe de l'ouvrage non moins curieux & plus intéressant, parce qu'il est d'une utilité plus immédiate, c'est celui des *Indes Orientales* : l'auteur examine s'il conviendroit mieux de retirer toutes nos forces militaires de ces contrées, pour rester dans l'état de simples commerçants; & il détruit radicalement le système de ceux qui soutiennent que nous ne devrions y avoir que des comptoirs.

Dans le dernier paragraphe, qui a pour titre : *Inconséquence des hommes*, l'écrivain cherche à venger le comte de Thélis des sarcasmes lancés contre ce militaire patriote, & soutient l'utilité de ses écoles, établissement vraiment national.

On ne peut qu'applaudir à la sagesse & à l'excellence des vues de cet ouvrage, écrit avec noblesse, nourri de faits & d'anecdotes, contenant beaucoup de choses dans un très-petit volume.

19 Février. Suivant ce qu'on écrit de l'Orient, M. le comte de *Grasse* accuse non-seulement ses deux matelots, mais M. le marquis de *Vaudreuil* & M. de *Bougainville*: le premier, de n'avoir pas répondu à ses signaux, & fait tout ce qui dépendoit de lui pour le sauver; l'autre, quoique non attaqué, d'être resté dans l'inaction, de n'avoir point cherché à joindre l'ennemi & à assurer une victoire qui étoit indubitable. Du reste, on prétend que c'étoit un complot formé à la Martinique pour l'empêcher d'être cordon-bleu & maréchal-de-France.

19 Février. Nous sommes à la veille de la révélation du systême du *Magnétisme animal*, ou du *Mesmérisme*. Déjà un anonyme nous apprend qu'avec des bâtons de soufre on opere des merveilles semblables à celles du docteur étranger: depuis peu un M. de *Mont-joie*, guéri par M. *Mesmer*, a publié plusieurs lettres, où il rend compte des procédés & de la méthode de ce charlatan. A l'en croire, c'est un galimathias digne des livres cabalistiques; nous serions revenus aux temps barbares de l'astrologie judiciaire : aussi M. *Mesmer* désavoue-t-il cette doctrine; mais comme il forme aujourd'hui une école où l'on est admis moyennant cent louis, il n'est pas de doute qu'un secret su par tant de monde n'en deviendra plus un.

19 Février. Le sieur *Pinetti* ne s'est pas montré ici moins bienfaisant qu'ailleurs; il a donné trois représentations de ses jeux au *profit des pauvres*; il a piqué d'émulation nos grands spectacles, & les comédiens italiens ont annoncé qu'ils donneroient samedi 21 dans la même intention la seizieme représentation du *Droit du Seigneur*, suivi de *Blaise & Babet*.

20 *Février*. M. de *Grasse* raconte avec complaisance une anecdote qu'il donne comme certaine & qui, fût-elle vraie, ne concluroit rien encore.

« Quand toutes les forces navales Françoises échappées au combat du 12 avril & à ses suites, furent réunies & réparées au Cap, où s'étoient rendus les Espagnols, on tint un conseil de guerre, & l'on convint qu'on étoit encore supérieur aux Anglois, qu'on pourroit sortir & les attaquer avec avantage. Dom *Solano* qui commandoit les Espagnols, & par son grade d'ancienneté se trouvoit dans le cas de commander les forces combinées, dit qu'il mettoit une condition ; c'est qu'il ne seroit que le second, qu'il ne vouloit pas éprouver une défection semblable à celle qu'avoit éprouvé le comte de *Grasse*. Le marquis de Vaudreuil insista, & dit qu'il n'étoit pas possible qu'il prît sur lui de devenir chef de l'expédition : au moyen de quoi l'on ne sortit point, & les choses en resterent là. »

20 *Février*. En conséquence de l'arrêt du conseil du 18 février, on emploie tous les chevaux & voitures qu'il est possible de se procurer sans nuire à l'approvisionnement des autres denrées, pour ramener l'abondance du bois dans cette capitale jusqu'à ce que la riviere soit rendue navigable; la confiance qu'on a dans l'emploi utile qu'en fera M. *le Noir*, a excité le zele de quelques compagnies

& de nombre de citoyens qui ont fourni des chevaux, des voitures & des chariots: il paroît cependant que ces derniers manquent, & l'on invite ceux qui en ont & qui ne leur font pas d'un service indispensable, de les envoyer à la police, afin que tous les chevaux en plus grande quantité puissent servir.

20 *Février.* M. *Macquer*, savant distingué, vient de mourir. Il étoit docteur-régent, & ancien professeur de la faculté de médecine de Paris, censeur royal, professeur de chymie au Jardin-du-Roi, membre de l'académie royale des sciences, de la société royale de médecine, &c. Il n'y aura sans doute rien à ajouter à l'éloge au moins triple qu'en doivent faire les trois corps auxquels il appartenoit.

21 *Février.* Enfin, après soixante & seize jours de gelée presque sans interruption, le dégel commence à se manifester aujourd'hui, & déjà quelques bâtiments vont hasarder de suivre la débâcle de la riviere.

21 *Février.* On continue à suivre la vente de la bibliotheque du duc de *la Valliere* comme un spectacle.

Parmi les manuscrits sur vélin, avec miniatures, le *Magius* a été acheté 2,000 liv. & on ne l'avoit payé que 902 livres chez M. *Gaignat.* Les *Joannis Novillaci poemata* ont été payés 300 liv. Les *livres historiaux de la Bible*, qui n'avoient coûté chez M. *Gaignat* que 399 liv. 19 sous, ont été payés 900 livres. Un BRÉVIAIRE *de Salisbury*, que M. le duc n'avoit payé en 1772 que 600 livres, a été porté à 5,000 livres.

Les livres imprimés sur vélin ne sont pas moins recherchés. *La Bible françoise des pasteurs de Geneve,* édition de Lyon, Jean de Tournes, 1557, in-folio, a été vendue 1,002 livres, & ce même exemplaire chez M. *Gaignat* n'étoit monté qu'à 112 liv. Le *Catulle*, *Tibulle & Properce*, édition de Paris, Couſtelier, 2 vol. in-12, s'eſt vendu 138 liv. L'*Ovide* des *remedes d'amour*, traduit en françois, édition de Paris, 1509, in-folio, 200 liv.

Les eſtampes gravées par d'habiles maîtres font encore mettre certains livres à des prix fous ; on a payé 451 liv. les *Meditationes in evangelia* de *Jérôme Natalis*, édition d'Anvers, 1555, in-fol. Le *Virgile* d'Ogilvy, édition de Londres, 1658, in-folio, a été porté à 152 liv. Celui de l'abbé *Desfontaines*, édition de 1743, en 4 vol. in-8. à 109 livres.

D'autres tirent un grand prix, & même tout leur prix de leur exceſſive rareté : la *Venetias* de *Publ. franc. Modestus*, poëme héroïque, ſept vol. in-12. imprimé à Rimini en 1521, in-fol. s'eſt vendu 119 liv. 19 ſous. La *Dialectica Ciceronis*, par *Adam Burſius*, imprimée en 1604, in-4. a été portée à 78 liv. 19 ſous.

Tous les amateurs ſont dans l'attente du prix auquel ſera porté *Chriſtianiſſimi Reſtitutio*, de *Michel Servet*, payé 3,810 livres par feu M. le Duc, à la vente de Monſieur *Gaignat* : on ſait d'avance qu'il y a ordre de retirer ce livre, en cas qu'il ne monte pas au même prix au moins que ſon achat.

Enfin on obſerve que les grandes & belles marges, la beauté, le luxe & la perfection des reliûres élevent à des prix extraordinaires des livres très-communs. C'eſt pour cela que la *Traduction Françoiſe de Térence*, par Mad. *Dacier*, édition de Rotterdam, 1717 in-8°. 3 volumes, grand papier, a été pouſſée juſqu'à 351 livres. Les reliûres des *Padeloup* & des de *Rome* ont aussi fait valoir beaucoup de drogues.

Une anecdote de cette vente, c'est celle d'un Abbé, qui ayant acheté un livre fort cher l'a brûlé, page à page, en présence des spectateurs, pour rendre unique, a-t-il dit, l'exemplaire dont il est possesseur.

21 *Février*. La représentation qu'ont donnée aujourd'hui les Italiens au profit des pauvres, a occasionné, comme on s'en doute bien, une affluence extraordinaire, quoiqu'on sût que Madame *Dugazon* ne paroîtroit pas. Ils ont fait 9,160 livres. Les auteurs des deux pieces, entrant dans les vues bienfaisantes des acteurs, ont fait cession de leurs honoraires.

22 *Février*. Messieurs de la Caisse d'Escompte donnent le plus grand appareil à leur manutention; ils ont convoqué une assemblée extraordinaire pour hier samedi, où a été remplie la formalité de la présentation des nouveaux directeurs aux actionnaires, qui ont confirmé la nomination faite par l'administration.

Le sieur de *Morry* est directeur & caissier général, le sieur *Batbedat* directeur.

En outre, le zele de l'assemblée a été échauffé sur les calamités de la capitale, & il a été voté unanimement de donner une somme de 30,000 liv. aux pauvres, dont 6,000 livres seront remises à M. le curé de *Saint-Eustache*, & 24,000 livres à M. le lieutenant général de Police.

22 *Février*. Il n'est pas jusqu'aux marchands de bois, qui volent habituellement le public par de fausses mesures, dont les entrailles ne soient émues dans ces froids désastreux. Ils ont fait annoncer par les papiers publics, que dans leur assemblée

du 18 de ce mois, ils avoient unanimement arrêté de faire distribuer une somme de 3,600 livres à leurs pauvres ouvriers employés sur les rivieres d'Yone & de Ture, réduits à une extrême misere par la cessation de leurs travaux.

22 *Février*. Il court une très-singuliere chanson, intitulée *Rêve de M. de Boufflers*, sur l'air: *Jeune Iris, pourriez-vous croire?* On connoît l'originalité de ce poëte charmant, & cette production est plus qu'une autre marquée à son coin.

Pourquoi ne puis-je pas le croire!
Ah! que n'est-ce la vérité!
Ce que tous deux dans l'ombre noire
Tour-à-tour nous avons été!
Morphée en fermant ma paupiere
Fit de moi l'acier le plus doux,
D'aimant vous étiez ma pierre,
Et vous m'entraîniez près de vous.   *Bis.*

Ce Dieu par un beau stratagême
De cet aimant fit un écho;
J'étois couplet, je disois j'aime,
Et vous me répétiez ce mot.
Par un caprice plus insigne
Je me trouvai petit poisson,
A mes yeux vous parûtes ligne,
Et je mordis à l'hameçon.   *Bis.*

Le bon Morphée à ma priere
M'ayant fait voyager par eau,
Vous devîntes une riviere
Et je vous fis porter bateau.

Le froid prit, vous voilà de glace;
Pour tirer parti de ce tour,
Sur deux semelles je pris place
Et je patinai tout le jour. *Bis.*

Pour derniere métamorphose,
Devenu nectar le plus doux,
J'étois dans un vase de rose,
Iris, & je coulois pour vous.
Une goutte sur vous s'attache,
Vous étiez alors tout satin;
A mon réveil j'ai vu la tache,
Mais j'ai cherché l'étoffe en vain... *Bis.*

23 *Février.* Malgré le mystere que l'on apporte dans tout ce qui se passe au conseil de guerre de l'Orient pour en dérober la connoissance au public, il en transpire toujours quelque chose, au moins par les déposants, par les accusés, si ce n'est par les juges. On a déjà dit, & l'on confirme de plus en plus que ceux-ci ne sont rien moins que d'accord entre eux; que plusieurs, prévenus ou passionnés pour leur opinion, font éclater des plaintes qui sont bientôt repoussées par d'autres; qu'ils n'ont pas dans l'audition des faits & charges cette impassibilité, ce calme de l'esprit qu'exige la loi; que le président a bien de la peine à contenir les altercations fougueuses qui s'élevent entre les juges mêmes, & sur-tout entre M. de *la Motte-Piquet* & M. *Marin.*

Il passe pour constant que le marquis de *Vaudreuil*, en véritable homme de cour, a présenté un mémoire dans lequel il cherche à justifier tous ceux qui ont eu part au combat du 12 avril. M. de Bougainville n'a pas vu de même, il tranche dans le vif; son mémoire ne déguise rien: ses amis lui ont en vain conseillé d'être plus réservé. Son écrit, tel que l'a dicté son esprit ardent, a été déposé sur le bureau. Ce ne sont pas seulement les propos, les mémoires dont on a eu connoissance; l'on vient de rendre publique la véritable position de la flotte à toutes les heures de la journée. On y voit clairement que, dès les onze heures du matin, 16 vaisseaux seulement serroient le vent: tout le reste s'éloignoit, au point que le chef de file étoit à six encâblures de distance du vaisseau suivant qui fuyoit comme lui. Si alors l'amiral Rodney ne se fût pas acharné à la *Ville de Paris*, pour avoir la gloire de prendre le général de l'armée, il auroit pu aisément s'emparer de la moitié de la flotte.

La grande déposition, dit-on, contre le comte de *Grasse*, c'est celle du commandant des troupes à bord de la *Ville de Paris*. Interrogé sur ce qu'il pensoit de sa reddition; il dit qu'il ne pouvoit en raisonner en marin, mais qu'à ne considérer ce vaisseau que comme une citadelle, il estimoit qu'un commandant qui l'auroit rendue dans l'état où étoit la *Ville de Paris*, mériteroit d'avoir la tête tranchée.

23 *Février*. L'anecdote du sieur *Raymond* lui fait trop d'honneur pour ne pas la consigner ici. Quoique les comédiens italiens n'ignorassent point qu'on savoit en général que Mad. *Dugazon* ne joueroit dans aucune des deux pieces, ils craignoient le mauvais effet qui en devoit résulter, & ils avoient cru plus prudent & plus honnête d'en prévenir le parterre. Plus la mission est désagréable, plus

on a soin de choisir un acteur aimé du public. On en avoit chargé le sieur *Raymond*. Celui-ci étoit si intimidé qu'il ne fit que balbutier l'annonce en termes très-impropres. Huées du parterre, qui l'obligea de recommencer. Huées plus fortes, la tête lui revint en ce moment : « Sans » doute, Messieurs, dit-il, mon trouble m'a » empêché de me servir des expressions conve- » nables, je vous en demande pardon. Veuillez » ne l'attribuer qu'à mon appréhension extrême » de vous déplaire.... » Sa présence d'esprit lui rend à l'instant toute la bienveillance du public, & il est applaudi à tout rompre.

13 *Février*. C'est M. *Geoffroi de Limon*, membre de la caisse d'escompte, qui dans l'assemblée a échauffé le zele des actionnaires, par un discours qui ne manque pas de mouvement & de sensibilité, mais ridicule au milieu d'une troupe d'agioteurs qui naguere par leur cupidité ont mis l'alarme dans tout Paris, & fait souffrir momentanément beaucoup de citoyens dont ils avoient l'argent, sur lequel ils avoient bénéficié, & qu'ils se faisoient autoriser par le gouvernement à ne pas leur rendre. Les vues du bien public & de désintéressement qu'il annonce, ne sont pas moins révoltantes. Quoi qu'il en soit, l'auteur désire dans sa harangue qu'on ait sur-tout soin des pauvres femmes en couches, ou enceintes.

13 *Février*. M. *de la Ferté*, quoique dévot & marié, est retourné à son vomissement; il est devenu amoureux de Mlle. *Maillard*, & pour faire valoir cette actrice, il a imaginé de lui donner en chef le rôle de *Didon* dans l'opéra de ce nom. Il a écrit à Mad. de *Saint-Huberty*, qui s'en est jusques ici acquittée avec un succès sans exemple, que

pour ne pas la fatiguer trop ; il estimoit qu'il la faudroit réserver pour des rôles plus nouveaux. Mad. de *Saint-Huberty* a répondu que sa santé lui permettoit de tenir tous ses engagements avec le public, & en même temps a joint à sa lettre un certificat de son médecin qui atteste la même chose.

M. de *la Ferté*, voyant le peu de succès de la tournure qu'il avoit prise, en a imaginé une autre & vraisemblablement a surpris la religion du ministre, au point que celui-ci a envoyé un ordre au comité pour qu'il ait à confier le rôle de *Didon* à Mlle. *Maillard*.

Mad. de *Sainte-Huberty*, piquée, a écrit à ce même comité, qu'il venoit de lui prendre une indisposition qui l'empêchoit de paroître sur la scene ; que vraisemblablement elle seroit longue, & que la révolution survenue dans sa santé l'obligeoit de demander sa démission pour pâques.

Voilà où en est cette tracasserie du tripot lyrique ; on veut que M. de *Breteuil* ait donné huit jours de répit à l'actrice pour se déterminer & revenir de sa bouderie.

23 *Février*. Il passe pour constant que la chance a tournée contre Mad. *Vestris* ; qu'elle a reçu défenses à son tour de répondre à Mlle. *Sainval*, & que l'autorité veut absolument assoupir ce procès naissant.

24 *Février*. Extrait d'une lettre de *Montpellier*, du 15 février... Vous serez surpris de l'énumération des dépenses & établissements faits nouvellement par les états du Languedoc pour la prospérité de la province.

1. La province a établi à ses dépens un cours d'accouchement dans la ville de Toulouse.

Elle a adopté le procédé de MM. *Parmentier* & *Cadet de Vaux* pour la boulangerie & la meûnerie économique, & elle a décerné à ces messieurs une médaille d'or aux armes de la province; en même temps leurs mémoires seront imprimés & distribués *gratis* au public: enfin les modeles de leurs moulins & de leurs fours économiques sont déposés dans les cabinets de physique de Toulouse & de Montpellier, afin que chacun puisse les visiter & en faire construire de pareils.

3. Les états ont alloué une somme de 300,000 liv. pour le canal de Beaucaire à Aigues-mortes.

4. Il a été accordé de très-gros fonds pour les ponts & chaussées, ainsi que pour une nouvelle route qui passera par le Vivarois & qui conduira en Auvergne.

5. Il a été donné des gratifications à plusieurs particuliers qui ont souffert des inondations de la riviere d'Orbiel.

6. Comme il y a à Marseille environ pour dix millions de draps invendus depuis les préparatifs de guerre entre la Russie & la Porte, il a été délibéré de s'adresser à S. M. pour en obtenir la permission de vendre ces draps dans la province, & par la voie des ports de Cette, d'Agde & de la Nouvelle, où l'on peut les débiter tant aux étrangers qu'aux nationaux, avec les prérogatives de faire les retours dans les mêmes ports.

7. Il a été accordé à la ville d'Agde la somme de 112,570 liv. pour la construction d'un nouveau port, d'après les plans de M. *Groignard*, ingénieur général de la marine, & ces plans seront exécutés sous la direction du sieur *Arnaud*, habile constructeur.

8. En attendant que les négociants de Cette

puissent agrandir leur port, la province leur accorde pour 1784 53,310 liv. & assure toute sa protection aux intéressés des nouveaux Salins établis pour la vente du sel à l'étranger. Il a été de même arrêté de construire un nouveau canal qui longera les salines, & établira une communication sûre par l'étang de Thau, entre le port de Cette & le canal royal ou de Camarant, qui joint la Méditerranée à l'Océan.

9. Les chambres de commerce de Toulouse & de Montpellier ont été invitées de présenter à la prochaine tenue des états leurs plans sur divers objets qui fixeront l'attention de l'assemblée.

24 *Février*. On a déjà observé que le François, & le Parisien entr'autres, tournoit tout en spectacle, s'amusoit de tout, même dans ses calamités. C'est ce qu'on voit encore dans plusieurs endroits de la capitale, où l'on a élevé des obélisques de neige, chargés d'inscriptions en l'honneur du roi & de la reine : il est bon d'en conserver quelques-unes, qui seroient bientôt anéanties, ainsi que les monuments, par le dégel.

A LOUIS XVI, HOMME.

Ce foible monument aura foible existence :
Tes bontés, ô mon roi! dans ces temps de rigueur,
Bien mieux que sur l'airain ont mis au fond du cœur
Un monument certain : c'est la reconnoissance.

Après avoir brisé les fers de l'Amérique,
*L*ouis triomphateur de l'honneur britannique,
Aux yeux de l'univers est sans doute plus grand,
Lorsque sa main réchauffe & nourrit l'indigent,

A MARIE ANTOINETTE,

Versant ses bienfaits sur les malheureux souffrant des rigueurs de la saison.

Reine, dont la bonté surpasse les appas,
Près d'un roi bienfaisant occupe ici ta place;
Si ce monument frêle est de neige & de glace,
Nos cœurs pour toi ne le sont pas.

De ce monument sans exemple,
Couple auguste, l'aspect bien doux pour votre cœur,
Sans doute vous plaira, plus qu'un palais qu'un temple,
Que vous éleveroit un peuple adulateur.

La pyramide élevée par les habitants de la rue d'Angiviller, attiroit sur-tout la curiosité, même des artistes: elle étoit supportée par une base d'environ cinq à six pieds de haut, sur environ douze pieds de face; elle s'élevoit à douze ou quinze pieds, & étoit terminée par un globe. Quatre bornes posées sur chacun des angles, accompagnoient très-bien ce singulier obélisque, & lui donnoient un aspect qui ne manquoit pas d'élégance.

C'est un garçon boucher, qui étoit le censeur des inscriptions.

25 *Février.* Extrait d'une lettre de Bordeaux, du 21 février..... Le sieur *Paliere* vient de graver ici une estampe dessinée par M. *Trigant de Beaumont*, lieutenant de frégate, qui ne plaira pas à MM. de la marine royale, en ce qu'elle est en
l'honneur

l'honneur du comte d'*Estaing*. En voici le sujet allégorique. La *France* & l'*Espagne*, sur deux trônes parallèles, symbole de leur alliance, donnent audience à l'*Amérique* qui, sous la figure d'une jeune femme, portant un carquois, garni de treize fleches, implore leur secours. Ces deux puissances, touchées de la justice de sa demande, remettent au comte d'*Estaing*, l'une, la foudre qu'elle tient de *Jupiter*, & l'autre, le trident que *Neptune* vient de lui donner. Une renommée plane sur la tête du héros. *Seldenus* & *Welwod*, auteurs Anglois qui, pour nourrir les prétentions de l'*Angleterre* à l'empire des mers, avoient composé, l'un, le livre de *Mare clausum*, & l'autre, *de Imperio maris*, déchirent leurs ouvrages au départ de ce général. *Grafwinkel*, auteur Hollandois, qui leur répondit par son *Maris liberi vindiciæ*, présente le sien. Le ministre François sous la figure de Nestor, tient l'égide de Minerve. La déesse n'attend que l'instant du départ de l'amiral pour élever la branche d'olivier qu'elle tient de la main droite. Un lion appuyé sur un faisceau de fleches, représente les sept Provinces-unies. Dans le lointain on voit le génie des finances, la mer, un chantier de construction, des vaisseaux, emblême du rétablissement de la marine françoise.

Vous voyez que la composition de cette estampe est remplie d'imagination & d'érudition, & a peut-être le défaut d'être trop compliquée.

25 *Février*. On a fait sur les ballons la polissonnerie suivante, sous le titre d'*Epître de l'abbé Ballon à un ami*:

Que le public est indulgent!
Souffrir ainsi qu'on lui dérobe

Et ses *Bravo* & son argent !
Plaisante merveille qu'un globe
Mette d'abord les gens en l'air !
A l'opéra j'en vis hier
Deux bien ronds, bien blancs qui me firent
L'effet que vos badauds admirent.
Hé bien, je n'en suis pas plus fier.
Je ne crois pas que j'imagine
De faire imprimer quelque jour
Combien de pieds a ma machine,
Son diametre, son contour.
Non ; je fais jouir en silence.
Long-temps, je t'en fais confidence,
J'ignorai l'art de maîtriser
Mon gaz qui s'échappoit d'avance ;
Mais à force de m'exercer,
De répéter l'expérience,
Comme un autre j'ai su trouver,
Sans me lester avec du sable,
Le secret de ne m'élever
Qu'à certain degré raisonnable.
J'ai bien peur d'être devenu,
Entre nous, un peu trop habile,
Au point où je suis descendu,
Je regrette, le croirois-tu !
Le temps où, comme un imbécille,
Je montois à ballon perdu.

25 *Février*. La ville d'Antibes, frontiere du comté de *Nice*, étoit autrefois renommée par des aqueducs des Romains qui y portoient les sources

de la Fontrielle & de la Sambaque. Elles se sont perdues par le laps de temps, & cette ville étoit réduite à n'avoir d'autres eaux que celles d'un puits situé à une de ses extrémités ; ce qui étoit très-nuisible aux bâtimens qui y abordoient. L'invasion des Autrichiens en 1746 ruina entiérement son commerce & ses habitations par quatre mille bombes qu'ils y jeterent. En sorte qu'*Antibes* n'avoit plus que des vestiges de son ancienne prospérité.

M. d'*Aguillon*, colonel au corps royal du génie, a reconnu depuis peu aux environs de la place des restes des acqueducs, dont on n'avoit plus que la tradition. Il a démontré qu'avec une modique somme on pouvoit les réparer. Les consuls de la ville ont, d'après ses instructions, présenté un mémoire sur cet objet aux états de *Provence*, qui ont résolu d'y contribuer pour un tiers, & de solliciter le gouvernement d'y contribuer pour un autre tiers.

Les états ont en même temps chargé les administrateurs de témoigner à M. d'*Aguillon*, la reconnoissance de la province, & de lui présenter leurs remerciemens.

On a d'abord consacré 3,000 livres à la découverte des aqueducs si nécessaires au commerce & à la fertilisation de la ville, & l'on a démontré que la dépense totale de la restauration entiere n'excéderoit pas 72,000 livres.

25 *Février*. Extrait d'un lettre de la Haye, du 20 février.... « On a contrefait à *Liege* les nouvelles *Annales* de Me. *Linguet*. Malgré cela l'édition originale & la contrefaçon ne sont pas fort recherchées.

» Les petites *Affiches* commencées à *Amsterdam*,

à l'inſtar de celles de *Paris*, ne valent rien ; on ne les continue plus. Nous regrettons encore le *Journal de Paris*, qui avoit cours dans cette ville en 1778, qui a duré deux ou trois mois, & ſe donnoit une fois par ſemaine. Ce n'étoit point une ſimple contrefaçon de celui dont il portoit le titre, mais une amélioration de cette même feuille, changée & appropriée au lieu & aux circonſtances. »

26 *Février*. Il ſeroit trop long, & ſans doute ennuyeux pour le plus grand nombre des lecteurs de leur rendre compte de tout ce qui s'eſt paſſé dans la querelle élevée entre Mad. *Veſtris* & Mlle. *Sainval*, que les ſupérieurs, la comédie & le public ont également intérêt de voir ceſſer ; car pendant ce temps le tragique languit. L'une continue à prétexter qu'elle eſt malade, & l'autre à ne vouloir pas paroître que les prétentions de ſa rivale n'aient été réglées définitivement. On aſſure ſeulement que Mad. *Veſtris* a montré, ſans ſe démentir en rien, beaucoup de tête, de raiſon, de modération, de conciliation même, lorſque Mlle. *Sainval* n'a fait voir que du dédain, de l'entêtement, de l'aigreur & de l'inconſéquence.

Il s'eſt tenu lundi une grande aſſemblée de comédiens pour négocier un accommodement. Mad. *Veſtris* s'y eſt rendue ; elle y a écouté les prétentions que Mlle. *Sainval* avoit articulées dans une lettre ; elle a acquieſcé à tout. Elle a cependant exigé que le public fût inſtruit des ſacrifices qu'elle faiſoit pour lui plaire, & de la bonne foi qu'elle avoit miſe dans la conteſtation. Cela n'a pu s'arranger encore, & tout le procès doit être rapporté aux gentilshommes de la chambre, qui prononceront.

En attendant, Mad. *Vestris* avoit consenti de paroître le jour même à la cérémonie de la réception du *Mammamouchy* dans le *Bourgeois-Gentilhomme*; ce qui n'est point un rôle tragique, ni même un rôle. On a fait entendre à mademoiselle *Sainval*, qu'elle ne pouvoit se dispenser de grossir aussi le cortege. Le sieur *Deshayes* qui, en sa qualité de maître des ballets, se mêloit d'arranger la marche, a cru pouvoir se permettre une petite supercherie, dont il est résulté que les deux actrices se sont trouvées, sans s'en douter, avoir les mains l'une dans l'autre. Le public a pris cela pour une véritable réconciliation & a fort applaudi. Mais ceux qui les ont bien observées, se sont apperçus qu'il n'en étoit rien, sur-tout au visage de Mlle. *Sainval*, dont les regards sinistres lancés sur sa rivale caractérisoient trop bien le dépit & la haine. Quoi qu'il en soit, beaucoup de gens en ont été dupes, & les bons journalistes de *Paris* ont annoncé le lendemain cette nouvelle dont il n'est rien. Elle n'a été que trop démentie ce jour même, où l'une & l'autre actrice ayant refusé de jouer, c'est Mlle. *Thénard* qui a rempli le rôle d'*Alzire*.

26 Février. Extrait d'une lettre de Soissons, du 20 février.... « Comment pouvez vous être dupe encore de toutes ces lettres de commande insérées dans les journaux, à la sollicitation d'un homme en place qui les fait faire ou les fait lui-même pour se louer impudemment? Comptez que, malgré ses talents prétendus en l'administration, votre futur prévôt des marchands est un pauvre administrateur, un véritable colifichet, qui ne s'occupe que de romans & de vers. Il vous suffira, pour vous en donner une idée, de vous raconter une petite anecdote à ce sujet. M. le comte d'*Essuile*, économiste renommé pour ses projets patriotiques, dont il continue de s'occuper depuis près de vingt ans, étoit venu ici en conférer, de la part du ministere, avec M. de *Morfontaine*. Il y passa cinq jours, sans avoir jamais pu parler affaire avec lui, & partit regoulé de sa prose & de ses vers, dont le commissaire départi n'avoit cessé de l'ennuyer. Quant à ses fagots & à ses pommes de terre, il faudroit qu'il en fît une furieuse distribution pour dédommager la province de douze cents mille francs qu'il lui en a fait coûter pour se loger..... Ce dont monsieur *Necker* étoit furieux.... Voilà l'homme.... »

26 Février. Suivant ce qu'on écrit de l'Orient, il se répand dans ce port des *Observations du marquis de Vaudreuil*, dont l'objet est d'éclairer sa conduite dans l'affaire & les suites du 12 avril, & de disculper en général tous les accusés, pour entacher le comte de *Grasse*. Celui-ci a répondu à ces *Observations* très-bien, si l'on en croit ses partisans, puisqu'il combat ses adversaires, & le marquis de *Vaudreuil* lui-même, par leurs propres lettres ; qu'il les met en contradiction avec eux, & doit déposer sur le bureau ses originaux, si le conseil l'ordonne, de façon que tous les juges puissent les lire & connoître la vérité de ce qu'il avance.

26 Février. Relation de la séance publique de l'académie françoise, tenue aujourd'hui pour la réception de M. le comte de *Choiseul-Gouffier* & de M. *Bailly*.

Les brouhahas ordinaires qui précedent ces sortes de séances, ont été plus tumultueux encore à celle-ci, en raison du nombre plus considérable de femmes, de jeunes seigneurs, & de personnages frivoles dont elle étoit remplie, cherchant à se dédommager de l'ennui d'une longue attente par toutes les niaiseries possibles. Enfin l'assemblée s'est formée, les candidats on paru & pris place.

Vraisemblablement ils étoient convenus tous deux d'omettre les anciennes formules; car aucun n'a fait mention du cardinal de *Richelieu*, du chancelier *Séguier*, de *Louis* XIV, de *Louis* XV; mais ils n'ont point supprimé les fadeurs qui infectent ordinairement ces discours, & ils se sont passé tour-à-tour l'encensoir à qui mieux mieux. Voilà uniquement ce qu'ils avoient de commun. Du reste, chaque récipiendaire s'est renfermé dans l'éloge de l'académicien son prédécesseur, accompagné de quelques vues & digressions relatives.

M. de *Choiseul-Gouffier*, comme succédant à M. *d'Alembert*, mort le premier, avoit une ample matiere & s'y est étendu avec une complaisance non moins verbeuse. Cependant, passant rapidement sur le savant, il s'est sur-tout attaché au littérateur, & dans son enthousiasme a sans doute outré le mérite de cet académicien; mérite qui, aux yeux de la postérité, ainsi qu'à ceux des contemporains impartiaux, ne sera jamais que médiocre. Il a enrichi son éloge de plusieurs anecdotes propres à faire infiniment d'honneur au héros. La mieux traitée, la plus neuve & la plus intéressante, c'est celle où il n'a point dissimulé l'illégitimité de la naissance de M. *d'Alembert*, malheureux enfant, sans parents, sans berceau, & qui ne dut sa conservation qu'aux soins de la femme d'un artisan, d'un vitrier. Le panégyriste a enveloppé le fait du voile qu'exigeoient le lieu & les circonftances, mais que les étrangers feront bien aifes de voir levé pour eux & d'apprendre dans fon intégrité.

M. d'*Alembert* étoit fils de Mad. de *Tencin* la chanoineffe, & du cardinal de *Tencin* fon frere, fuivant les uns, mais fuivant la verfion la plus reçue & la moins maligne, de M. *Deftouches-Canon*, militaire qui, en faifant expofer l'enfant, lui affigna en même temps une penfion de 1,200 l. & donna dans un billet des renfeignements néceffaires pour la toucher à ceux qui en prendroient foin.

Lorfque M. d'*Alembert* eut acquis quelque célébrité, madame de *Tencin* voulut le reconnoître & le recueillir chez elle: il s'y refufa & refta conftamment chez la vitriere, où M. de *Choifeul* le peint méditant *Newton*, traduifant *Tacite*, analyfant *Montefquieu*, recevant les lettres des fouverains qui l'appelloient dans leurs Etats. C'eft par cette anecdote & le récit des vertus privées du défunt, honoré tout à la fois des regrets de ce que l'Europe a de plus illuftre dans tous les genres & de ceux des enfants d'un obfcur artifan, que M. de *Choifeul* a terminé fon difcours, très-purement, très-correctement écrit, élégant & fans maniere.

Le comte de *Treffan*, remplacé par M. *Bailly*, fans offrir un champ auffi vafte à l'éloquence de de fon fucceffeur, lui fourniffoit pourtant des chofes précieufes qu'il n'a pas négligées. Mais malgré l'abondance du fujet, il s'en eft plus écarté & malheureufement a commis plufieurs héréfies en littérature, que les critiques ne manqueront pas de relever. Par exemple, il a renouvellé l'affertion si souvent démentie par les faits, qu'un auteur se peignoit nécessairement dans ses ouvrages, que son style devoit avoir la trempe de son ame. Quel homme plus doux dans la société que *Crébillon* le pere, & quel style plus raboteux & plus dur ? Quel écrivain a mieux sacrifié aux graces que *Sainte-Foy*, & quel personnage plus rustre, même pour ses amis ? Cette opinion erronée n'est rien auprès d'une autre plus extraordinaire, que le récipiendaire sur-tout n'auroit jamais dû se permettre, comme trop intéressé à la soutenir. Du concours de circonstances assez bizarres, suivant lesquelles les deux académiciens défunts étoient en même temps de celle des sciences, ainsi que le récipiendaire & le directeur élu par le sort pour répondre, M. *Bailly* a conclu que les sciences sont fort utiles aux lettres. Bien plus, il a voulu donner à entendre que désormais on ne seroit point grand littérateur, sans être en même temps méchanicien, astronome, géometre. Outre qu'on pourroit tout uniment récuser le savant & lui dire : *Vous êtes orfevre, Monsieur Josse !* c'est que les exemples dont il se prévaut, sont contre lui, puisque les trois confreres qu'il cite, & lui-même, sans doute l'élite de l'académie des sciences en littérature, ne sont, ainsi qu'on l'a dit de M. *d'Alembert*, & qu'il faut en convenir, que des hommes de lettres d'une classe inférieure & tout au plus du second rang. Quoi qu'il en soit, au ridicule près de ce paradoxe d'un amour-propre trop exalté, que M. *Bailly* a pourtant soutenu avec esprit & vraisemblance, son discours est excellent. Il y répand sur le tombeau du comte de *Tressan* les fleurs les plus convenables & les mieux assorties. Il en peint les ouvrages & le caractere de couleurs propres & vraies Son style est noble & fermé, & sent le sujet vraiment académique.

M. le marquis de *Condorcet* a répondu, comme directeur, aux deux discours, & a varié sa maniere ainsi que ses sujets. En parlant à M. de *Choiseul-Gouffier*, successeur de M. d'*Alembert*, il a été plus disert, parce qu'il s'agissoit de son maître, de son ami, de son bienfaiteur. Peut-être auroit-il mieux fait de se réserver la partie scientifique de l'éloge de son héros, pour celui qu'il doit prononcer à l'académie des sciences, & ne l'envisager que sous les rapports relatifs au lieu, ne parler que de ses ouvrages de littérature & sur-tout de ses éloges d'académiciens qu'il a composés. M. de *Condorcet* n'a pas manqué de féliciter le récipiendaire sur l'honneur qu'il alloit avoir de représenter son maître à la Porte; il a exhorté à faire bien entendre à cette cour que désormais l'empire Ottoman ne peut subsister, s'il n'abaisse les barrieres que ses souverains ont trop long-temps opposées aux sciences & aux arts de l'Europe; assertion dont on pourroit relever la fausseté par l'histoire. Assurément les *Soliman*, les *Bajazet*, les *Amurat*, qui ont vaincu tous les peuples les plus éclairés de la Grece & de l'Europe, ne commandoient pas à des peuples plus instruits que ceux d'aujourd'hui. Mais on veut dire du nouveau, & l'on avance de brillantes absurdités.

La réponse à M. *Bailly* est plus courte; elle n'est point imprégnée de ce sentiment de tristesse qui convenoit à l'autre; le directeur ne s'y appesantit sur rien & parcourt avec légéreté les différents points de sa tâche, tels que l'énumération des ouvrages qui ont rendu digne ce membre de l'académie des sciences, de passer dans le sanctuaire de la littérature, tels que l'éloge du comte de *Treſſan* qu'il repréſente en bref, & comme courtiſan ſage, & comme littérateur exquis, & comme homme aimable de ſociété; mais à la fin appuyant de plus fort ſur l'étrange paradoxe de ce double confrere, qu'il n'a pas moins d'intérêt que lui de ſoutenir, il change de ton, il prend de l'humeur & ſemble diſpoſé à ſe fâcher ſérieuſement contre quiconque ne ſeroit pas de ſon avis & oſeroit le contredire.

M. *Marmontel*, le nouveau ſecretaire de l'académie, a pris la parole après ces quatre diſcours, & a annoncé qu'un ami de M. *d'Alembert*, qui déſire n'être pas connu & que tout le monde a nommé ſur le champ (M. le marquis de *Condorcet*) avoit prié l'académie d'accepter une médaille d'or de 600 livres, à décerner comme prix extraordinaire au meilleur diſcours dont le ſujet ſera un *Eloge en proſe de M. d'Alembert*.

La ſéance a fini par la lecture que l'abbé de *Lille* a faite du premier chant du *poëme ſur l'imagination*. Le morceau dont il a fait part à l'aſſemblée, contenoit les caracteres des principaux poëtes épiques, variés comme leur ſtyle & leur maniere. Il y a de très-beaux vers qui ont été fort applaudis. Le poëte a adapté à la circonſtance l'épiſode du génie de la Grece, étonné de voir un ſavant françois le rechercher au milieu de ſes ruines: tout le monde a ſenti l'alluſion & a reconnu qu'il s'agiſſoit de M. de *Choiſeul-Gouffier* & de ſon *Voyage pittoreſque* ſi renommé.

M. de *Montgolfier*, dont on parle tant aujourd'hui, étoit à cette ſéance; il a été claqué à toute outrance dès que le public l'a déterré dans la foule; on l'a fait aſſeoir aux places deſtinées aux membres des deux académies des sciences & des belles-lettres; M. Bailly l'a célébré dans son discours, & il a été de nouveau exposé aux regards, à l'admiration & aux applaudissements de l'assemblée.

27 *Février*. On parloit depuis long-temps d'un chevalier de St. Louis qui, mandé chez M. le lieutenant-général de police, pour se soustraire au supplice qu'il méritoit, & à l'ignominie qui en devroit être la suite, s'etoit donné plusieurs coups d'épée chez ce magistrat même. On doutoit encore du fait & de ses circonstances. On sait aujourd'hui qu'il n'y a rien de plus vrai, & l'aventure fait grand bruit dans le monde littéraire, parce qu'elle a trait à une virtuose.

Le chevalier de St. Louis est M. de *Rome*, ancien gendarme de la garde, assez beau cavalier, rempli d'esprit & de talents; mais malheureusement ayant dès sa plus tendre jeunesse pris l'habitude de mentir avec une impudence sans exemple! Il est devenu amoureux d'une demoiselle *Maîné de Morville*, fille de condition, savante, faisant des romans, & connue par différents ouvrages. Quoique celle-ci fût laide, peu coquette en apparence, & parût uniquement occupée de littérature; quoique le cavalier passât pour très-rangé, très-économe, très-serré même, leurs affaires se sont trouvées dérangées: il faut que l'avarice se soit emparé de tous deux & les ait excité à s'enrichir aux dépens des autres. Pressés par leurs créanciers, M. de *Rome* a imaginé de fabriquer un billet de cent mille écus à son profit, signé de *la Borde*, l'ancien banquier de la cour, & l'a montré à quelques-uns pour les appaiser. L'un d'eux plus avisé est allé chez M. de *la Borde*, pour éclaircir le fait;

celui-ci alarmé, ayant pris tous les renseignemens nécessaires, en a rendu compte à M. le Noir. De-là la catastrophe sinistre de M. de Rome, qui n'est pas mort de ses blessures, & commence même aujourd'hui à se remontrer. Comme l'accusé n'avoit heureusement point livré le billet à personne, on croit que M. le lieutenant de police se l'est fait remettre seulement & que l'affaire est assoupie.

Quant à mademoiselle *Marné de Morville*, on ignore ce qu'elle est devenue ; mais elle a montré peu de tête en cette circonstance, & l'on juge qu'elle entend mieux à composer des romans, qu'à les mettre en action.

27 Février. Jusqu'ici M. de *Serres de la Tour*, le prudent rédacteur du *Courier de l'Europe*, avoit évité adroitement de se compromettre avec Me. Linguet, de le nommer même dans ses feuilles : il mutiloit dans les lettres qu'on lui adressoit, tout ce qui avoit rapport à lui, & connoissoit parfaitement cette maxime qu'un corsaire ne doit point en attaquer un autre. Le successeur de M. *de la Tour*, qui depuis le commencement de cette année ne rédige plus le *Courier de l'Europe*, sans doute n'a pas le même principe & la même crainte. On a vu avec étonnement dans le numéro du mardi, 17 février, la lettre d'un abonné, où celui-ci plaisante avec de violens sarcasmes l'auteur des annales de son singulier projet de donner une édition de *Voltaire* purgée de ses impuretés, à l'instar des livres classiques ; il appelle cela plaisamment la *Capucinade de Voltaire*, & il propose à Me. Linguet d'adopter ce titre, le plus juste qu'il puisse choisir. On attribue cette facétie au sieur *Caron de Beaumarchais*, qui craint peut-être que l'édition de Me. Linguet ne fasse tort à la sienne. Quoi qu'il en foit, on feroit bien aife de voir ce champion démafqué, & affaillir de front un adverfaire auffi digne de lui. On attend avec impatience la réponfe du journalifte, qui, fans doute, ne fera pas auffi anodine que fon *profpectus*.

27 *Février*. Le fieur *Merlincourt*, ce prifonnier dont il a été queftion l'année derniere, eft libre enfin. On lui a même reftitué une penfion de 400 liv. qu'il avoit : il a été délivré avant la rentrée du parlement, & malgré les réponfes du roi à cet égard, la compagnie ne doute pas que cet acte de clémence, quoiqu'il ait paru venir du propre mouvement du roi, ne doive s'attribuer à la conftance de fa réclamation. Il n'en eft pas de même de M. de *Mions*; il femble que plus le parlement fait des inftances en fa faveur, plus le monarque croit devoir prolonger la punition.

28 *Février*. Quoique l'églife foit fort aife de voir les fpectacles concourir à la feconder pour fecourir les pauvres par des repréfentations à leur profit, cependant elle ne veut pas que les curés touchent immédiatement cet argent des mains des hiftrions; il faut qu'il fe purifie d'abord en quelque forte en paffant par les mains de M. le lieutenant-général de police. Quoi qu'il en foit, un plaifant a faifi cet événement, a mis faint Auguftin en jeu, & lui a fait adreffer aux comédiens italiens l'épître fuivante, très-ingénieufe, datée du 20 février:

Salut à la troupe italique
De ce comité catholique,
Dont le cœur loyal s'attendrit
Sur la calamité publique ;

C'est le fils de sainte *Monique*,
C'est *Augustin* qui vous écrit !
Oui, mes amis, par cette épître
J'abjure maint & maint chapitre,
Où j'ai frondé votre métier
Comme un tant soit peu diabolique,
Votre tendresse apostolique
Vient de nous réconcilier.
Tout homme au cœur dur, inflexible,
Devant Dieu, voilà le païen ;
Mais quiconque a l'ame sensible,
Fût-il un Turc, est un Chrétien.
Jadis en prêchant chez *Valere*
Je tenois à des préjugés ;
Depuis nous avons lu *Voltaire*,
Voltaire nous a bien changés ;
Ni moi, ni le curé d'Hyppone
Nous n'avons plus damné personne.
Tel arrêt n'est point fraternel,
Et sans vouloir imiter Rome
Nous laissons bonnement au ciel
Le droit de disposer de l'homme.
Oui, sans être garant de rien,
Je croirois qu'un comédien
Risque, s'il est homme de bien,
D'être sauvé tout comme un autre.
Un mime en face d'un apôtre,
C'est un scandale, dira-t-on ;
Saint *Paul* à côté de *Rosiere*,
Trial vis-à-vis de Saint *Pierre*
Et bienheureuse *Dugazon*

Aux pieds d'un diacre ou d'un Vicaire,
Le paradis seroit bouffon.
Tant pis pour qui s'en scandalise.
Allez au ciel par vos vertus,
Et laissez clabauder l'église.
Oui, malgré Rome & ses abus.
Vous êtes au rang des élus
Quand le pauvre vous canonise.

28 *Février*. Le parlement ne lâche point prise & attend incessamment une réponse due à ses itératives remontrances sur les évocations & sur-tout sur l'affaire des quinze-vingts. Le scandale de cette maison excite de plus son zele; on y donne des bals & c'est le réceptacle de toutes les catins de Paris.

28 *Février*. Il y a six semaines environ que le sieur d'*Azincourt*, dans une assemblée des comédiens françois, proposa de donner une représentation au profit des pauvres : ses camarades reçurent très mal son idée; ils lui dirent que l'hiver n'étoit pas assez favorable pour eux, qu'ils étoient les premiers pauvres & qu'il falloit commencer par songer à soi. Depuis que les Italiens ont réalisé cet acte de bienfaisance, ils ont rougi de se voir donner l'exemple par une troupe qu'ils méprisent, & ils cherchent toutes sortes de tournures pour s'en attribuer l'imagination; mais personne n'en est la dupe, & ils auroient mieux fait d'imiter ceux-ci & de renoncer à une vaine gloriole.

Le sieur *Larive*, dit-on, avoit seul accédé à l'avis ouvert par le sieur d'*Azincourt*.

28 *Février*. Messieurs d'*Ormesson*, cousins-germains, étoient institués légataires universels de

M. de *Rosemadec*, dont la succession est évaluée à 1,500,000 livres. Ils ont eu la générosité de la renvoyer aux véritables héritiers, dont est le comte de *Bruc*, qui les a célébrés dans des vers assez mauvais, mais faisant honneur à son cœur. Cette conduite, comparée à celle de M. de *Nicolaï* le vieux, captant au contraire la succession du trésorier de la chambre des comptes, au préjudice de la sœur du défunt, dont il rougissoit même ensuite de porter le deuil, rappelle une anecdote bien déshonorante pour ce glorieux personnage.

29 Février. Depuis que *le Mariage de Figaro* a été joué chez M. de *Vaudreuil*, le sieur de *Beaumarchais* ne cesse d'intriguer afin de faire lever la défense du roi. Derniérement, après avoir trouvé un censeur assez sot ou assez complaisant pour l'approuver, il en a fait lecture à M. le baron de *Breteuil*, qui lui a dit : « Mais je crois » que votre comédie pourroit se jouer dans cet » état. » Le sieur de *Beaumarchais* est parti delà, est venu trouver les comédiens, leur a fait part de sa conversation avec le ministre & les a flattés que la défense seroit levée. Les comédiens se sont toujours provisoirement recordés sur l'ouvrage, qu'ils ont répété le lundi & le mardi-gras. Le bruit général étoit qu'il seroit joué samedi. M. le lieutenant-général de police instruit de la rumeur, a mandé & l'auteur & les comédiens, & en présence de beaucoup de témoins a vertement réprimandé le sieur de *Beaumarchais* d'avoir osé se prévaloir d'un mot de complaisance du ministre contre un ordre formel de sa majesté. Cette correction a été vive, humiliante & sans réplique de la part du sieur de *Beaumarchais*, qui ne répondoit aux reproches du magiſtrat que par de profondes révérences.

Quant aux comédiens, M. *le Noir* leur a fait ſentir leur bonhomie, de s'être laiſſé leurrer par un homme connu pour ſes menſonges & ſon impudence, par un homme leur plus redoutable ennemi, qui avoit fait les plus grands efforts contre eux dans les aſſemblées de ſon bureau de légiſlation dramatique, dont l'objet principal étoit ſur-tout d'ériger une ſeconde troupe, une troupe rivale.

Le ſieur de *Beaumarchais* avoit d'abord imaginé une tournure plus adroite d'éluder les défenſes; il avoit propoſé aux comédiens de jouer ſon *Mariage de Figaro* au profit des pauvres, afin que cette pièce ſi immorale pût au moins avoir un objet de bienfaiſance. Les comédiens lui avoient répondu qu'il avoit été gagné de primauté par M. de *la Harpe*, & que ce ſeroit la première repréſentation de ſon *Coriolan*, qui auroit lieu ce jour-là. Le ſoir, la comédie reçut une lettre anonyme, pleine d'injures & de ſarcaſmes ſur le refus qu'ils avoient fait, & l'on ne doute pas que ce pamphlet ne vînt de la part du ſieur de *Beaumarchais*.

29 *Février*. Il court depuis la fin de l'année des noëls dans le goût de ceux qui ont paru déjà pluſieurs fois. Ceux-ci, à toutes les calomnies reſſaſſées déjà vingt fois contre les perſonnages les plus auguſtes, joignent une platitude rare. L'âne y joue un grand rôle, & l'on n'eſt pas ſurpris, en les liſant, du foible que le poëte ſemble avoir pour cet animal. Un ſeul couplet, de treize dont eſt compoſé le noël, a quelque gaieté. D'ailleurs il eſt fondé, ſinon ſur une

vérité bien constante, au moins sur une tradition de la cour très accréditée. Le voici :

> La seconde sultane
> Dit, en haussant le ton,
> Je m'appelle Diane,
> Je suis chaste de nom.
> Je réclame en ces lieux
> L'honneur de vierge & mere ;
> Car je suis fille, Dieu merci ;
> J'accouchai plusieurs fois aussi :
> Et cela sans mystere.

29 Février. M. *Hérault* est un avocat du roi au Châtelet, dont il a déjà été question comme d'un homme de lettres. Il a en outre les qualités de l'homme aimable & du magistrat. Il est parent proche de Mad. la duchesse de *Polignac.* Ces jours derniers il se trouva chez elle comme la reine y venoit. Il resta, suivant l'ordre de S. M. qui ne veut pas qu'on fasse attention à elle & veut jouir de toute la liberté de la société. Il parla très-bien & de façon à intéresser S. M. Quand il fut sorti, la reine demanda quel il étoit ? Mad. de *Polignac* lui ayant appris que c'étoit son neveu, la reine lui dit qu'avec le talent qu'il montroit, il falloit lui faire faire le plus grand chemin. En conséquence, elle a obtenu du roi que M. *Hérault* auroit la premiere place d'avocat-général vacante au parlement.

1 *Mars* 1784. L'expérience de M. *Blanchard* est décidément fixée au mardi deux mars. Elle aura lieu dans le champ de Mars, & toutes les précautions sont prises pour établir le bon ordre & la libre

circulation des voitures, de manière à empêcher les accidents.

C'est dom *Pech*, religieux bénédictin de Saint-Martin des-Champs, physicien estimé & enthousiaste des ballons, qui doit monter & voguer avec M. *Blanchard*. Suivant le bruit général, il paroît que ce religieux a eu beaucoup de peine à obtenir la permission de ses supérieurs; & l'église en général voit avec inquiétude un de ses enfants concourir à cette œuvre diabolique, puisqu'elle tendroit à anéantir les miracles les plus extraordinaires, tels que l'Ascension de Jesus Christ, &c.

Au reste, dom *Pech* est un petit homme maigre, fluet, & qui fera bien le pendant de monsieur *Blanchard*.

1 *Mars*. Le concours des acheteurs ne diminue point à la vente de la bibliothèque du duc de *la Vallière*; il augmente plutôt. Après celle des livres rares se montant seule à 5,668 articles & qu'on estime devoir durer jusqu'au mois de mai, on donnera le catalogue des autres livres, qui excédera 26,000 articles. Ce bréviaire de *Salisbury* dont on a parlé déjà comme vendu cinq mille liv., mérite plus de détails. Il a pour titre *Breviarium secundum usum sacrum, sive ecclesia Salisberiensis*. Il est sur vélin de sept cents douze feuillets in-quarto, orné de beaucoup de miniatures d'un fini parfait. Ce bréviaire fut exécuté par les ordres du duc de *Bedfort*, régent de France, lors de l'invasion des Anglois. La mort de ce duc, arrivée à Rouen en 1435, empêcha qu'il ne fût terminé. On y trouve plusieurs notes chronologiques intéressantes sur l'histoire du temps. Il a été acheté pour la bibliothèque du roi.

Virgilii opera, Roma 1469, quoique ce ne soit

qu'un petit in-folio de 191 feuillets, a monté à 4,200 liv.

On recherche beaucoup le catalogue de cette bibliotheque; il deviendra infiniment précieux, & doit servir à corriger bien des erreurs & omissions de la *bibliographie instructive* du sieur de *Bure*.

1 *Mars*. Le conseil de guerre de l'Orient commence à prendre couleur, & l'on donne comme certain dix décrets d'ajournement personnel qu'il a enfin lancés le 17 février dernier.

1 *Mars*. Mlle. *Audinot*, une des doubles pour le chant du théâtre lyrique, a imité en petit l'exemple du comte d'*Arci*; elle a réclamé le nom & l'état de fille légitime du sieur *Audinot*, directeur du spectacle forain intitulé *l'ambigu-comique*. C'est la dame *Gardel* sa sœur qui lui contestoit ses qualités: elle a gagné, & acquiert ainsi des droits non-seulement à la succession de son pere, mais à celle de cette sœur dénaturée qui n'a point d'enfants. On conçoit que ce procès a pu donner lieu aux avocats de s'égayer dans leurs *factums* : les amateurs du théâtre lyrique se sont réjouis du triomphe de Mlle. *Audinot*, joli sujet en général, très-aimé du public.

2 *Mars*. On a rapporté il y a deux ans le peu de succès de M. *Blanchard*, qui tentoit par la méchanique ce que M. de *Montgolfier* a depuis obtenu de la chimie; il prétend aujourd'hui que ses tentatives n'avoient pas été tout-à-fait infructueuses; qu'il étoit même parvenu à quitter le sol; mais il convient que pour obtenir une ascension de vingt pieds, il lui avoit fallu employer un contrepoids de six livres & une manœuvre pénible. Il étoit donc occupé à chercher de meilleurs moyens, lorsque *l'aérostat* est venu à son secours.

Son projet étoit aujourd'hui, une fois élevé en l'air avec Dom *Pech*, s'ils en sentoient la possibilité, de couper les cordes du ballon, de le laisser aller où il voudroit, & de manœuvrer en liberté à l'aide seulement de leurs ailes, de leur gouvernail, & n'ayant au-dessus d'eux qu'un vaste parasol capable de rallentir leur chûte, si elle arrivoit. Des incidents qui ne sont nullement prévenus de la faute des voyageurs, les ont empêchés d'exécuter ce projet dans toute son étendue; mais M. *Blanchard* en a assez fait pour prouver l'excellence de sa méthode & la possibilité de son exécution.

2 *Mars*. L'opéra a joué hier *Castor & Pollux* au profit des pauvres. Cet ouvrage a été remis après une ou deux répétitions seulement; aussi a-t-il été fort mal exécuté, quoiqu'en disent les journaux, toujours louangeurs en pareil cas.

La garde militaire a refusé, ainsi qu'aux Italiens, sa solde & a fait le service *gratis*. La recette a été de onze mille cinq cents soixante-sept liv. dix sous.

2 *Mars*. M. de *Mouhy*, auteur de différents romans, des tablettes dramatiques, &c. vient de mourir dans un âge avancé. On voit dans l'énumération de ses qualités en son billet d'enterrement, qu'il étoit *chevalier titré par le roi*.

3 *Mars*. Hier M. *Blanchard*, jaloux de tenir sa parole envers le public même quant à l'heure, se disposoit à partir à midi, & il étoit déjà embarqué avec dom *Pech*, lorsqu'un éleve de l'école militaire, nommé *Dupont*, qui avoit fait avec ses camarades le pari de monter dans le bateau volant, a réalisé les extravagances qu'on a racontées de Lyon en pareil cas : il s'est précipité dans la gondole, l'épée nue à la main, & a voulu partir avec ces

messieurs. Furieux d'être rejeté, il a brisé le parasol, les ailes, & les a laissés hors d'état de servir ; il a même blessé à la main M. Blanchard : il a fallu l'arrêter & le conduire en prison. Dom *Pech* voyant alors qu'il devenoit inutile, puisque le voyage ne pouvoit s'exécuter que suivant la méthode de M. *Charles*, est redescendu. M. Blanchard resté seul n'en est pas moins parti vers midi, & à l'aide de son seul gouvernail a fait réellement des évolutions, est allé & revenu ; il a passé & repassé la riviere & a même navigué contre le vent. Il est descendu vers les deux heures sur le chemin de Versailles, près la verrerie de Seves, à très-peu de distance de la Seine. On ne peut rendre tout ce que la jalousie & l'envie ont débité à ce sujet pour affoiblir le mérite de M. Blanchard, & atténuer son expérience, dans son imperfection préférable encore à celle de M. *Charles*, puisqu'il a montré un moyen de direction & fait faire un pas de plus à la science de la navigation aërienne.

3 *Mars*. La premiere représentation de *Coriolan* a été fort bien accueillie hier du public brillant & nombreux qui composoit l'assemblée. M. de la *Harpe* n'ignorant pas que ce sujet traité déjà souvent n'avoit point réussi, l'a pris d'une maniere différente : il s'est donné plus de marge ; mais il en résulte en même temps des défauts sensibles, qui heureusement n'ont pas fait de tort à sa tragédie. On a demandé l'auteur à la fin. On ne croyoit pas qu'il parût ; on pensoit du moins qu'il imiteroit M. *Ducis*, son confrere l'académicien, & qu'il se montreroit seulement dans une loge ; mais il s'est laissé amener sur le théâtre par un comédien & a eu l'humiliation de voir le sieur *Larive*, qui a joué supérieurement le rôle de

Coriolan, demandé à plus grands cris encore, & reçu d'une façon non moins flatteuse.

Madame *Vestris* a reparu pour la premiere fois depuis son démêlé avec Mlle. *Sainval* dans cette piece, où elle joue le rôle de *veturie*, la mere de *Coriolan*. Elle a été, dès qu'elle s'est montrée, généralement applaudie. Cependant un coup de sifflet lâché par un polisson de l'assemblée, a détruit toute la sensation délicieuse que devoit lui causer la satisfaction générale ; elle s'est trouvée mal dans l'entr'acte, & n'a continué & fini son rôle qu'avec beaucoup de peine.

4 *Mars*. Extrait d'une lettre de Montargis, du premier mars....C'est M. de *Lisle*, directeur de la superbe manufacture de papier établie à l'Anglée, près cette ville, qui a fait fabriquer le papier d'herbe dont vous avez eu un échantillon : il espere, dès que la saison le permettra, recommencer ses opérations, & donner à ce papier toute la flexibilité, la solidité, le lisse & la blancheur du plus beau papier à lettre.

M. de *Varennes*, receveur des finances de cette ville, a envoyé à madame *Blondel*, la femme de l'intendant du commerce qui a les papeteries dans son département, le madrigal suivant, écrit sur une feuille de ce papier d'herbe :

Quel bonheur, bergers amoureux :
Vous devez goûter à décrire,
Sur ce gazon voluptueux
Les transports qu'Amour vous inspire.
Ce Dieu lui-même imagina
Ce papier qu'il déposera
Dans les archives de Cythere.

Sous fes yeux on y tracera
L'art d'aimer, l'art heureux de plaire,
Et tous les vœux des cœurs conftants;
Tendres bergeres, vos amants
N'oferont plus être volages;
L'autel qui reçut leurs hommages,
Eternifera leurs ferments.

4 *Mars*. Au 16 février dernier on a arrêté le produit de la vente de la bibliotheque du duc de *la Valliere*; il n'y avoit eu encore que trente vacations, & elles avoient déjà rendu 200,000 liv.: il doit y avoir quatre-vingt-dix vacations. Les livres qui compofent cette bibliotheque devant aller à 600,000 livres, fuivant cette proportion, mais dont on réduit le total toujours à 500,000 liv. n'avoient peut-être pas coûté au propriétaire la moitié de cette fomme.

5 *Mars*. Les groffes eaux qui ont fuccédé aux gelées, ont empêché l'arrivée du bois par la riviere; en forte que les commiffaires du roi ont annoncé en exécution de l'arrêt du confeil du 15 février, une prime pour les approvifionnements de cette marchandife, & il a été rendu un arrêt du confeil en date du premier mars, qui proroge de dix jours feulement l'efpace fixé à quinze pour exiger l'impôt de fix livres d'augmentation fur chaque voie de bois.

5 *Mars*. Ce qui a fur-tout affligé madame *Veftris* avant-hier, c'eft la comparaifon que fon amour propre a faite de fon retour avec celui de Mlle. *Sainval*, dont le triomphe, en reparoiffant le famedi 28 dans le rôle de *Bérénice*, n'a été mêlé d'aucune amertume, d'aucun fifflet, & co-

pendant ce parallele même tourne à l'avantage de Mad. *Vestris*, qui n'a point eu la bassesse d'employer un moyen aussi vil & aussi facile d'humilier sa rivale. L'intérêt qu'ont pris à l'instant à son état les plus grands personnages, M. le duc d'*Orléans*, Mad. de *Montesson*, M. le comte d'*Angiviller*, Mad. la duchesse de *Villeroy* & vingt autres de cette espece, auroit bien dû la rassurer; un coup de sifflet parti depuis encore, a détruit tout l'effet des consolations; elle en est vraiment malade, & l'on ne sait si elle sera en état de jouer samedi à la seconde représentation.

5 *Mars*. Une anecdote singuliere arrivée mardi 2, à l'assemblée publique de la société royale de médecine, mérite qu'on en fasse mention: un des vainqueurs du prix s'est trouvé être M. *Thomas Olliff*, médecin anglois. L'épigraphe de son mémoire a frappé; quel étonnement d'y lire un distique latin à la gloire du roi de France! éloge non suspect d'adulation dans la bouche d'un étranger & d'un Anglois; il portoit:

Hæc ego; dum felix nimium tu Gallia, regem,
Pacis habes legumque & libertatis amicum.

On les a traduits par le quatrain suivants

J'écrivois ce mémoire au temps où trop heureuse,
   La France vivoit sous un roi,
   Ami d'une paix glorieuse,
   De la liberté de la loi.

6 *Mars*. M. de *la Harpe* fait remonter l'action de sa tragédie jusqu'au temps où *Coriolan* est cité

devant le peuple; mais cette époque historique embraffant une période de plufieurs années, il couroit rifque qu'on lui reprochât juftement de pécher contre les trois unités. Il a imaginé d'éviter ce triple défaut par une licence dramatique dont il y a mille exemples; il a fuppofé que Rome étoit déjà affiégée au moment de l'exil du héros, & que les Volfques étoient aux portes de la ville. Ainfi fon exil, fon admiffion chez les ennemis, la défaite des Romains fe trouvent ne plus faire en quelque forte qu'un feul fait; le tout a pu fe paffer dans la même journée, & le territoire de Rome eft le lieu unique dans lequel l'action foit circonfcrite. Alors voici comme la piece fe trouve naturellement partagée.

Au premier acte, expofition des griefs du peuple romain contre *Coriolan*; refus de celui-ci de comparoître devant le peuple où il eft cité; un fénateur, fon ami, cherche en vain à excufer la complaifance du fénat, & à déterminer ce patricien à foufcrire au décret de fon ordre. La mere feule de *Coriolan* qui intervient, peut obtenir de lui qu'il obéiffe.

Le fecond acte, très-court, roule uniquement fur l'exil de *Coriolan*; il fe fouftrait aux confeils de fon ami & de fa mere, & par des réticences douloureufes annonce qu'il médite un projet finiftre.

Son admiffion chez les Volfques remplit tout entier le troifieme acte: *Tullus*, le général ennemi, fe réfout à fuivre l'avis que donne *Coriolan*, de ne point laiffer refpirer les Romains, les attaquer au moment même. Il veut partager fon commandement avec l'étranger, & le regarde comme fon égal.

Au quatrieme acte, la victoire est remportée, & la destinée de Rome ne tient plus qu'à la destinée de *Tullus*, fâché de la confiance que les soldats ont prise dans le Romain. *Volumnius*, l'ami de l'exilé, arrive pour lui demander la paix. *Tullus* en laisse *Coriolan* le maître; mais celui-ci ne respirant que la vengeance, prescrit des conditions si dures, que l'ambassadeur s'y refuse: cependant il ne désespere pas de réussir; il lui vient une heureuse idée qu'il court exécuter.

Arrivée de *Véturie* dans le cinquieme acte : la tendresse maternelle triomphe de la haine de son fils contre ses ingrats compatriotes: il lui promet de déterminer les Volsques à une paix honorable, ou de les quitter. Il se rend à leur conseil pour les y engager. Cet avis de la part de *Coriolan*, donne prise à la jalousie de *Tullus*, qui profite de l'indignation de l'assemblée pour faire regarder *Coriolan* comme un traître & le faire massacrer. La mere se console de la mort de son fils par le salut de la patrie.

Les deux défauts principaux de la maniere dont M. de *la Harpe* a étendu son sujet, sont d'avoir affoibli les caracteres de son héros & de *Tullus*; les plus saillants de la piece: le premier, en ce qu'on ne peut approuver le passage trop brusque d'une haine profonde & motivée à la pitié qui succede dans le cœur de *Coriolan*, très-naturelle au contraire, lorsque son ressentiment, affoibli par le temps, par les dégoûts qu'il a éprouvés, par cet amour de la patrie qui survivoit toujours dans le cœur républicain aux plus fortes injustices, par le repentir qui doit enfin naître chez ce vertueux personnage; il entend les supplications, il voit couler les larmes d'une mere. Dans le second, en ce que le spectateur, touché de la magnanimité avec laquelle il a reçu un ennemi proscrit, est fâché de voir que *Tullus* se laisse gagner si promptement par la jalousie & dans la même journée en vienne à l'excès monstrueux de faire assassiner ce héros.

Malgré ces défauts & plusieurs autres qui entraîneroient une trop longue discussion, la piece plaît par sa simplicité, par son austérité dans la maniere dont elle est traitée, par la netteté du plan, la rapidité de la marche, & sur-tout par une diction pure, noble, harmonieuse, où se trouve joint l'élégance à l'énergie.

6 Mars. Depuis la bibliotheque des dames & les couplets, il paroît de *petites affiches* sur la cour qu'on dit très-plaisantes. On les attribue au vicomte de *Ségur*, fils du ministre. C'est un facétieux personnage, dont on a déjà une épître originale à la culotte du vicomte de *Noailles*, lorsqu'il partoit pour l'*Amérique*, & qu'il envoya à madame la vicomtesse de *Noailles*, qui est une dévote.

6 Mars. Les parents & amis du sieur *Radix de Sainte-Foix* avoient obtenu en sa faveur des *lettres d'extinction*, tournure qu'on avoit prise pour qu'il ne restât pas même entaché; mais le parlement a refusé de les enrégistrer, ne connoissant que les *lettres d'abolition*: il paroît que le roi ne l'a pas trouvé mauvais.

7 Mars. Extrait d'une lettre de *l'Orient*, du 3 mars... L'affaire du conseil de guerre se complique de plus en plus. Elle remonte jusqu'à la prise du *Zélé*. Il est bien vrai que lorsqu'il en fut question dans le principe, M. de *Brugnon* s'y opposa sous prétexte que le conseil ne devoit s'occuper que des accusations du comte de *Graſſe* contre ſes matelots & contre le refus d'obéir à ſes ſignaux. La choſe reſta en ſuſpens ; la pluralité des voix ayant été contre le préſident, on en écrivit en cour, afin de prendre les ordres du Roi. Le marquis de *Caſtries* fit ce qu'il put pour engager ſa majeſté à reſtreindre l'examen ; mais elle laiſſa la choſe à décider au conſeil de guerre, qui s'en occupe & n'a pas encore prononcé.

M. de *Vaudreuil* ſe trouve embarraſſé, parce qu'il ne peut plus nier de n'avoir pas vu le ſignal du comte de *Graſſe*, puiſque M. *Albert de Rioms*, le chef de file de l'avant-garde que commandoit M. de *Vaudreuil*, l'avoit ſi bien vu, qu'il s'étoit mis en fonction de le ſuivre, & ſe trouva ainſi fort ſéparé de l'avant-garde : voyant que perſonne ne le ſuivoit, il changea ſa manœuvre & revint,

M. de *Graſſe* a toute la marine contre lui, parce que dans ſes premieres lettres il s'eſt plaint de toute la marine ; depuis il a voulu n'inculper perſonne, mais on lui objecte ſes lettres en contradiction avec lui même.

Il paroît qu'ils ſont tous coupables. M. de *Vaudreuil* & M. de *Bougainville* de n'avoir pas obéi aux ſignaux, les matelots d'avoir quitté le commandant, & le commandant de s'être rendu en bon état ; en vain ſe prévaut-il du témoignage du comte d'*Olivaro* qui n'étoit qu'ſpectateur dans le vaiſſeau, on a le témoignage du commandant des troupes qui eſt accablant.

Le 17 février, MM. d'*Arros*, de *Mithon*, de *Gouzillon*, de *Bougainville*, le comte d'*Amblimont*, d'*Albert de Rioms*, de *Roquart*, de *Suzannet*, le baron de *Paroy* & le vicomte d'*Aché*, comme accusés d'avoir manqué à leur devoir, ont été décrétés d'ajournement personnel.

Les autres accusés au nombre de 56 ou 57, assignés pour être ouïs.

7 Mars. Quoique le journal de Paris continue d'annoncer que la discussion élevée entre les deux actrices est terminée, en ce que la Dlle. Sainval a écrit à sa société qu'elle se désistoit de ses prétentions & qu'elle consentoit à rester à sa place de double, & que la dame Vestris de son côté, en persistant dans le dessein de renoncer à ses droits, comme ancienne, est toujours disposée à faire tout ce que le public exigera; les deux rivales n'en sont pas plus réconciliées; on en peut juger par les coups de sifflet partis le jour de la première représentation de Coriolan; la dame Vestris en est encore malade, & n'a pu jouer hier, c'est la Dlle. Thénard qui l'a doublée.

D'ailleurs le procès en diffamation intenté par la demoiselle Sainval subsiste toujours; il est arrêté seulement par les défenses qui continuent à la dame Vestris de faire paroître sa réplique toute prête, dont sont très contents ceux qui l'ont lue. En attendant qu'elle ait cette liberté, elle communique la lettre à Mlle. Clairon, & l'on en voit des copies dans les cercles.

7 Mars M. le comte de Lamerville, dont il a été beaucoup question il y a deux ans, qui avoit excité la jalousie de M. de Fleury, & subi la peine de l'exil; qui avoit eu sous M. d'Ormesson quelque lueur d'espérance de voir exécuter son projet, en désespere aujourd'hui. Les Polignac, les Noailles, le comte de Vergennes, qui le portoient, se sont refroidis à son égard, & M. de Calonne paroît n'en faire aucun cas. Il se retranche

aujourd'hui à demander une indemnité qu'il évalue à 200,000 liv. Comme M. le contrôleur-général n'a garde d'écouter ses prétentions, ce spéculateur économiste a écrit au roi directement: il se prévaut de la conférence qu'il a eue avec sa majesté & de son approbation, pour se regarder comme autorisé à demander une récompense.

8 Mars. M. *Rochon de Chabannes*, lorsque le sieur de *Beaumarchais* a fait courir le bruit qu'il avoit la permission de faire jouer son *Mariage de Figaro*, n'avoit point voulu se prévaloir de son droit d'ancienneté; il s'est retiré prudemment pour ne pas se trouver dans tout le brouhaha qu'excite ordinairement ce bruyant personnage. Depuis que le sieur de *Beaumarchais* est de nouveau arrêté, les comédiens se sont rapprochés de M. *Rochon*, & l'ont engagé à ne point différer la jouissance du public; il s'est rendu à leurs instances, & la pièce doit avoir lieu incessamment sous le titre du *Jaloux*.

8 *Mars*. Il paroît que le parlement a fait des remontrances séparées sur chacun des objets d'évocation dont on a parlé dans le temps. On voit aujourd'hui imprimées des *remontrances lues & arrêtées aux chambres assemblées le mardi* 10 *février* 1784. Celles-ci concernent l'évocation faite par le roi de l'appel des bénédictins opposants à l'assemblée de *Saint-Denis*, tenue en septembre dernier.

Dans ces remontrances très-bien faites, courtes, précises & fondées sur une logique lumineuse & très-irrésistible, on démontre l'illégalité de tout ce qui s'est fait à *Saint-Denis*; on peint énergiquement les maux qui en résultent dans la congrégation ; on en dévoile les auteurs dans ces prélats, membres d'une commission dont le but est moins de réformer que de détruire.

Le parlement attaque cette commission même, il la dénonce à sa majesté comme irréguliere, & lui déclare qu'il la poursuivra jusqu'à sa destruction, avec tout le zele qu'exigent les entreprises de ce tribunal monstrueux, & que lui prescrit son devoir.

8 *Mars.* Extrait d'une lettre de Dijon, du 1 mars... Je n'ai pas encore pu me procurer la chanson que vous me demandez. Elle est en treize couplets & sur l'air *changez-nous cette tête*: elle fait le portrait de tous les juges de M. de *Lally*, & ne peint pas en beau ceux qui ont opiné contre lui. On l'attribue à quelque partisan du comte de *Tollendal*, ou peut-être à lui-même. Elle a beaucoup de sel pour ceux qui connoissent ces messieurs; mais il est plus aisé de la trouver ailleurs qu'ici, parce qu'on craint le parlement, & l'on ne veut pas se faire d'affaire avec lui...

8 *Mars.* Il est des malins qui profitent toujours des circonstances pour rire & lancer quelques sarcasmes; celle de *Coriolan*, jouée au profit des pauvres, a produit ce quatrain:

>Pour les pauvres la comédie
>Donne une pauvre tragédie;
>C'est bien le cas, en vérité,
>De l'applaudir par charité.

8 *Mars.* Voici la lettre de Mlle. *Clairon* à madame *Vestris*, telle qu'elle se communique dans le public.

« J'ai reçu, Madame, la lettre que vous m'avez adressée: elle augmente mon profond mépris pour

Mlle. *Sainval* & son talent prétendu. J'approuve fort le parti que vous prenez toutes deux de vous faire connoître. Vous ne pouvez, Madame, qu'y gagner. Démasquez hardiment la fausseté, méchanceté du caractere de votre rivale ; ramenez à vous par votre franchise, par votre désintéressement, par la noblesse de vos procédés, ce public, souvent injuste, parce qu'il est souvent prévenu, mais toujours équitable quand on l'éclaire. Voilà pourquoi il faut nécessairement l'instruire, il faut porter à son tribunal les contestations par des mémoires imprimés qu'on ne sauroit répandre avec trop de profusion.

» Au reste, je vois avec douleur que votre société dramatique à laquelle je n'ai point cessé de m'intéresser, est plus que jamais dans l'anarchie & la dissention. En vain j'ai cherché autrefois à lui donner de la dignité & de la consistance ; j'ai succombé sous mes efforts ; j'ai été jalousée, persécutée, & les tracasseries de Mlle. *Dubois*, pareilles à celles que vous éprouvez aujourd'hui, m'ont forcé de renoncer au théâtre. Et cependant nous avions alors parmi nous ce *le Kain*, ce défenseur zélé des loix de la comédie. Depuis, elle n'a fait que dégénerer davantage : on vous a dépouillés de toute propriété ; vous n'avez plus en quelque sorte ni feu, ni lieu ; votre état est absolument précaire ; vos assemblées, vos délibérations sont versatiles comme la volonté des chefs, parce qu'il n'est personne parmi vous qui ait assez de génie & de courage pour soutenir vos intérêts & vos droits. Seroit-ce votre doyen *Préville*, ce barbouilleur qui parle, parle toujours sans savoir ce qu'il dit, qui s'emporte comme un furieux, & n'a pas plus de bon sens dans ses fougues que dans son sang froid : Seroit-ce *Brizard*, dont toute la candeur réside sur sa figure, dont l'avarice est la passion dominante, qui n'aime que l'argent, & trahiroit ses camarades & lui-même pour un écu ? *Molé* est un joli acteur, brillant, sémillant dans vos comités comme sur la scene; il n'y a pas plus d'assiette & de solidité; il ne sait ce que c'est que d'avoir un avis à soi, & se laisse mener comme un enfant par Mad. *Raymond*, sa fille & sa maîtresse. Parmi vos femmes, Mad. *Bellecourt* a vraiment du caractere, ou plutôt elle en avoit ; car on ne la reconnoît plus depuis qu'elle est dans l'esclavage honteux d'un musicien rempli de vent, qui la ruine & la déshonore. Mad. *Préville*, la sous-doyenne des actrices, a plus de jugement & se possede mieux que son mari; malheureusement elle n'a que de petites vues; d'ailleurs c'est une hypocrite, travaillant sous terre, ne s'embarrassant guere des autres & purement égoïste, enfin sans les entours nécessaires pour faire valoir un avis & lui donner du poids. Je ne vois que vous, Madame, par votre génie, votre zele, votre crédit, en état de relever la comédie, si elle avoit le bon esprit de se remettre entre vos mains. Comment donc favorise-t-elle Mlle. *Sainval* à votre préjudice ? Ce n'est pas qu'elle l'aime, c'est qu'elle vous craint. Vous avez un grand mérite & conséquemment beaucoup de jaloux parmi vos camarades; vous leur avez été utile presque à tous, par vos amis à la cour & la considération dont vous y jouissez, & dès-lors vous avez fait presque autant d'ingrats.

» Quant au public, car on ne peut se dissimuler que le plus grand nombre ne soit pour votre rivale; c'est tout simple. Lors de la proscription de

Mlle. *Sainval* l'aînée, vous dédaignâtes de répondre à son libelle, vous ne voulûtes point l'écraser dans son malheur : on crut que vous n'aviez rien de bon à dire ; on vous regarda comme son tyran. Ce public est toujours pour les opprimés, il prit sa sœur sous sa protection ; l'on chérit son ouvrage. C'étoit une victime qu'il croyoit avoir soustraite à vos fureurs ; tout cela la lui rendoit plus intéressante. D'ailleurs elle est très-populaire, elle capte jusqu'au suffrage de ces roquets du parterre, qui n'oseroient approcher de votre antichambre. N'importe, les honnêtes gens reviendront. Faites-vous voir enfin ; on estimoit vos talents, & l'on estimera votre personne & vous triompherez. Je le souhaite sincérement, personne ne prend plus d'intérêt que moi à votre contestation ; apprenez-m'en les suites & justifiez mon pronostic. »

Paris, ce 26 *janvier* 1784.

signé CLAIRON.

9 *Mars*. La recette des François pour les pauvres a monté à 10,389 liv. 2 sous. Les gardes-françoises ont continué de ne point prendre de salaire.

On a donné pour seconde piece ce jour-là, *la Partie de Chasse de Henri IV*. Le sieur *Dugazon*, qui vraisemblablement avoit fait choisir cette comédie, y a introduit quelques propos relatifs aux circonstances ; il y a sur-tout adapté ce couplet, sur l'air : *Du serin qui te fait envie*.

Le roi digne de sa couronne
A pris pitié des malheureux.
La reine & ce qui l'environne
S'occupe à faire des heureux.

Dessous le chaume qui le couvre
L'infortuné n'a plus d'effroi ;
Il chante aux champs tout comme au louvre
La bienfaisance de son roi.

On a fait répéter ce couplet ; on en a demandé l'auteur, & le sieur *Dugazon*, mettant la main modestement sur son cœur, a désigné qu'il partoit de-là... & des applaudissements sans fin.

9 *Mars*. On estime que M. Blanchard a été dans son ascension porté à environ 2,000 toises ; d'après ce calcul c'est, de tous les aérostats, le sien qui s'est élevé le plus haut. C'est à cette grande élévation que les jaloux de ce méchanicien attribuent la variété de sa marche en sens contraire ; ils prétendent qu'il ne faut nullement l'attribuer à son art, mais à la diversité des courants d'air qu'il a rencontrés, dont il a été obligé de suivre malgré lui la direction. De-là les quatre mauvais vers suivants, pour l'intelligence desquels il faut savoir aussi que sur la banderole de sa machine étoit cette devise, tirée de Virgile : *Sic itur ad astra.*

Au champ de Mars il s'enrôla,
Au champ voisin il resta-là,
Beaucoup d'argent il ramassa,
Messieurs, *sic itur ad astra.*

10 *Mars.* Les comédiens françois ont à l'ordinaire égayé le public durant le carnaval par des farces ; entr'autres par *dom Japhet d'Armenie*, dont ils ont prolongé les représentations dans le carême. On a été surpris de voir que le sieur

Préville dans son rôle ait supprimé le monologue où ce vers-ci fait le refrein : *Nettoyez-vous mes dents, l'amour vous y convie.* Ce morceau sans doute étoit le meilleur de l'ouvrage, comme le plus ridicule. On attribue la suppression à une coquetterie de cet acteur qui n'a plus de dents. Il faut pour bien jouer ce monologue, le cure dent à la main, étaler long-temps aux yeux des spectateurs un superbe râtelier.

10 *Mars.* Après de longues plaidoiries dans l'affaire de Mad. la marquise de *Valory*, contre M. *Courtin*, où un jeune avocat nommé *Duveyrier*, éleve de Me. *Gerbier*, a parfaitement soutenu la premiere, tandis que Me. *Target* défendoit son confrere, il est intervenu vendredi dernier cinq mars un arrêt tout entier en faveur de Me: *Courtin* ; il condamne sa partie adverse en 300 liv. de dommages-intéréts envers lui ; il en supprime les mémoires comme injurieux, calomnieux, &c. & ordonne que l'arrêt sera affiché aux dépens de la marquise.

L'ordre en général a été très-satisfait de cet arrêt, en ce que, sur-tout depuis la consultation de Me. *Mault* &c & ses lettres, l'affaire étoit devenue en quelque sorte personnelle à tous les membres.

10 *Mars.* M. le baron de *Tschoudy*, ministre du prince de Liege, vient de mourir ; c'étoit un métromane, auteur de quelques opéra mauvais, entr'autres d'*Echo & Narcisse*. Il s'étoit comporté noblement dans le temps des tracasseries avec le corps diplomatique concernant les jeux publics, &, quoique peu riche, s'étoit refusé aux profits considérables que lui avoient offerts les banquiers. M. *Tschoudy*, avoit composé d'autres ouvrages,

de littérature & savants, propres à lui faire plus d'honneur que ses poëmes lyriques.

11 Mars. Les comédiens italiens ont joué avant-hier une comédie nouvelle en cinq actes & en prose, ayant pour titre *Ariste, ou les Ecueils de l'éducation*. A l'amphithéâtre, pendant qu'on jouoit la piece, un quidam avoit un manuscrit à la main & le suivoit, prétendant qu'on l'avoit volé. En tout cas, le larcin est peu de chose, & chacun fera bien de garder l'anonyme.

11 Mars. Les sarcasmes continuent contre monsieur de *la Harpe*. On dit que dans sa piece il n'y a qu'un bon acte, c'est l'acte de charité.

On dit que les comédiens françois font les avares, qui donnent leurs mauvaises pieces aux pauvres. On attribue cette derniere méchanceté à MM. de *Rulhieres* & de *Champfort*, & voici la réponse de M. de *la Harpe* :

Vous connoissez *Champfort*, ce maigre & bel esprit,
 Et ce pesant *Rulhieres*, à face rebondie ;
  Tous deux sont pleins de jalousie ;
  Mais l'un en meurt & l'autre en vit.

11 Mars Par un arrêt du conseil du 9 mars, sur le compte rendu au roi que les bateaux de bois commençoient d'arriver par la riviere, sa majesté s'est hâtée de supprimer le droit d'augmentation des 6 liv.

11 Mars. La mort de son amant tué par son mari, n'ayant pas ramené Mad. la marquise de *Seignelay*, elle a au contraire demandé sa séparation en justice : la cause a été plaidée avec un grand appareil, & jugée le 2 de ce mois en

préfence de beaucoup de gens de la cour & de tous les Bethune, dont elle porte le nom. Elle a été déboutée de fa demande, & fera obligée d'aller vivre dans fes terres & de s'y enterrer avec fon mari.

11 *Mars.* M. le comte d'*Artois* eft parti dimanche après vêpres pour un voyage fecret dont il avoit fait part au roi feul : il n'avoit que deux ou trois perfonnes à fa fuite. Il s'eft rendu *incognito* à la Trappe ; il y a paffé un jour franc & couché deux nuits. Il eft parti fans être connu de ces bons religieux ; il a ainfi fatisfait à fon aife tous les mouvements de fa curiofité. Il n'a point été mécontent de fa nourriture ; mais il a trouvé les lits un peu durs. Il eft revenu le mardi à Verfailles.

12 *Mars.* Le premier & le fecond acte du *Jaloux* ont été fort applaudis hier, où cette comédie a été jouée pour la première fois : malheureufement il s'eft trouvé des longueurs à la fin du fecond, qui ont influé fur l'arrivée d'une amazone, perfonnage effentiel, puifqu'il eft la cheville ouvriere de la piece. Le public n'en a pas fenti d'abord la néceffité, & les ennemis de l'auteur s'en font prévalus pour jeter de la défaveur fur le troifieme acte, dont tout le commencement a été troublé par des clameurs indécentes, par des éclats de rire ironiques : le tumulte croiffant de la façon la plus fcandaleufe, le fieur *Molé*, qui faifoit le rôle du jaloux, étant en fcene, & ne pouvant fe faire entendre, s'eft avancé fur le bord du théâtre & a dit : « Meffieurs, nous ordonnez-vous de nous retirer ? » La cabale n'a ofé fe porter à cet excès, & tous les honnêtes gens ont crié au contraire, *continuez.* « Cela étant, a repris l'acteur, nous

allons redoubler d'efforts & de zele. » Ce coup de tête a relevé la piece : & en totalité elle a plus été applaudie que beaucoup d'autres qui ont réussi complétement.

Le caractere du *Jaloux* est fort bien soutenu, & quoique traité souvent sur la scene il est d'un genre neuf & présente des nuances très-piquantes. L'intrigue qui manqueroit de vraisemblance dans tout autre cas, est ici d'une vérité théâtrale suffisante, puisqu'elle naît du caractere même du Jaloux & tient à son essence. D'ailleurs tous les autres personnages semblent d'accord pour l'entretenir dans sa passion & en réaliser les lubies. Une méridienne, excellente dans les pays méridionaux, mais qui n'est point dans le régime d'une jeune & jolie femme en France, est ce qui a le plus choqué & commencé la déroute du troisieme acte, quoiqu'il en résulte une scene vraiment originale & des saillies du meilleur comique qu'on n'a pas senties. Du reste, il y a quelques défauts, & dans le dialogue de mauvaises plaisanteries qui ont déplu, mais qu'il est aisé de supprimer.

12 *Mars*. Mercredi dernier il a été lu à l'académie des sciences l'extrait d'une lettre de M. l'évêque d'Ypres, en date du 5 mars 1784, à M. son frere le président à Bruxelles.

« Il vient d'arriver à Warneton un ballon de grandeur médiocre, proprement travaillé, d'une forme ovale & oblongue, avec une inscription en anglois & en françois, qui marque l'endroit, dans le comté de Kent, d'où il est parti, ainsi que le jour & l'heure de son départ, & par laquelle on prie celui qui le trouvera, d'en vouloir donner la nouvelle au physicien anglois qui l'a fait, & dont le nom est signé dans l'inscription. »

Il en résulte que ce billon n'a employé que quatre heures pour être transporté dudit comté de Kent à Warneton, terre appartenante à madame la comtesse de Lauraguais, & c'est le premier qui ait passé la mer dont on ait connoissance.

22 *Mars*. C'est le deux de mois qu'il a été présenté aux chambres assemblées des lettres en commandement, portant extinction du fait & de la procédure dans l'affaire du sieur de *Sainte-Foy* : les bonnes gens du parlement étoient déjà d'avis d'enrégistrer purement & simplement ; d'autres vouloient que l'impétrant fût tenu de se représenter & de faire purger son décret, lorsque quelqu'un objecta qu'il n'y avoit point d'impétrant, que le roi parloit *proprio motu*, & que c'étoit à sa majesté même qu'il falloit s'adresser. Sur quoi l'assemblée remise au vendredi.

Le vendredi cinq il a été dit que ces lettres d'extinction étoient fort rares ; qu'il n'y en avoit d'exemple que pour *Gaston de France* & deux femmes de la plus haute qualité ; que d'ailleurs elles étoient abolies par la nouvelle ordonnance criminelle ; que le sieur de *Sainte-Foy* n'étoit point dans le cas de mériter une pareille exception. En conséquence arrêté que sa majesté seroit suppliée de retirer ses lettres en commandement, & d'ordonner que le sieur de *Sainte-Foy* seroit tenu de prendre les voies ordinaires pour éprouver la clémence de sa majesté, s'il y avoit lieu.

12 *Mars*. Malgré les défenses faites aux imprimeurs & colporteurs d'imprimer & colporter aucun mémoire dans l'affaire des accusés au conseil de guerre de l'Orient, ils percent dans la province de Bretagne.

12 *Mars.* M. le chevalier de *Treſſan de Mont-bazin*, ayant eu une diſpute à l'opéra avec M. *Duſſon*, autre jeune militaire, ils ſe ſont battus, & le premier a été tué. Comme le ſecond avoit abſolument tort, on aſſure que le roi veut que le vainqueur ſoit arrêté & puni.

13 *Mars.* Etat de la recette des différents ſpectacles pour les pauvres :

Comédie italienne. 9162 l.	} 31172 l. 12 ſ. 6 d.	
L'opéra........ 11567 10 ſ.		
Comédie françoiſ. 10443 2 6 d.		
Variét. amuſant.. 2248 18 6	} 5518 17 3	
Grands danſ. du roi 1219 2 9		
Ambigu comique. 936		
Le Wauxhall... 824 14		
Spectacle des aſſoc. 227 2		
Curtius......... 63		

36691 l. 9 ſ. 9 d.

On ne comprend point là-dedans le ſieur *Pinetti*, qui a donné l'exemple & depuis a joué trois fois au profit des priſonniers détenus pour mois de nourrice. Il a fait ſans doute l'application lui-même de ces recettes.

13 *Mars. Anecdote du dix-huitieme ſiecle, deux volumes.* Sous ce titre vague qui embraſſe tout le ſiecle, on croiroit trouver même des choſes relatives à la fin du regne de *Louis XIV.* On eſt fort ſurpris de n'y voir qu'un extrait des *Mémoires Secrets*, &c. qui n'embraſſent guere qu'un eſpace

de vingt ans. Les compilateurs vraisemblablement n'ont voulu recueillir que les bons mots, épigrammes, vers, historiettes qu'ils ont cru les plus propres à amuser les lecteurs frivoles & oisifs, & en cela ils ont réussi : car cette collection est d'un grand débit & doit leur rendre beaucoup d'argent. Nous en avons déjà parlé ailleurs plus au long.

14 *Mars.* M. *Rochon de Chabannes*, modeste comme le sont d'ordinaire les gens de mérite, respectant le jugement du public, ou qu'il vouloit bien regarder comme tel, malgré le conseil de ses amis les plus connoisseurs, étoit décidé à retirer la piece ; il l'avoit même retirée & ne s'est rendu qu'aux instances, au zele des comédiens députés vers lui pour l'engager à subir une seconde représentation, & il n'a point eu lieu de s'en repentir. Elle a été aux nues, au moyen d'une suppression de 150 vers environ, dans lesquels se trouvoient des galanteries du vieux style, telles qu'un bouquet de roses éparpillées sur la dormeuse, & fadeurs catalienes que le *Jaloux* débitoit à ce sujet. Le *Tâtez-y* du valet, les deux plaisanteries aérostatiques & les autres d'un genre trop libre, ont aussi été ôtées. La comédie a été entendue d'un bout à l'autre avec intérêt & avec plaisir. La scene du combat a couronné le succès. L'auteur a eu l'art d'y jeter un sel comique qu'il étoit difficile d'y placer. Il a supprimé encore quelques longueurs en cet endroit. Toutes les parties du dialogue y sont justes, courtes & convenables aux personnages & à la situation. L'intérêt du rôle principal y est conservé jusques après le départ du *Jaloux*, les

rôles des deux femmes bien dessinés & soutenus également jusques à la fin.

La Demoiselle *Raucourt* fait le rôle de l'*Amazone*, qui ensuite est en capitaine de dragons: elle est parfaitement en homme & brille dans ce rôle; mais le sieur *Molé* excelle sur-tout & a une prédilection pour la piece qui ne contribue pas peu à l'exciter; on voit qu'il joue de cœur.

On a demandé l'auteur à grands cris pendant plus d'un quart-d'heure, après quoi le valet (qui, comme la soubrette, n'a pas le style convenable à son état) est venu dire très-gauchement au public, *que l'auteur étoit parti depuis dix minutes*; ce mensonge mal-adroit a révolté les spectateurs qui ont crié, *il faut le ramener*.

Les comédiens ont cru ou fait semblant de croire qu'on avoit demandé le sieur *Molé*: on l'a conduit par la main au coin du fond du théâtre, où il a fait de grandes révérences en habit de ville ordinaire. La petite piece n'a pu commencer sans qu'on ait encore crié, *l'auteur*.

Tout étoit assez plein, excepté aux premieres loges; il y avoit grande & bonne compagnie, plusieurs princes du sang.

La prévention donnée contre l'ouvrage par les journalistes va tomber, & sûrement elle sera nulle à la troisieme représentation; trop d'embonpoint avoit empêché le *Jaloux* d'aller; dégagé de son superflu, il ne peut que se pousser loin. Les paris sont toujours pour quinze représentations.

14 *Mars*. Voici les couplets sur les derniers juges du comte de *Lally*. On les attribue ici au comte de *Tollendal*, & il n'est guere que lui assez inté-

ressé à l'affaire pour avoir eu le courage & la patience de composer une longue diatribe & aussi circonstanciée.

Air : *Changez-nous cette tête.*

Le sénat se rassemble,
Toute la ville tremble
De voir s'unir ensemble
Les juges de *Lally* ;
Il n'est que leur folie
D'égale à leur furie,
Et chacun s'écrie,
Le cœur tout transi,
Changez-nous ces dix têtes,
Têtes, têtes, têtes, têtes,
Changez-nous ces dix têtes,
Ou nous sortons d'ici.

D'une vertu stérile,
D'une raison débile,
D'un esprit imbécile
Saint Seine a le renom ;
D'homme il n'a que la mine,
Le Bevi le domine ;
De cette machine
C'est le Vaucanson :
Changez-moi cette tête, &c.
Tête de triste oison.

Discoureur sans science
Et dévot sans croyance

Bevi n'a de puissance
Que pour la fausseté ;
C'est le feu sous la glace,
Sa douceur vous menace,
Et dès qu'il embrasse
On est étouffé :
Changez-moi cette tête, &c.
Tête de forcené.

Le *Jaunon* se travaille,
Et ne dit rien qui vaille,
Son esprit vaut sa taille,
Sans talon, sans toupet ;
Hardi par ignorance,
Cruel par insolence,
A sa présidence
Tout sert de hochet :
Changez-moi cette tête, &c.
D'impudent marmouset.

D'une éclatante hermine
Couvrant sa laide échine
Mirmicault imagine
Se cacher tout entier ;
Martin bâton qui veille,
Dérange la merveille
Et saisit l'oreille
Perçant le mortier :
Changez-moi cette tête, &c.
D'un âne maltôtier.

Le Sauveur de la terre
Etoit sur le calvaire
Maudit par maint *Vercbuire*,
Et par maint *Lornechet* ;
Il fit cette priere,
Pardonnez-leur mon pere,
Car on ne fait guere
Ici ce qu'on fait :
Changez-moi ces deux têtes, &c.
D'ours & de perroquet.

Le *Marlieu* sans cervelle
Va d'un pied qui chancelle
Du temple à la ruelle,
Et dévot & paillard
Il bat sa Penelope,
Mais son œil de Cyclope
S'ouvre avec égard :
Changez-moi cette tête, &c.
Tête de vieux cafard.

D'une sourde mémoire
Et de sa robe noire
Le Torci fait sa gloire,
Et va toujours parlant :
Né sans délicatesse,
Sans esprit sans justesse,
Dans sa petitesse
Il se croit grand :
Changez-moi cette tête, &c.
Tête de sot pédant.

Le *Darceau* se présente,
Sa bouche est écumante,
Il a la main sanglante,
Et des grelots au cou.
Vite de l'ellebore,
L'accès est près d'éclore :
Mais il est encore
Plus méchant que fou :
Changez-moi cette tête, &c.
De tigre sapajou.

Dans le Romain empire
Un César en délire
Pour consul fit élire
Un beau cheval fringant ;
Un bœuf parlementaire
Du cheval consulaire
Dans *Balon* va faire
Le digne pendant :
Changez-moi cette tête, &c.
D'animal ruminant.

Ce jeune homme est précoce ;
A vingt-sept ans féroce,
Soumis quand on le rosse,
Perfide à ses amis.
Aussi comment prétendre
Que la colombe tendre
Du vautour s'engendre ;
La Loge est son fils :
Changez-moi cette tête, &c.
Ou qu'on la mette à prix,

Dans ces antres sauvages
Il est pourtant trois sages,
Objets de nos hommages ;
Ne soyons pas ingrats,
La vertu magnanime
Défendant la victime
Confondra du crime
Les honteux éclats :
Laissez-nous ces trois têtes,
Têtes, têtes, têtes, têtes,
Laissez-nous ces trois têtes
De dignes magistrats.

Gautier du premier âge
Nous retrace l'image :
Rochefort, ton courage
Egale ta candeur :
Thoré le renouvelle,
Sur ce digne modele
La Goute fidele
A formé son cœur :
Conservez ces trois têtes,
Ciel ! pour notre bonheur !

14 *Mars.* Le bruit avoit bien couru que dom *Pech*, le religieux bénédictin qui devoit s'embarquer avec M. Blanchard, avoit reçu défenses de le faire de ses supérieurs ; mais comme il a réalisé l'annonce, que rien n'a démentie en se montrant au champ de Mars & montant en effet un instant dans la gondole, on a cru que c'étoit un conte, ou du moins qu'il avoit obtenu une permission.

On sait aujourd'hui à n'en pas douter, que sur le lieu même il s'étoit trouvé le matin un exempt de police, qui l'avoit ramené dans son couvent, & que ce n'étoit qu'en trompant ses supérieurs, qu'échappé une seconde fois, il étoit revenu au champ de Mars. Son zele trop outré pour les machines aérostatiques a été puni de l'exil; ce qui prouve encore mieux la vérité de la rumeur.

Ce sera un M. *Assier Périca*, très-célebre constructeur d'instruments de physique expérimentale & ingénieur breveté du roi, qui remplacera dom *Pech* dans la premiere ascension du sieur Blanchard, vers le commencement de mai.

15 *Mars*. On a oublié de rapporter une circonstance essentielle de la premiere représentation du *Jaloux*. La piece avoit fini très-tranquillement. Long-temps après de mauvais plaisants du parterre s'aviserent de demander l'auteur; cela réveilla le zele des partisans du sieur *Molé*, qui l'appellerent à grands cris: il étoit en ce moment à s'habiller, il pria le sieur *Dessart*, son camarade, de venir faire ses excuses au public, & dire qu'il se rendroit à ses ordres dès qu'il seroit en état décent. Après ce compliment le comédien ajouta, *quant à l'auteur, il n'a point envie de se montrer*. Cette bêtise provenue de son cru fut huée complétement, & sans l'indulgence de M. *Rochon*, elle auroit mérité une punition sévere.

15 *Mars*. Le 4 mars l'académie françoise a adjugé le legs de M. de *Valbelle*, pour l'encouragement des lettres, à M. de *Chabrit*, conseiller au conseil souverain de Bouillon, avocat au parlement de Paris & auteur de l'ouvrage intitulé: *de la Monarchie françoise ou de ses Loix*; & le prix

fondé par un anonyme, pour l'ouvrage le plus utile qui auroit paru dans l'année, à M. Berquin, auteur de l'ouvrage périodique intitulé : l'*Ami des Enfants*.

19 *Mars*. On a joué hier à l'opéra pour la capitation des acteurs, *Iphigénie en Aulide* & la premiere représentation de *Délie & Tibulle*, acte tiré des fêtes Grecques & Romaines, que mademoiselle Beaumesnil a remis en musique. On en avoit donné les prémices à la cour qui en avoit été contente; cette bagatelle est peu susceptible d'un grand talent. Il n'y a qu'une scene en quelque sorte; il y faut de la finesse, de la grace, du sentiment; c'est ce qu'on y trouve, sur-tout dans le rôle de *Délie* : quant à celui de *Tibulle*, il ne répond nullement à l'idée de ce poëte aimable & séduisant. Quoi qu'il en soit, on a fort applaudi à l'opuscule de l'actrice émérite, & il lui feroit honneur, s'il étoit véritablement d'elle.

16 *Mars*. La durée excessive du froid, l'abondance des neiges & le débordement des rivieres ont occasionné dans le royaume des maux infinis, dont il a été rendu compte en détail au gouvernement. Plusieurs villages ont été submergés, un grand nombre de maisons & de ponts ont été emportés par les eaux, les routes publiques sont dégradées en plus d'une province; par-tout la classe la plus indigente, la plus utile a beaucoup souffert, & malgré les secours distribués de toutes parts, la misere est grande dans les campagnes.

En conséquence S. M. a d'abord accordé en *moins imposé* & en travaux de charité, une somme de trois millions pour cette année; elle destine trois autres millions à répartir en distributions de secours dans les campagnes, sur-tout à employer en achat de denrées de premiere nécessité, en remplacement de bestiaux ou effets nécessaires à la culture & contribution au remplacement d'habitations. Il sera en outre ajouté un million aux fonds ordinaires des ponts & chaussées pour servir aux travaux de ce département.

Comme toutes ces dépenses extraordinaires ne peuvent se tirer dans ce moment-ci du tresor royal sans déranger les dispositions arrêtées pour satisfaire à toutes les dépenses & engagements, il a été décidé au conseil qu'elles seroient remplacées, 1°. par les retranchements ordonnés sur les dépenses extraordinaires de la maison du roi ; 2°. par les réductions faites sur les fonds des bâtiments ; 3°. par les économies proposées dans le département de la guerre ; 4°. par le produit de l'extinction des pensions de graces, desquelles il ne sera fait aucun don dans nul département, pendant l'espace d'une année ; 5°. par la retenue d'un vingtieme, payable une fois seulement, sur les pensions au-dessus de 10,000 liv. & sur les taxations, traitements ou attributions des places de finance, dont les bénéfices excedent pareille somme.

Tout cela s'est décidé dans un conseil du 14 mars, & il paroît en conséquence un arrêt conforme.

16 *Mars.* Le margrave régnant de Bade-Dourlach-Bade ayant aboli la servitude dans ses états & remis quelques impôts relatifs, ses sujets lui en ont fait des remerciements. Sa réponse est datée de *Carlsrouhe*, le 19 septembre 1783. Elle est imprimée & se répand ici par la voie des économistes, dont ce souverain paroît avoir absolu-

m°nt adopté le catéchisme & professer la doctrine. Cette piece est fort singuliere par la philosophie qui y regne, & par l'esprit de sagesse, d'humanité, d'égalité qui l'a dictée. Il y a grande apparence qu'elle est traduite de l'allemand.

17 Mars. Il est certain que malgré les défenses faites aux imprimeurs & colporteurs de Bretagne de rien imprimer ou distribuer dans l'affaire du conseil de guerre de l'Orient, il y a paru plusieurs piéces de cette espece imprimées: des Bretons ont rapporté ici entr'autres un recueil composé des trois plus importantes: 1°. le mémoire du comte de *Grasse*, dont on a parlé dans l'origine qu'il ne lui étoit pas permis de communiquer à personne, mais qu'il pouvoit lire à qui bon lui sembloit. Ce mémoire se trouve, ainsi qu'on l'a rapporté encore, enrichi de plusieurs cartes qui développent les diverses positions de l'armée navale, & servent à prouver que le général a été non-seulement mal défendu, mais abandonné ; que l'avant-garde n'ayant pas exécuté l'évolution ordonnée, s'étoit laissé couper ; que M. de *Vaudreuil* qui la commandoit, avoit ensuite fait tout ce qui dépendoit de lui pour le bien battre ; mais que M. de *Bougainville*, commandant l'arriere-garde, faute d'avoir répondu au signal, avoit empêché que la journée du 12 avril, si fatale aux François, ne fût la ruine totale de l'Angleterre.

2°. Les observations du marquis de *Vaudreuil* sur ce mémoire, observations que le comte de *Grasse* lui reproche malgré la confiance qu'il avoit eue, après lui avoir donné à plusieurs reprises communication de son mémoire, de le lui laisser, d'avoir tenu secretes pour lui seul ; en sorte qu'il ne les a lues que dans une copie qu'il en a reçue de ce port, où il a appris qu'elles étoient publiques. Au surplus, dans ces observations M. de *Vaudreuil* excuse tout le monde, excepté M. *Albert de Rioms*, le chef de file de sa division, qu'il inculpe de n'avoir pas répété les signaux du général.

3°. La réponse de M. de *Grasse* à ces observations, où il oppose à M. de *Vaudreuil* ses propres lettres d'un langage bien différent, une sur-tout, où il inculpe M. de *Bougainville* & le peint comme un mauvais manœuvrier. Par cette conduite adroite & par ces pièces produites à propos, & qu'il a offert de déposer au conseil, M. de *Grasse* cherche à semer la division parmi ses adversaires.

17 *Mars*. Il passe pour certain que M. le duc de *Chartres* fait une très grande réforme dans sa maison; qu'il a vendu à la reine & à M. le comte d'*Artois* ses équipages de chasse pour la grosse bête, ses chiens à M. le prince de *Conti*; qu'il ne conserve que trente chevaux en tout, pour lui, pour Mad. la duchesse & pour ses enfants; enfin qu'il a réglé sa table sur le pied d'un simple particulier.

18 *Mars*. Les comédiens italiens annoncent pour demain *Théodore & Paulin*, comédie nouvelle en trois actes & en vers, mêlée d'ariettes. Les paroles sont du sieur *Desforges*, & la musique du sieur *Gretry*. Cette comédie jouée à la cour a fort ennuyé la reine, & n'a eu aucun succès.

18 *Mars*. Les petites affiches de la cour ne sont pas aussi plaisantes qu'on les avoit annoncées; elles ne sont guere que méchantes; cependant comme c'est l'anecdote du jour, & que leur briéveté permet de les rapporter, les voici:

Affiches, Annonces & Avis, ou *Journal-général de la cour*.

Regis ad exemplum totus componitur orbis.

Du dimanche 13 février 1784.

PROSPECTUS.

La feuille connue vulgairement sous le nom de *petites Affiches* a fait naître l'idée de celle-ci, qui sembloit manquer à la nation. En effet, la cour n'aime pas à avoir rien de commun avec la ville; elle n'a pourtant pas moins besoin d'un point de réunion, d'un dépôt de ses demandes, de ses questions, de ses fantaisies, d'un centre enfin de communication & de correspondance. Beaucoup de seigneurs & de femmes de qualité pourroient répugner à voir leurs articles confondus avec ceux de la bourgeoisie; c'est ce qui a déterminé le rédacteur à leur consacrer uniquement ses veilles. Il n'a pas sans doute le sarcasme à la main, comme l'abbé *Aubert*; il manque de ce fond de méchanceté inépuisable qui le distingue: mais il se pique d'avoir la même prudence, de ne dire jamais de mal de ceux dont il a à craindre ou espérer quelque chose; & comme la cour est la source des graces, des pensions & des récompenses, le modele des vertus & des perfections, qu'il n'aura qu'à louer, il espere réussir en ce genre autant que le rédacteur des petites affiches.

On ne recevra d'articles que signés au moins d'un chevalier de *Saint-Louis*.

Bien seigneuriaux à vendre.

1°. On continue la vente de toutes les terres, seigneuries & châteaux du prince de *Guiméné*. Le mobilier est presque entièrement fondu, & l'on recevra un à compte incessamment. Chaque créancier aura sur 100 liv. un écu; sur quoi à payer 1 liv. 10 sous pour la quittance, & 3 liv. pour le certificat de vie, seulement attendu que le tout se fait sans frais.

2°. Les biens du marquis de Brancas ne tarderont pas à être vendus; il annonce qu'il se dispose à faire une banqueroute la plus considérable qu'il pourra; mais à tout seigneur tout honneur; elle n'approchera pas de celle du prince de *Guiméné*.

Maisons à vendre, ou Appartements à louer.

1°. La plus grande partie du pourtour des nouveaux bâtiments du Palais-Royal, à louer.

On avertit qu'on n'y recevra que des filles, des brocanteurs, des libertins, des intrigants, des escrocs, des faiseurs de projets, des chefs de musée, de lycée, des inventeurs de ballons, des fabricants de gaz inflammable, comme plus en état de s'y plaire & de bien payer.

S'adresser à M. l'abbé *Baudeau*, qui examinera les sujets, ou en son absence à son secrétaire, le sieur de *la Grange*.

2°. Jolie petite maison à vendre à l'entrée de Chaillot par la grille, non encore finie. Elle coûte 100 mille écus, & on la donnera pour mille louis

S'adresser au valet-de-chambre du fils de M. le duc d'*Harcourt*.

On prévient que ceux qui voudront l'habiter ne doivent pas avoir plus de cinq pieds de haut.

Meubles à vendre ou à louer.

1°. Un beau lit de noces à vendre, tout neuf, & de la plus grande magnificence. Il étoit destiné à recevoir un prince souverain.

On le voir chez Mad. la princesse de *Nassau-Saarbruck*.

S'adresser pour en savoir le prix, Chaussée-d'Antin, à M. *Daudé de Jossan*, qui l'a fait faire & le fera voir.

2°. Les habits de théâtre à louer des demoiselles *Vestris* & *Sainval*, attendu qu'elles ne veulent pas jouer que leur différend ne soit ajusté. Cela pourra être long.

S'adresser pour le savoir à MM. les gentils-hommes de la chambre.

Office à vendre.

L'office d'espion de M. le controleur-général dans le parlement est vacant. L'abbé *Sabbatier de Cabre*, le titulaire, ayant été démasqué ne peut plus l'exercer utilement ; il voudroit s'en défaire.

Effets perdus ou trouvés.

1°. M. le comte de *Gamaché* offre une forte récompense à ceux qui lui rendront son honneur, perdu depuis son procès avec le comte de *Maldéré*

2°. M. le comte de *Grasse* en offre autant à l'avocat qui aura le talent de le blanchir dans l'esprit du public.

3°. M. le prince de *Ligne*, qui s'est cassé une dent dans sa chûte en tombant du ballon de Lyon, le 19 janvier dernier, paiera grassement ceux qui lui en rapporteront les morceaux.

Annonces particulieres.

M. le comte d'*Aranda* ayant trouvé sa femme morte en Espagne, & se disposant à se remarier avec sa niece ; Mlle. *Flir*, sa maîtresse sera vacante. C'est une jeune & jolie personne qui a des dispositions à devenir hommasse comme les Allemandes, mais fraîche quant à présent ; c'est une rose, qui d'ailleurs a des talents.

On prévient qu'elle est accoutumée à manger 100 mille francs par an.

Quoique Mlle. de *Coulanges*, fille se disant de condition, soit parfaitement entretenue par le prince de *Bauffremont*, cependant comme elle a des besoins que ce vieux seigneur ne peut satisfaire, elle avertit le public qu'elle continue de recevoir tout le monde, depuis le prince du sang jusqu'au moindre commis, pourvu qu'il paye & soit discret. Elle n'est même pas chere, & s'est contentée de dix louis de M. le duc de *Bourbon*.

Un des abonnés du docteur *Mesmer*, pour faire sous lui un cours de magnétisme animal, voudroit bien trouver quelqu'un qui lui rendît ses cent louis & prît sa place, attendu que cette étude est trop longue, & qu'il n'a pas le temps de la suivre. Du reste, on peut s'adresser au marquis de *Chatellux*, qui certifiera combien la découverte est sûre & excellente.

Mad. la duchesse de *Villeroy* auroit besoin d'une demoiselle de compagnie qui fût jeune, jolie, dans l'intention de ne point se marier, & d'une vertu éprouvée au point d'avoir résisté quelquefois à des hommes. Si Mad. la duchesse étoit pourvue, Mad. la marquise de *Senecterre* pourroit s'en accommoder.

On voudroit présenter à la cour Mad. la comtesse de *Linieres*; mais, comme il y a quelque petit vice d'origine, on prie celles qui, dans le même cas, ont vaincu ces obstacles, de vouloir bien indiquer la maniere dont elles s'y sont prises, à madame d'*Etioles* sa mere, qui désire plus que sa fille qu'elle ait cet honneur. On avertit que le cas est grave, puisque Mlle. *Rem* (c'est le nom qu'elle portoit avant d'être Mad. d'*Etioles*) a dansé pendant quelque temps à l'opéra.

M. l'évêque d'Autun désireroit savoir quel est l'auteur du pamphlet intitulé, *Lettres sur l'état actuel de la religion & du clergé de France*. Il promet un bon bénéfice à l'honnête ecclésiastique dont il tiendra là-dessus des renseignements sûrs.

Chirurgie.

La société royale de médecine prévient le public qu'un certain charlatan nommé *Loche*, s'avise de guérir toutes les maladies & accidents des yeux, principalement les fistules lacrymales & autres maladies d'humeur, avec une eau qu'il prétend avoir découverte, & avec laquelle l'on se passe du régime, d'opération, de cautere, de vésicatoires, de seton. Elle ne peut pas dire positivement que cette eau soit nuisible, parce que les chymistes n'ont pu la décomposer, & qu'aucun malade, quelque recherche qu'elle ait faite, ne s'est plaint du mal que lui ait causé cette eau. Mais sûrement elle ne vaut rien, dès que son auteur ne s'est pas soumis à l'examen de la société & sur-tout au tribut qui lui est dû. En conséquence elle doit prévenir le public de se méfier de cette eau, de ne pas croire aux miracles qu'on en dit, & principalement de se garder d'en user, sinon ce sera à ses risques & périls. En foi de quoi elle a rendu la présente déclaration au Louvre, ce vendredi 13 février 1784.

(*Signé*) VICQ D'AZIR, secrétaire perpétuel.

AVIS DIVERS.

Vers à une jeune dame de la cour, à qui l'on a envoyé le jour de l'an pour étrennes des tablettes. En les ouvrant, elle y a lu le quatrain suivant:

> Heureux qui sur ces tablettes
> Par vous inscrit se verra :
> Sur les siennes moins discrettes
> Plus heureux qui vous mettra.

On attribue ce joli madrigal à M. le vicomte de *Choiseul.*

Généalogie de la maison de Montesquiou Fezensac, composée par M. le marquis de *Montesquiou* lui-même. Il y prouve que sa maison est plus ancienne que celle de *Bourbon*, puisqu'elle descend en droite ligne de *Clovis.*

Cet ouvrage se distribue *gratis* chez son suisse.

L'incarnation, chanson très-gaie & très savante

de M. le comte d'Ossun, où ce mystère est mis à la portée de tout le monde.

BULLETINS.

Monseigneur le garde-des-sceaux n'est point bien en ce moment, tant au physique qu'au moral. Il est venu s'établir à Versailles pour se faire traiter en regle, & n'en désemparera que mort ou vif. Au reste on n'en désespere pas. Ces petites santés, avec du régime vont loin quelquefois.

M. le cardinal de *Rohan*, grand-aumônier, est toujours languissant du coup mortel que lui a porté le Parlement; mais, comme il est encore jeune & vigoureux, il peut traîner long-temps.

SPECTACLES.

L'on jouera demain sur le théâtre du petit Trianon *l'Amitié sur le trône*, drame nouveau en cinq actes & en prose, de M. le comte de *Linieres*.

La Reine y fera le principal rôle.

On donnera pour petite piece les *On dit*, opéra comique nouveau de Boufflers, commandé par sa majesté.

La troupe de Mad. de *Montesson* jouera le mercredi à Paris, Chaussée-d'Antin, *le Prince spéculateur en finances*, comédie satirique postume, trouvée dans les papiers de M. le marquis de *Voyer*. On ne sait s'il est auteur de la piece, ou s'il l'avoit seulement fait composer pour être représentée dans son château des Ormes.

On donnera pour petite piece *le Prince dupe*, par M. *Louis*, de l'académie royale d'architecture.

On représentera sur le théâtre de Chantilly le

jeudi 19 février, *le Duel*, drame où M. le prince de *Condé* joue le principal rôle avec beaucoup de dignité, & pour petite piece, *le Mauvais Ménage*, attribuée à M. le marquis d'*Amézague*.

19 *Mars*. Le bruit court depuis quelques jours que M. de *Noiseau*, conseiller au parlement, le fils du président d'*Ormesson*, a trouvé sa femme en flagrant délit, & qu'il l'a fait enfermer par lettre de cachet dans un couvent.

19 *Mars*. Depuis qu'il est question de beaucoup de canaux, M. l'*Allemant*, employé déjà utilement en Corse à des travaux analogues, a présenté un projet au gouvernement, suivant lequel en créant six administrateurs généraux de la navigation intérieure du royaume, qui auroient chacun leur département, sans des frais énormes il offroit de rendre en quelques années toutes les rivieres navigables depuis leur embouchure jusqu'à leur source, soit celles qui l'ayant été, ne le sont plus en partie, soit celles qui ne l'ont jamais été, & susceptibles de l'être cependant.

M. de *Fleury* avoit goûté ce projet, & pour essai, sur la fin de son ministere, avoit fait créer pour M. l'*Allemant* une de ces places. Il a rempli sa destination pour la premiere fois en 1783, & fini sa tournée sur la Garonne. Malgré les obstacles qu'il a rencontrés, il a procuré à ce fleuve plus de vingt lieues de plus de navigation. Il a trouvé des présidents à mortier, qui l'ont menacé de le faire décréter; de grands seigneurs, de le faire fusiller par leurs gardes-chasses; des communautés entieres, de le lapider. Comme il n'avoit pas une mission assez souveraine, il a été obligé de laisser beaucoup de choses en souffrance.

M. l'*Allemant* pour sa seconde tournée demande des pouvoirs plus amples & de réunir la qualité d'ordonnateur. Les intendants avoient bien des ordres de le seconder; mais ces messieurs n'ayant qu'une autorité auxiliaire en quelque sorte, pourroient être jaloux & mal concourir à ses vues. Il se loue beaucoup de celui du Languedoc; mais se plaint de l'intendant de Bordeaux.

20 *Mars*. Avant-hier a été jouée la comédie de *Théodore & Paulin*: le premier acte n'a point déplu; mais le second & le troisieme ont autant ennuyé la ville que la cour. Il y a quelque chose dans les rôles secondaires de valets & de paysannes qui a amusé: l'on a fait répéter une espece de romance villageoise d'un ton niais & original: c'est ce qui a été le plus applaudi dans la musique même, qui ne peut être mauvaise de la part de M. *Gretry*, mais sans caractere, sans motifs & souvent triviale par le défaut de fond.

21 *Mars*. Le manuscrit dont on a parlé il y a un an, indiscrétement communiqué par le sieur de Beaumarchais, transpire de plus en plus au moyen des copies furtives qui en ont été tirées; il a pour titre, *Mémoire pour servir à la vie de M. de Voltaire, écrit par lui-même*. Il embrasse en effet deux parties: l'une, depuis la retraite de ce poëte à Cirey auprès de Mad. la marquise *du Châtelet* en 1733, jusqu'à 1758: vers le temps qu'il avoit fixé son séjour aux Délices, il paroît qu'il interrompit ce mémoire pendant deux ans environ; car la seconde partie n'est datée aux Délices que du 6 novembre 1759.

Dans la premiere, beaucoup plus longue & plus intéressante, M. de *Voltaire* nous apprend comment, après avoir passé six ans à Cirey, il fut obligé d'aller à Bruxelles en 1740 pour un procès confidérable qu'y avoit depuis long-temps la maifon du *Châtelet*. A l'occafion de la mort du roi de Pruffe arrivée vers cette époque, il entre dans des détails fort curieux fur ce monarque & fur fon fils : il peint le premier fous les traits les plus épouvantables & les plus ridicules en même temps : il rend juftice aux grandes qualités du fecond, fans diffimuler fes défauts, & en parle d'une façon fi lefte, qu'on juge aifément que fon intention ne pouvoit être de faire imprimer fon manufcrit de fon vivant, ou même du vivant du roi de Pruffe.

Voltaire nous apprend comment FREDERIC, alors prince royal & ayant déjà le goût des lettres & de la philofophie, l'avoit recherché & étoit entré en correfpondance avec lui ; comment devenu roi, *Voltaire* vint le voir à Bruxelles, où il le trouva tremblant la fievre, dans un lit fans rideaux & entre quatre murailles ; comment ce prince le chargea de faire imprimer l'*Anti-Machiavel*, ouvrage qu'il avoit compofé avant de monter fur le trône.

Dans ce mémoire, qui eft encore plus propre à compofer la vie du roi de Pruffe que celle de *Voltaire*, l'hiftorien fuit le monarque dans fa guerre contre l'impératrice reine, où il nous apprend que ce héros croyant perdue la premiere bataille qu'il donna, étoit déjà retiré lorfqu'on vint lui annoncer fa victoire.

Après l'hiftoire rapide de cette guerre, *Voltaire* revient à lui, à fes tracafferies littéraires, aux difficultés qu'il effuya pour être de l'académie françoife, à l'exclufion que lui fit donner le théatin *Boyer*, qui prétendit qu'un poëte & un philofophe décrié comme *Voltaire*, ne pouvoit succéder au cardinal de *Fleury*, au rôle important qu'il joua ensuite de négociateur secret de la cour de France à celle de Berlin, pour faire reprendre les armes au roi de Prusse contre la reine de Hongrie. Il rend compte à cette occasion de la vie privée de ce monarque, & révele des choses faites pour demeurer dans le silence. Enfin, ayant réussi, il revient à Paris & reste sans récompense. Il impute cet oubli de la cour à Mad. de *Châteauroux*, ce qui lui donne lieu de parler contre cette maîtresse, & ensuite de Mad. de *Pompadour*, avec laquelle il étoit très-bien. Cette liaison excita l'envie des auteurs ses confreres, & pour se souftraire à leurs persécutions, il fut obligé de retourner à Cirey. Cette terre étoit voisine de Lunéville. Le roi *Stanislas* y résidoit alors; il avoit aussi la manie d'écrire en vers & en prose, ce qui lia bientôt *Voltaire* avec ce monarque: de-là une description de la cour de ce prince, qui n'étoit pas sans intrigues & sans noirceurs. *Voltaire* représente le jésuite *Menou* comme en étant l'ame; il prétend qu'il attira Mad. du *Châtelet* à Nancy dans le dessein de lui faire supplanter Mad. de *Boufflers*, la maîtresse de *Stanislas*, qui aimoit à la fois Dieu & les femmes. Cependant M. de *Saint Lambert*, qui étoit témoin oculaire de ce qui se passoit, a inféré une note dans ce manuscrit, où il venge la mémoire de *Stanislas* & l'honneur de Mad. de *Boufflers*, qu'il prétend n'avoir jamais été la maîtresse de sa majesté. Il donne sur le tout un démenti formel à *Voltaire*.

Quoi qu'en soit, *Voltaire* ayant perdu madame du *Châtelet* qui mourut à Lunéville dans ce temps-là, en trouva le séjour insupportable; il revint à Paris, où il céda peu après aux sollicitations du roi de Prusse, qui le détermina une seconde fois à retourner à Berlin, qui le combla d'honneurs & de biens, le fit son chambellan & lui donna 20,000 livres de pension. *Voltaire* ne dissimule pas, ou plutôt a l'amour-propre de croire que, quoiqu'il eût obtenu la permission du roi son maître, il lui en fut mauvais gré & ne lui pardonna jamais cet attachement étranger.

Le surplus de cette premiere partie ne contient rien de neuf; il roule uniquement sur les démêlés de *Voltaire* avec *Maupertuis*, sur la disgrace qu'il éprouva de la part du monarque son bienfaiteur & sur tout ce qui s'ensuivit; c'est-à-dire, son évasion de Berlin, sa détention à Francfort, & les différentes courses qu'il fit avant de se fixer auprès de Geneve où le docteur *Tronchin* le retint. Dans le détail qu'il fait avant de sa maniere de vivre; on aime à voir pourquoi & comment il travailloit à augmenter sa fortune au point de devenir un très-riche particulier. Du reste, il revient encore sur les événements publics, principalement en ce qui touche le roi de Prusse, &, suivant lui, la guerre de 1756 de la part de ce monarque fut occasionnée par un vers qu'il fit contre le cardinal ou plutôt contre le poëte de Bernis, où il disoit : *Evitons de Bernis la stérile abondance*. Ce ministre en fut piqué & conclut le traité de la France avec la cour de Vienne, principe de tous les malheurs qu'éprouva la premiere.

La seconde partie de ces mémoires, qui est très-courte & coupée de différentes dates, contient encore des anecdotes assez curieuses sur les événements du temps jusques vers 1760. La plus flatteuse pour *Voltaire* est celle où il prétend avoir été porteur de paroles pour la paix entre la France & la Prusse.

En comparant ces mémoires avec ceux de *Jean-Jacques Rousseau*, on voit bien que l'amour-propre a mis la plume à la main de l'un & de l'autre, mais d'une façon aussi différente que l'étoit le caractere de ces deux grands hommes.

12 *Mars*. Le *Journal Militaire* qui, recommencé à plusieurs reprise, est déjà tombé autant de fois, reparoît aujourd'hui avec un nouveau véhicule. On a imaginé d'exciter la commisération publique, & sur-tout celles des officiers & des différents corps militaires, en annonçant que le profit en seroit appliqué à l'agrandissement & aux vues patriotiques de la *Maison Royale de Santé*, établie en faveur des militaires & des ecclésiastiques malades.

Du reste, le *Prospectus* promet, suivant l'usage, les plus belles choses du monde; mais si c'est monsieur *Durosoy* qui continue d'en être le rédacteur, qu'on ne nomme point, il est bien à craindre que la forme n'entraîne le fond, c'est-à-dire, que tout abondant, tout varié, tout intéressant que soient les matériaux, ils ne soient mal employés par un écrivain d'aussi mauvais goût.

22 *Mars*. M. le duc d'*Aiguillon*, commandant des chevaux-légers de la garde du roi, mécontent de la maniere dont les affaires de la compagnie avoient été administrées sous le major précédent qui n'y entendoit rien, & sous le major actuel qui n'y entend pas davantage, a imaginé d'envoyer à l'hôtel à Versailles un homme à lui, qui prît la gestion des finances sous le titre de commissaire intérieur. Cette espece d'inspecteur adressé à l'état-

major, en a été mal vu, & ces messieurs assemblés au nombre de cinq, l'ont fait venir parmi eux, lui ont témoigné combien il leur déplaisoit, lui ont dit qu'ils le regardoient comme un espion du commandant; celui-ci s'étant excusé de son mieux, ils ont prétendu qu'il leur avoit manqué, qu'il étoit un impertinent & qu'il méritoit d'être puni. En conséquence plusieurs ont tiré l'épée, l'ont assommé de coups de plat, & lui ont ajouté que c'étoit à défaut de bâton qu'ils se servoient d'une arme aussi noble. Ensuite ils ont dressé procès-verbal du tout, & l'ont envoyé au duc d'*Aiguillon*. Celui-ci l'a adressé au comte d'*Agenois*, son fils, commandant en survivance, qui en a rendu compte au roi. Sa majesté a nommé non un conseil de guerre, mais un conseil de discipline, pour examiner l'affaire. Ce conseil, composé des officiers à hausse-col du corps & de quelques officiers étrangers, a prononcé une sentence sur laquelle on varie, mais que tout le monde convient absolument trop douce. Il s'agit tout au plus de quelques suspensions ou d'une prison très-courte envers ces officiers, dont quelques-uns chevaliers de Saint-Louis, & le moins âgé a quarante ans, coupables d'une action infâme, qui, en justice réglée, leur auroit mérité le dernier supplice.

22 *Mars*. M. *Couet Losquet*, ancien évêque de Limoges & ci-devant précepteur du roi, depuis quelque temps tombé en enfance, vient de mourir. C'étoit un fort honnête homme, peu fait pour vivre à la cour: il laisse une place vacante à l'académie françoise.

13 *Mars*. La vente des livres de M. le duc de *la Valliere*, qui se prolonge plus qu'on ne comp-

toit, offre toujours quelques singularités. La plus remarquable est le prix fou auquel a été porté dernièrement le livre intitulé *la Guirlande de Julie*, 14,510 liv. C'est un in-4° composé de vingt-neuf fleurs peintes par un certain *Robert*, & à chacune desquelles il y a des madrigaux assez médiocres de divers auteurs. Il y a en outre une espece de frontispice, où est représentée une guirlande de ces vingt-neuf fleurs, & sur le feuillet suivant, on voit un cupidon. M. l'abbé *Rives*, chargé ci-devant de la direction de la bibliotheque de M. le duc de *la-Valliere*, a donné en 1779, une notice exacte & curieuse de la *Guirlande de Julie*, laquelle n'avoit été, dit-on, achetée que 700 liv. Le marquis de *Sainte-Maure* qui fut ensuite le célebre duc de *Montausier*, avoit fait faire cette guirlande pour mademoiselle *Julie d'Angennes de Rambouillet*, qu'il épousa bientôt après.

23 *Mars*. On parle toujours du déplacement de M. le garde-des-sceaux, & il reste toujours en place. Bien des gens attribuent le retard de sa disgrace à l'espoir qu'on a que sa santé l'obligera de quitter malgré lui. Quoi qu'il en soit, il est certain qu'il n'a point désemparé de Versailles depuis quelque temps, où il a tenu constamment les sceaux pendant l'hiver, soit que sa maladie ne lui ait pas permis de revenir à Paris, soit qu'il ait voulu tenir tête aux orages qui s'élevent presque sans interruption contre lui, à la cour. On assure que c'est M. d'*Aligre* qui lui a donné cet excellent conseil.

24 *Mars*. L'anecdote dont on a parlé encore à l'occasion de l'*Ode* du roi de Prusse contre la France insérée dans les mémoires de *Voltaire*, est

très-exacte ; mais il ne rapporte de cette Ode que les deux strophes suivantes :

O nation folle & vaine !
Quoi ! sont-ce-là ces guerriers,
Sous *Luxembourg*, sous *Turenne*,
Couverts d'immortels lauriers,
Qui vrais amants de la gloire
Affrontoient pour la victoire
Les dangers & le trépas !
Je vois leur vil assemblage
Aussi vaillant au pillage
Que lâche dans les combats.

Votre foible monarque,
Jouet de la *Pompadour*,
Flétri par plus d'une marque
Des opprobres de l'amour ;
Lui qui détestant les peines
Au hasard remet les rênes
De son empire aux abois :
Cet esclave parle en maître
Et ce *Celadon*, sans l'être,
Croit dicter le sort des rois.

Voltaire ayant reçu cette ode par la poste dans un paquet de vers qu'il s'apperçut avoir été décacheté, eut peur qu'on ne lui imputât ceux-ci, ou du moins qu'on ne l'accusât de complicité, en ce qu'on n'ignoroit point qu'il corrigeoit les vers du roi de Prusse. Il fit part de son embarras & de ses craintes au résident du roi à

Geneve, & il convint avec lui d'adresser cette ode au duc de *Choiseul*, qui y fit faire la réponse.

Ce qu'il y a de singulier, c'est que ces deux odes qui sembloient devoir rendre les deux rois irréconciliables & faire dégénérer en querelles personnelles leurs querelles politiques, servirent en quelque sorte de base au traité de paix, dont *Voltaire* fut le premier agent par sa correspondance avec les deux cours.

24 *Mars.* On a des détails ultérieurs à joindre à la lettre d'Ypres sur l'aérostat dont elle parle. Il étoit parti de Sandwich près de Cantorbery, à onze heures & demie, en présence d'un nombre prodigieux de spectateurs, & est arrivé le même jour à Warneton; il s'est élevé par un vent très-fort & hors de la vue avec une rapidité étonnante; il a été construit & lancé par M. W. Boys. L'auteur écrit lui-même qu'il l'a rempli d'air inflammable, tiré du fer par l'acide vitriolique; que le ballon & les appareils, dont il a envoyé un dessin, & qui sont fort simples, ne lui ont coûté que 6 livres 16 schellings, & qu'il n'a employé pour le remplir que huit livres d'huile de vitriol & quatre livres de limaille de fer.

M. Boys charge celui qui lui en a donné la nouvelle, de donner une guinée au garçon qui l'a trouvé; il lui propose de le renvoyer en Angleterre par un vent fort, & de la même manière qu'il a passé la mer; ou s'il ne se soucie pas de le remplir, de le lui renvoyer à lui-même par la route de Calais.

Warneton est éloigné de Sandwich en ligne directe de soixante-quatorze milles & demi ordinaires

dinaires d'Angleterre, dont soixante-neuf milles & demi forment un degré d'un grand cercle, & la vraie position de Warneton, par rapport à Sandwich, est sud-est par est.

24 Mars. Depuis long-temps le cours des livres contre la religion étoit interrompu. Les matieres politiques y avoient succédé. On ne sait si le projet des écrivains philosophes est de revenir sur cet objet; mais il en paroît un qui ne laisse pas que de faire déjà du bruit. Il a pour titre: *Lettres philosophiques sur Saint Paul, sur sa doctrine politique, morale & religieuse; & sur plusieurs points de la religion chrétienne, considérés politiquement.*

On voudroit faire accroire que ce livre a été traduit de l'anglois par Voltaire & qu'il a été trouvé dans le porte-feuille du sieur Vaniere, son secretaire intime, qui étoit encore auprès de lui au moment de sa mort. Ceux qui l'ont lu, assurent qu'il est bien dans les principes & la maniere de penser du philosophe de Ferney, mais nullement dans son style. Comme l'ouvrage est toujours rare, quoiqu'imprimé dès l'année derniere, on ne peut en rendre compte plus au long dans ce moment.

25 Mars. Le nommé *Thion*, garçon serrurier à Orléans, qui y avoit été enrôlé à l'âge de dix-sept ans pour aller servir durant la guerre aux colonies, fut incorporé dans un régiment, & se trouva au siege de Bridstown-Hill: chargé de porter une bombe avec un de ses camarades, il eut le bras emporté, & soutenant le fardeau de l'autre bras, il ne le rendit pas moins à sa destination. Ce trait de courage digne des Grecs & des Romains, étoit resté dans l'oubli jusqu'à présent. Heureusement

que repassé depuis peu en en France, il a eu les invalides, & sa belle action l'a rendu presque aussi célebre que le fameux Bouffard. Indépendamment du grade de sergent-major auquel il a été promu, d'une pension que le ministre de la guerre lui a fait donner du roi, & de l'espoir qu'il a d'être fait officier, il a été célébré dans les journaux; les grands ont voulu le voir, & l'on s'empresse de le combler de bienfaits. Le 9 de ce mois une loge de franc-maçons, sous le nom de *la Candeur*, l'a couronné, & a voulu mettre ainsi en quelque sorte le comble à sa gloire.

25 Mars. On dit généralement que le maître-clerc de Me. *Peron* notaire, coupable d'escroqueries & d'abus de confiance, qui depuis long-temps étoit entré les mains de la justice, & ci-devant jugé par le Châtelet, vient de l'être par la Tournelle, qui l'a condamné hier à être fouetté, marqué & envoyé aux galeres à perpétuité; mais on prétend que la famille a obtenu un surcis, & espere avoir sa grace.

25 Mars. On parle beaucoup d'un abbé arrêté & mis à la Bastille, avec une autre personne que l'on croit être son frere. On dit que cet abbé demeuroit chez M. de *Valentinois*, ou du moins qu'il étoit chargé de quantité de papiers qui lui apartenoient; qu'en conséquence il a sollicité pour lui M. le baron de *Breteuil*, qui a répondu à M. de *Valentinois* qu'on lui rendroit ses papiers, mais qu'il ne se mêlât point de cette affaire-là.

26 Mars. Quoiqu'il soit arrivé beaucoup de bois depuis que la riviere est navigable, on n'en prend pas moins les mêmes précautions que si l'on craignoit la disette. On ne donne qu'une voie à la fois; on ne peut aller qu'à son tour; il y a toujours une garde nombreuse, & un commissaire de la ville, non pour vous faire rendre justice des friponneries des marchands, mais au contraire, ce semble, pour les autoriser, en vous pressant d'expédier & de partir. Ces précautions excessives & dont il n'y a point d'exemple sur-tout dans cette saison, plus propres à renouveller les alarmes qu'à les faire cesser, font présumer que le gouvernement craint réellement une disette de la denrée. On sait qu'il s'est tenu mardi dernier une assemblée des principaux magistrats chez le futur prévôt des marchands, pour aviser aux moyens de fournir à l'approvisionnement de cette capitale l'hiver prochain; mais on n'en sait point le résultat.

26 Mars. L'auteur de la bibliotheque des romans, cherchant par toutes sortes de moyens à donner plus de véhicule aux souscriptions, s'avise d'un, dont le but paroît fort louable, mais très-bizarre, & dont l'exécution qu'il ne peut espérer raisonnablement, lui importe peu sans doute, puisqu'il n'en remp'ira pas moins son objet. Il s'agit d'appliquer le tiers des fonds des nouvelles souscriptions qu'il ouvre, à élever un monument, destiné à recevoir les cendres de *Descartes*, qui reposent depuis cent ans sans honneur dans l'ancienne église de Sainte-Geneviève, lorsqu'elles seront transportées dans la nouvelle. Du reste, il destine un officier public pour être le dépositaire des fonds; & si la somme suffisante pour l'exécution du projet n'est pas remplie dans un temps déterminé, on rendra, non la totalité, mais le tiers seulement qui devoit y être employé. C'est ce *retentum* qui prouve bien la charlatanerie de l'annonce.

26 Mars. Il court depuis quelque temps une

plaisanterie en vers, intitulée *la Résidence*. Cette satire, attribuée au chevalier de Boufflers, paroît dirigée en général contre les évêques, sans qu'on y en trouve aucun de désigné spécialement. La voici:

La Résidence.

Un évêque de grande mine,
Et dont le nom me reviendra,
Payoit du trésor de l'église,
Comme l'usage l'autorise,
Une actrice de l'opéra ;
Tandis qu'à Paris, à Versailles,
Pour édifier ses ouailles
Il faisoit chaudement sa cour
Et l'amour,
Un mot lâché dans une these
Sur l'origine des pouvoirs
L'appella dans son diocese,
Et le grave prélat, fidele à ses devoirs,
Vint prendre le congé de sa belle *Thérese*.
On se jura fidélité,
Foi d'apôtre & d'honnête femme ;
Mais contre les ferments faits dans la volupté
On proteste bientôt, & le plaisir réclame
Les douceurs de la liberté.
L'évêque part : un abbé lui succede ;
Un juif après est écouté ;
Puis milord *Spleen* qui la prend pour remede
Par ordre de la faculté,
Prouve que le plaisir est bon à la santé.
Milord des médecins remplissoit la formule

Quand l'évêque parut, jeûnant depuis deux mois,
Il ouvre le boudoir..... quel affront ! il recule;
Et témoin du forfait, il éleve la voix ;
 Mais Thérese avec assurance
 Lui dit: " Calmez votre fureur ;
„ A la cour de Vénus il n'est point de dispense,
 „ Apprenez que dans la rigueur
„ Une maîtresse est libre après trois jours d'absence :
 „ Ce bénéfice, Monseigneur,
„ Quoiqu'à simple tonsure, exige résidence.

27 *Mars*. M. l'abbé de *Mably*, effrayé de l'orage qui s'élevoit contre lui au sein de la faculté de théologie, a pris le parti d'une résipiscence salutaire, & a promis de se soumettre à toutes les rétractations qu'on exigeroit de lui : on a dressé la censure en conséquence, elle doit paroître incessamment, quand elle aura été approuvée dans l'assemblée des docteurs du *primâ mensis* d'avril. En faveur de sa soumission, la censure sera très-modérée, dit-on, & ne roulera que sur l'article qui a fait le plus de scandale. On lui fait grace d'un autre concernant le clergé, son fanatisme, la contradiction de ses principes avec ceux de la politique & de la saine morale, qui méritoit de la part des sages maîtres, une animadversion encore plus forte. Quoi qu'il en soit, le livre de ce moraliste, au fond très-triste, très-ennuyeux, très-maussade, & n'ayant rien de piquant que ces deux morceaux, au moyen de la persécution qu'il a éprouvée, sera vendu, sera même lu de beaucoup de gens qui n'en auroient fait aucun cas, & en auroient peut-être même ignoré l'existence.

Quand cette affaire sera finie, M. l'archevêque de Paris a promis d'écrire en faveur de M. de *Sancy*, le censeur du livre, à M. le garde-des-sceaux, pour qu'il lui rende la liberté de ses fonctions, dont il est suspendu, ainsi qu'on l'a dit.

27 Mars. Depuis que le dernier arrêt du conseil rendu en finances par M. le contrôleur-général, a été examiné par les gens au fait & en état d'en développer tous les avantages au profit du fisc public, on le regarde comme très-adroit, en ce que ce ministre sous prétexte de 3 millions de bienfaisance, se procure une rentrée de 15 millions, dont il disposera absolument à sa volonté, sans que cette plus-value entre dans le compte général.

En effet, comme l'imposition momentanée qu'on met par cet arrêt du conseil, est censée uniquement applicable à des œuvres de charité, elle n'a eu besoin d'aucun enrégistrement; personne n'osera réclamer, & la chambre des comptes se gardera bien de vouloir en connoître.

On prétend que la destination de ces 15 millions est déjà faite, & que la plus grande partie sera distribuée à des créatures de la famille royale. M. le contrôleur-général s'attire ainsi de plus en plus la bienveillance de ces augustes personnages & de ceux qui les entourent.

Du reste, on se plaint que la répartition des bienfaits du roi a été si mal faite & si modique, que plusieurs villages ne se sont pas souciés de les recevoir, & qu'un entr'autres a renvoyé dix-huit livres de riz qu'on lui avoit adressé.

27 Mars. Quoi qu'il n'y pas long-temps que M. le baron de Breteuil soit en place, & que dans ce court espace il ait déjà fait beaucoup de choses qui le rendent recommandable & précieux dans son ministere, la manie du couplet s'est étendue jusques sur lui. On voit que l'auteur sentant cependant qu'on verroit avec peine ce ministre mis sur la scene & tourné en ridicule, a moins cherché à être méchant que gai.

28 *Mars.* M. Laus de Boissi étant ces jours derniers chez Mad. la marquise de *Villette* qui est grosse, trouva sous sa main un *Matthieu Lansberg*. On sait que cet almanach est rempli de centuries dans le goût de celles de *Nostradamus*, & contient des especes de prophétie : « Ah ! Madame, » s'écria-t-il, en voilà une qui vous concerne ; » & il lut le quatrain suivant, qu'il venoit de composer, comme s'il l'eût trouvé dans l'almanach :

De *Belle & Bonne* il doit naître un enfant,
Qui recevra le surnom de sa mere :
Il y joindra grace, esprit, enjouement,
Car il faut bien qu'il tienne de son pere.

Il faut se rappeller que Belle & Bonne, est le surnom que *Voltaire* donnoit à Mad. de *Villette*.

28 *Mars.* La scandaleuse aventure de madame *d'Ormesson de Noiseau* n'est que trop vraie. C'est à l'abbaye de *Bons-Secours* qu'elle est renfermée. On blâme beaucoup ce magistrat d'avoir fait tant d'éclat, de s'être caché sous son lit, & à un signal donné d'avoir fait paroître ses domestiques le flambeau à la main, & enfin d'avoir fait forcer le galant de Mad. de *Noiseau* à se nommer devant eux. Il donne pour excuse qu'il y a été obligé pour convaincre son pere des déportements de sa femme, auxquels ils ne vouloit pas croire;

car on prétend qu'elle avoit eu déjà plusieurs amants avant celui-ci. Il s'appelle M. de *Curieu*; c'est un militaire jeune & bon payeur d'arrérages. Quant à Mad. de *Noiseau*, elle est *Baillon* en son nom, fille d'un ancien intendant de Lyon. Elle n'a guere que vint ans; elle n'est point jolie, elle est maigre, seche & n'a rien de séduisant.

28 *Mars*. Le discours de clôture prononcé hier à la comédie françoise par le sieur *Sainval* comme le dernier reçu, a paru fort singulier, en ce qu'il étoit plutôt un éloge emphatique du sieur *Préville*, que le tribut de reconnoissance & de respect dû au au public. L'orateur nous a appris que ce comédien après trente ans de service vouloit se retirer; mais que ses camarades ayant député vers lui pour l'engager à rester, il y a consenti. Et cependant il est certain que cet acteur commence à perdre beaucoup auprès des connoisseurs, qu'il n'a plus de dents, qu'il barbouille, qu'il veut occuper des rôles qui ne lui conviennent point, & que pour conserver sa réputation toute entiere, il auroit dû quitter déjà il y a plusieurs années.

29 *Mars*. Le college de chirurgie vient de perdre dans la personne de M. *Barbaut*, un homme qui faisoit honneur à cette société de savants.

Il se distingua, dès sa jeunesse, par des ouvrages estimés, tels que ses traités *sur les principes de la chirurgie*, & *sur les visceres*, & par des cours particuliers très suivis, dans lesquels il développa son talent pour l'instruction.

Mais bientôt renonçant aux autres branches de son art, il se livra totalement à celle des accouchements & se rendit si célebre dans cette science, qu'il fut jugé digne de succéder à M. *Puzos* dans la chaire publique des accouchements à l'école de chirurgie.

Il l'a occupée pendant ving-cinq ans.

Depuis forcé par ses infirmités de garder la retraite, il s'étoit livré à la composition tout entier, & laissé beaucoup de manuscrits sur son art, qui sans doute verront le jour s'ils en sont jugés dignes.

29 *Mars*. La reine s'étant amusée à dire à M. de Boufflers de faire une chanson sur elle, où il reprendroit successivement tous les défauts qu'on lui reproche dans les chansons & autres écrits calomnieux qui ont courus contre S. M. ; cet agréable poëte a usé de la permission qui lui étoit donnée, & par une tournure ingénieuse & piquante, a fait valoir, à l'avantage de la reine, tout ce qu'elle l'avoit autorisé d'articuler. Cette chanson, dit-on, est pleine de sel & très-flatteuse ; & S. M. a daigné la chanter elle-même à sa cour. On conçoit bien qu'elle y est désignée sous un nom étranger ; mais le voile peut se lever facilement.

30 *Mars*. M. le duc de *Chartres*, qui depuis quelque temps, sollicitoit du roi la permission d'aller en Angleterre, voyage que sa majesté l'avoit engagé de suspendre jusqu'à présent, vient enfin de partir, après avoir pris tous les arrangements nécessaires pour le meilleur ordre de ses finances très-délabrées. On augmente même sa perte au jeu, & l'on assure qu'elle a été portée jusqu'à 180,000 livres. Quoi qu'il en soit, on veut que des 1,800,000 liv. de revenus qu'il a, il réserve 100 mille écus pour lui, pour Mad. la duchesse & pour ses enfants ; que le surplus soit destiné à payer ses créanciers, & à finir ses bâtiments.

31 *Mars*. La clôture de la comédie italienne n'a

été remarquable que par un grand tumulte occasionné à la vue d'un monde prodigieux placé sur le théâtre, lorsqu'on a levé la toile. Les acteurs ne pouvant commencer, on a fait baisser la toile, on a tâché de reculer ces spectateurs offusquant le public. Cet arrangement n'a pas satisfait les mécontents: les clameurs ne cessant point, on a fait entrer des fusiliers dans le parterre; une telle précaution l'a irrité encore plus; on a voulu arrêter quelqu'un; tout le monde a pris fait & cause pour lui; on a dit qu'on ne souffriroit pas qu'on l'emmenât; on a colleté la garde: alors un officier est venu & a ordonné aux fusiliers de se retirer. Le sieur *Thomassin* a pris le parti de haranguer le public, de lui faire des excuses au nom des comédiens, de prier qu'on leur passât pour cette fois une dérogation à l'usage; il a réclamé l'indulgence de l'assemblée; quelqu'un a crié: *à la bonne heure, mais sans tirer à conséquence*, & le bruit a pris fin.

31 *Mars*. Les *Lettres secretes sur l'état actuel de la religion & du clergé de France* continuent. On a imprimé les lettres 13 & 14 entremêlées de deux, dont l'une de l'archevêque de Toulouse à M. d'Autun en date du 6 janvier 1784, & la réponse de celui-ci du 30 janvier. On voit qu'elles sont récentes & roulent sur des anecdotes du jour.

1 *Avril* 1784. Le musée de Paris pour se donner une consistance qu'il n'avoit pas encore eue, vient de faire imprimer *Séance du musée de Paris du 1 février*. C'est une petite brochure où l'on rend compte des progrès de la société, de l'admission des dames en qualité d'*associées honoraires*, & où l'on fait les analyses des ouvrages

qui y ont été lus. On y fait encore mention de cadeaux & de préfents en livres que la fociété a reçus. Enfin on y rend même compte en détail du concert exécuté ce jour-là devant l'affemblée.

Rien de plus plat & de plus miférable que cette brochure, & fur-tout que le difcours du préfident, moins propre à rehauffer l'éclat du mufée qu'à le dégrader.

1 Avril. *Hiftoire d'un pou françois, ou l'efpion d'une nouvelle efpece, tant en France qu'en Angleterre, contenant les portraits des perfonnages intéreffants dans ces deux royaumes, & donnant la clef des principaux événements de l'an 1779, & de ceux qui doivent arriver en 1780.*

Tel eft le titre d'une brochure qui a paru dès 1781, qu'on a annoncé dans le temps, mais dont il y a fans doute eu peu d'exemplaires de diftribués, en forte qu'elle eft encore exceffivement rare.

Dans ce cadre dégoûtant d'un pou voyageur, eft enchâffé un fond moins mauvais qu'on ne croiroit, mais très médiocre : il y eft fur-tout queftion du docteur *Francklin*, du fieur de *Beaumarchais*, de M. de *Sartines*, de M. *Linguet*, & ces perfonnages n'y font point mal peints. Refte à favoir fi ces morceaux & les anecdotes qu'ils renferment, ne font pas pillés, comme le *dialogue entre un vieux commiffaire de marine & fon ami*, copié mot-à-mot de l'*Efpion anglois*.

1 Avril. Suivant ce qu'on confirme des deux *quidams* arrêtés à l'hôtel de *Valentinois*, ils étoient en effet freres, & fe nommoient *Seri*; l'un d'eux avoit été inftituteur de ce feigneur & lui étoit refté attaché en qualité de fecretaire. Il paroît que la

fouille concertée a eu lieu pendant que le duc & la duchesse soupoient aux petits appartements. On prétend qu'on a trouvé une petite imprimerie; on les accuse d'être les auteurs de couplets & de méchancetés contre la cour. Tout le reste est exact.

2 *Avril.* Une demoiselle *Paradis*, aveugle depuis l'âge de deux ans, a exécuté hier au concert spirituel un concerto de clavecin; spectacle nouveau qui a intéressé singuliérement. Cette virtuose n'est point jolie; elle paroît avoir 25 à 30 ans; elle s'est montrée grande musicienne, elle a l'exécution sûre & la main très-brillante; elle a été fort applaudie. Après avoir fini, elle s'est fait voir en loge, & a attiré de nouveau les regards & les battemens de mains du public.

2 *Avril.* Mad. *Dugazon*, qui depuis quelque temps fait les beaux jours de la comédie italienne, a non-seulement été obligée de priver le public de sa présence à l'époque la plus intéressante, mais encore est menacée de ne pouvoir de sa vie remonter sur le théâtre. L'anecdote est singuliere.

Le sieur *Asteley* pere, ce superbe homme de cheval, si renommé pour sa figure, sa taille, son adresse & sa vigueur, a eu désir de coucher avec une aussi charmante actrice; il a acheté fort cher deux de ses nuits & a toutefois mieux payé de sa personne. Dans cette double séance il lui a fait courir vingt-deux postes: ç'auroit été surcroît de plaisir & la belle ne s'en seroit que mieux portée, si le cavalier, monstrueusement conformé, ne lui eût fait prendre un écart terrible & renouvellé une descente de matrice qu'elle avoit eue autrefois; en sorte que dans le cas où elle guériroit, elle ne pourroit plus faire le moindre effort, sans craindre un pareil accident.

Le sieur *Dugazon*, son mari, est le premier à conter l'aventure dans les foyers & dans les cercles ; il en plaisante, il dit que sa femme est une gourmande qui avale les morceaux trop gros.

2 *Avril*. Dom *Pech*, condamné en effet par le sénat monacal à être exilé dans la maison la plus reculée de son ordre, & à un an & un jour de prison avant, n'a point encore subi sa punition. On s'intéresse pour lui auprès de M. le cardinal de la *Rochefoucauld*, son supérieur majeur, qu'il avoit prévenu, & l'on espere qu'il en sera quitte pour la peur.

3 *Avril*. Le livre des *Lettres philosophiques sur Saint Paul* n'est pas en effet de *Voltaire*, mais n'en est pas indigne. L'auteur, qui est un François, & un très-bon François, a eu ses raisons pour les mettre sur le compte du défunt, & même pour les prétendre tirées de l'Anglois, idée qu'il a cherché à favoriser le plus qu'il a pu par toutes les vraisemblances accessoires. Il s'est ainsi donné librement carriere sur des maximes hardies, meilleures dans la bouche d'un philosophe de Londres, que dans celle de tout autre spéculateur. Quoi qu'il en soit, ces lettres sont au nombre de dix-neuf. C'est *Mirza* qui écrit à *Elise*, noms plus propres à figurer dans un roman que dans un livre philosophique.

L'écrivain examine successivement l'authenticité des épîtres de *Saint Paul*, ses contradictions, son opinion sur le péché originel, sur l'humanité, sur l'origine de la puissance des rois, sur la priere, son don des langues, son don de prophétie, sa vision, sa guérison, son système sur les anges & les démons, sa politique. Il parle de ses voyages, de ses prédications, de ses idées sur la prédestination & des conséquences qu'elles entraînent, sur le concubinage, l'adultere, le divorce, la résurrection, les contradictions de Paul. Il termine par en faire le vrai portrait : il le peint comme soutenant tour à-tour le déisme, le polithéisme, le manichéisme, le matérialisme, le judaïsme, l'idolâtrie, la tolérance, l'intolérance; conséquemment comme un homme sans principes, sans tenue, comme un enthousiaste du moment, variant suivant que ses organes étoient affectés, comme un visionnaire, comme un fou.

Ce livre est dans la maniere ironique de *Voltaire*; il a sa gaieté & son sarcasme, mais plus de discussion & de raisonnement. Une grande logique, une érudition vaste, sans pédanterie, le caractérisent sur-tout. On peut lui reprocher des longueurs & des répétitions. C'est un des plus formidables ouvrages contre la religion, en ce qu'il renverse de fond en comble les actes des apôtres, regardés comme une de ses bases les plus solides. Les matieres dogmatiques, d'un foible intérêt aujourd'hui, y sont entremêlées de digressions piquantes sur la politique & la morale, remplies de vues excellentes écrites avec autant de chaleur que d'énergie, décélant un philosophe ami de l'humanité, qui en connoît les droits & ose les défendre courageusement contre les entreprises du despotisme & de la tyrannie.

3 *Avril*. M. l'abbé Bexon, grand-chantre de la *Sainte-chapelle*, mort le 15 février dernier, étoit un philosophe économiste, auteur de plusieurs ouvrages en ce genre, tels que le *systeme de la*

fertilisation, *le cathéchisme de l'agriculture*, *l'histoire de Lorraine*, &c. Il est plus particuliérement connu comme associé aux travaux de M. de Buffon, pour la partie de l'histoire naturelle concernant les oiseaux, & il en a si parfaitement imité le style, que bien des gens s'y trompent & la croient une continuation du même écrivain.

4 *Avril*. Le parlement attendoit depuis long-temps une réponse du roi à différentes remontrances. S. M. l'a donnée enfin.

Il transpire qu'à l'égard des bénédictins, le roi persiste à regarder le chapitre de Saint-Denis comme très-canonique, & ne veut rien changer à ce qui a été fait à cet égard. Il a trouvé très mauvais que le parlement s'élevât avec tant de furie contre la commission des réguliers ; lui a déclaré que tout ce qu'elle avoit fait, l'avoit été par ses ordres.

Pour ce qui concerne les quinze-vingts, le roi a dit qu'il feroit savoir incessamment ses intentions. On s'attend à voir paroître sur cette matiere une déclaration qui réparera le vice de l'administration précédente.

Ce qui excite aujourd'hui le plus l'attention, c'est le reproche que le premier président a reçu de S. M. que son parlement ne lui eût pas encore mis sous les yeux, depuis un an, aucun mémoire sur la réforme de la justice. Le roi a dit qu'il étoit informé qu'il en avoit été lu un aux commissaires, qu'il savoit contenir de très-bonnes choses & dont cependant on n'avoit tenu aucun compte.

Ce mémoire est celui que M. d'*Outremont*, de la seconde des enquêtes, avoit remis dès le commencement des séances, & sur lequel on avoit renvoyé à statuer plus tard.

On a jugé que le roi prenoit la chose fort à cœur, parce qu'il en a non-seulement parlé à la députation, mais parce qu'il a fait rappeller deux fois le premier président & l'en a entretenu très-longuement.

Cependant les grand'chambriers, forcés de s'occuper du mémoire de M. d'*Outremont*, ont été jaloux qu'un membre de enquêtes vît préférer par S. M. son travail. M. d'*Amecourt* sur-tout, en sa qualité de rapporteur de la cour, a dit que ce mémoire étoit trop long pour être mis dans cet état sous les yeux du roi, & s'est chargé de le rédiger & de l'abréger.

Enfin dans l'assemblée des chambres, tenue avant-hier vendredi, le vœu de messieurs a été de supplier S. M. de supprimer les épices, & d'attribuer à leurs offices des gages porportionnés à la finance & au travail.

4 *Avril.* M. Bignon, bibliothécaire du roi, vient de mourir. Son fils, très-jeune, ne peut lui succéder. En conséquence S. M. ne lui a donné que la survivance, & a nommé à cette place M. le Noir, avec la survivance pour M. Bignon le fils.

Le bruit a d'abord couru que monsieur le Noir avoit cette place comme une retraite honorable; mais il est constant aujourd'hui que ce n'est qu'une marque de faveur du roi & un encouragement, car S. M. a dit qu'elle avoit encore besoin de lui à la police, & qu'elle espéroit qu'il lui continueroit ses services.

4 *Avril.* La chanson de M. de Boufflers dont on a parlé, a pour titre : *les on dit.* Elle est sur l'air ; *Philis demande son portrait,* en

quatre couplets & très-agréable effectivement; la voici :

CHANSON.

Air : *Philis demande son portrait.*

Voulez-vous savoir les *on dit*,
    Qui courent sur *Thémire !*
On dit que par fois son esprit,
    Paroît être en délire.
      Quoi ! de bonne foi ?
      Oui, mais, croyez-moi,
    Elle sait si bien faire,
      Que sa déraison,
      Fussiez-vous *Caton*,
    Auroit l'art de vous plaire.

On dit que le trop de sens
    Jamais ne la tourmente ;
On dit même qu'un grain d'encens
    La ravit & l'enchante.
      Quoi ! de bonne foi ?
      Oui, mais croyez-moi,
    Elle sait si bien faire,
      Que même les dieux
      Descendroient des cieux
    Pour l'encenser sur terre.

Vous donne-t-elle un rendez-vous,
    De plaisir ou d'affaire,

On dit qu'oubliant l'heure & vous,
Pour elle c'est misere,
Quoi ! de bonne foi ?
Oui, mais croyez-moi,
Se revoit-on près d'elle,
Adieu tous ses torts ;
Le temps même alors,
S'envole à tire-d'aile.

Sans l'égoïsme rien n'est bon,
C'est-là sa loi suprême ;
Aussi s'aime-t-elle, dit-on,
D'une tendresse extrême.
Quoi ! de bonne foi ?
Oui, mais croyez-moi,
Laissez-lui son système ;
Peut-on la blâmer,
De savoir aimer
Ce que tout le monde aime !

5 *Avril.* L'auteur des *Lettres Secretes*, &c. dans sa treizieme reprend la plume à l'instigation de son correspondant. Il a peine à remuer la fange dans laquelle M. l'évêque d'Autun est plongé tout entier. Il le disculpe de son acharnement contre le prélat, ministre de la feuille, sur son zele pour la religion, sur son amour de la vérité. Tout chrétien est obligé de défendre l'une; tout homme doit chercher l'autre. Il n'a point fait une déclamation, mais une peinture trop fidelle des maux qui affligent l'église & de ceux qui la menacent. Qui oseroit justifier M. d'Autun ? qui oseroit condamner son accusateur ? C'est le seul moyen de faire par-

venir la vérité à Louis XVI. Au reste, il s'étaie de la décision du célebre Arnaud, qui justifioit les Lettres Provinciales, qui regardoit cette audace d'attaquer les chefs de la religion lorsqu'ils la mettent en péril par leur doctrine ou par leurs scandales, comme louable & sainte.

M. l'archevêque de Toulouse, dans sa lettre prétendue interceptée, datée de son diocese, où il s'étoit retiré pour laisser passer l'orage, & qui n'est qu'une tournure nouvelle pour rendre la correspondance plus piquante, après avoir loué M. d'Autun de sa fidélité à exécuter d'abord le concordat, le blâme d'avoir gauchi, d'y avoir même manqué. Il regarde comme une fausse démarche d'avoir fait rechercher avec fureur l'auteur des Lettres Secretes, ce qui leur a donné plus de véhicule & de publicité. Il finit par l'exhorter à être plus scrupuleux sur ses engagemens, & par lui offrir une réconciliation sincere. Cette lettre contient des anecdotes très-curieuses, mais qui ne sont qu'indiquées, & que peu de gens peuvent deviner.

Le critique dans la XIV. lettre se félicite de sa justification dont on a senti la justesse. Elle est encore mieux confirmée par les faits. Ses pamphlets ont intimidé M. d'Autun au point de se tenir en bride, lors de la nomination insérée dans la gazette de France du 3 février dernier, à laquelle la religion a applaudi. Au surplus, il veut prouver à monseigneur qu'il n'est pas son ennemi, & lui donner des conseils salutaires. Ils sont plaisants, & le dernier sur-tout ne sera pas suivi. C'est d'écrire au roi une lettre, dont il lui envoie le modele, pour donner sa démission à sa majesté.

La quatrieme & derniere piece de ce recueil est une réponse fictive de M. l'évêque d'Autun à M. l'archevêque de Narbonne, où il bourre d'importance son mentor. Il se justifie de tous les griefs que lui reproche celui-ci, & fait voir qu'il ne pouvoit faire de meilleur choix pour exécuter le plan concerté entre eux. Il finit par lui annoncer qu'il va proposer un prix pour le meilleur traitement de la *folie de famille intermittente, mêlée de quelques crises de fureur*. Telle est la cruelle plaisanterie, qui est comme le coup de massue que l'écrivain assene sur son héros.

En général, cette troisieme partie n'est point indigne des premieres. C'est le même ton, la même légéreté ; ce sont des tournures fines & piquantes. Ce qu'on peut reprocher à l'auteur, c'est d'être trop peu serré de faits & d'anecdotes, de revenir souvent sur les mêmes objets, tels que la folie de son héros, & d'être plus fécond en mots qu'en choses.

5 *Avril.* Le roi a décidément acheté 600,000 liv. la salle de l'opéra de la porte *saint-martin*, dont on payoit un loyer fort cher & qui appartenoit à la compagnie qui l'avoit fait élever à ses frais. Elle servira aux répétitions des ballets & formera un dépôt pour les machines & décorations, &c. lorsque l'on en construira une nouvelle.

6 *Avril.* Extrait d'une lettre de Bordeaux, du 30 mars.... Le parlement est toujours en combustion, & les affaires des plaideurs ne finissent point.

1. L'insurrection des procureurs & avocats contre M. *Dupati* n'est point rallentie, & ce président de la tournelle, pour n'avoir pas l'humiliation

de voir son tribunal désert, reste à Paris depuis ce temps.

2. Le parlement persiste à ne pas vouloir reconnoître M. *Dudon* fils, pour adjoint à son pere, & malgré tous les coups d'autorité frappés en sa faveur, ne se soumet point aux volontés du roi. Il a même fait de vigoureuses remontrances qui restent sans réponse, & la cour est dans l'inaction à cet égard.

3. Une nouvelle contestation s'éleve en administration. L'intendant ayant rendu une ordonnance concernant les corvées, le parlement en a empêché l'exécution par un arrêt de défense, & cela ne peut qu'engager une querelle très-sérieuse.

4. La premiere chambre des enquêtes ayant mulcté fortement un avocat qu'elle a décrété d'assigné pour être ouï, avec injonction de déposer le plaidoyer qu'il venoit de débiter au greffe, tout l'ordre a pris fait & cause pour lui.

6] *Avril.* Il paroît que M. l'abbé *Maury* a été soupçonné d'être l'auteur des *Lettres secretes sur l'état de la religion & du clergé en France,* & qu'il a été obligé d'aller chez M. d'Autun se justifier. Quoi qu'il en soit, il faut qu'on soit aujourd'hui convaincu que l'ouvrage n'est pas de lui, puisqu'il brigue la place d'académicien, vacante par la mort de M. de *Cœtlosquet,* & paroît assuré de la majorité des suffrages, malgré les concurrents très-accrédités qu'il a dans le premier ordre du clergé, tels que l'ancien évêque de Senez, l'évêque de Lescar, &c. concurrents qui ne manqueroient pas de faire valoir contre lui le crédit de M. d'Autun, si celui ci ne le regardoit comme innocent.

6 Avril. Les *Mémoires pour servir à la vie de*

M. *de Voltaire* paroissent imprimés, au grand scandale de toute l'Europe; car on n'y a rien omis de tout ce qui concerne le roi de Prusse. Le ministre des affaires étrangeres en est furieux. On ne doute pas que le sieur de *Beaumarchais* ne soit l'auteur de cette publicité. Au moins ne peut-il se disculper de l'infidélité d'avoir manqué à la volonté du testateur, en ouvrant le paquet qui devoit rester clos jusqu'après la mort du roi de Prusse.

7 Avril. Extrait d'une lettre de Bourges, du 3 Avril..... A ce que je vous ai écrit dans ma lettre du 14 février, concernant les états du Berry, il faut ajouter que dans ce temps où les hommes ne se conduisent que par des vues d'intérêt, on a cru devoir annoncer trois prix de 600 livres chacun, à décerner aux trois meilleurs mémoires sur les questions suivantes:

1°. Quels sont les meilleurs moyens de diminuer les frais de récolte, qui sont très-dispendieux?

2°. Quelle est la marche la plus utile à suivre pour ramener à Bourges & dans la généralité, la fabrication & le commerce de la bonneterie, & d'encourager l'emploi des laines, une des matieres premieres les plus précieuses de la province?

3°. Quels sont les moyens les plus propres à y favoriser la population, en procurant aux habitants, & sur-tout à ceux des campagnes, l'aisance qui leur manque?

L'Administration provinciale jugera du mérite des ouvrages, durant la tenue de ses séances en 1785, & décernera les prix.

7 Avril. Extrait d'une lettre de Rome, du 15 mars 1784..... Les actions du vénérable *Benoît-Joseph Labre*, qui n'est pourtant pas encore béatifié, après avoir baissé pendant quelque temps, commencent à remonter beaucoup. Les merveilles qu'on dit s'opérer par son intercession continuent d'attirer l'attention de M. le cardinal-vicaire qui, suivant ce que dit le cardinal de Bernis, recueille avec soin les faits propres à contribuer à sa béatification, à en constater l'authenticité & les degrés de croyance qu'ils méritent. On parle plus que jamais de l'enfant mort, ressuscité; ce qui est le miracle des miracles. Il étoit tombé d'une fenêtre, & le pere ayant invoqué le nouveau saint, il est revenu vivant, garni de tous ses membres & en bon état.

Le vénérable a fait des menaces contre Rome, dont on redoute fort les effets. On craint que ce ne soient des malheurs semblables à ceux de Messine & de la Calabre. Ce n'est point que *Labre* en voulût à la capitale du monde chrétien : mais c'est par un excès de zele contre la corruption des mœurs & le débordement des cardinaux. Ce qu'il y a de certain, c'est que le pape en a été effrayé & a ordonné des prieres de quarante heures & des processions solemnelles comme à la Fête Dieu. D'autre part, les bonnes gens comptent sur la protection du saint & récitent souvent ces deux vers, comme une antienne en son honneur :

La terre engloutissant Messine & la Calabre,
Dieu nous préservera par le bienheureux *Labre.*

On assure que le saint-pere a hérité du lit sur lequel couchoit le vénérable, & couche dessus...

7 *Avril.* Les *mémoires du comte de Saint Germain* ont paru en 1779, & c'est en 1780 qu'ont été publiés des *commentaires* sur ces mémoires qui,

jusqu'à préfent, avoient été prohibés avec le plus grand foin de la part du gouvernement, en forte qu'ils étoient exceffivement rares. Ces *commentaires*, avec le texte, forment un gros in-8°. très-fourni. Ils font extrêmement curieux & méritent d'être placés dans la bibliotheque de tout militaire, & fur-tout de quiconque afpire aux places éminentes de cet état.

7 Avril. Extrait d'une lettre de la Haye, du 2 avril. On dit qu'il s'eft vendu à la vente des livres de M. le duc de *la Valliere* un petit livre très-rare & fort cher par conféquent, intitulé: *de la Tyrannie des François*. Il fut compofé lors de l'invafion de *Louis* XIV & des démêlés violents qui s'éleverent & fubfifterent jufqu'à fa mort entre la France & la république. C'eft aujourd'hui l'inverfe. On a fait imprimer ici en hollandois & en anglois une efpece de catéchifme qu'on diftribue dans toutes les écoles & qu'on fait apprendre à tous les enfants. Il roule fur la tyrannie de la Grande-Bretagne. De long-temps cette haine ne s'éteindra.

8 Avril. M. le contrôleur-général, qui a beaucoup d'efprit & connoît parfaitement les hommes, fait qu'en politique, comme en médecine, un peu de charlatanerie eft d'un grand fecours; qu'au défaut de foulagements réels, il faut au moins faire acte de bonne volonté, donner de l'efpoir par des adouciffements apparents & féduire l'imagination. On a vu ce qu'il a déjà fait en conféquence. C'eft ainfi qu'il vient de faire rendre une déclaration (en date du 31 mars 1784, regiftrée en la cour des aides le 3 de ce mois) portant réduction d'un dixieme dans l'évaluation des droits fur le fucre, le café & la cire. Cette réduction, qui n'eft qu'une fuppreffion d'une injuftice, puifque,

que, suivant l'exacte équité, le droit n'auroit pas dû porter sur la tare, a produit le meilleur effet; la déclaration a été publiée avec emphase dans les rues, & reçue avec reconnoissance.

C'est dans le même esprit que M. le contrôleur-général a annoncé qu'il vouloit accélérer le paiement des rentes, qu'il a fait ouvrir les six derniers mois de 1783, quoiqu'on n'eût pas fini le paiement des six premiers; que sans donner plus de fonds il fait passer au C, avant que l'A soit terminé, & qu'il annonce qu'il veut qu'on soit à jour en juillet, & qu'on commence à acquitter alors les six premiers mois 1784.

Il profite avec non moins d'adresse de la circonstance des Hollandois, qui s'empressent de retirer leurs fonds de la banque d'Angleterre, & les versent en France, pour faire valoir le crédit & l'augmenter par la hausse de tous les papiers royaux. On ne doute pas qu'il ne se trouve nécessité de rouvrir l'emprunt de 200 millions, fermé à 100, pour satisfaire ces républicains, qui en étoient très-contents, y donnoient beaucoup, & le redemandent à corps & à cris.

Outre les grandes qualités du ministre, M. de *Calonne* a celles du courtisan & de l'homme de société. Il est très-bien avec les *Polignac*, les *Vaudreuil*, qui le tutoient familiérement. Il est aimé de la reine; il l'amuse, & quand il ne paroît pas à son cercle, il y fait faute & laisse un vuide; on craint qu'il ne soit incommodé. En un mot, il a tout ce qu'il faut pour se soutenir long-temps en faveur.

8 *Avril.* Les *Danaïdes*, ce fameux opéra du chevalier *Gluck*, annoncé depuis si long-temps & qui avoit souffert des difficultés de la part du

comité pour le paiement, en ce que ce muſicien avouoit qu'il n'en avoit, de fait, compoſé que le premier acte, eſt ſans doute aujourd'hui dans un enſemble très-ſatisfaiſant, puiſqu'il eſt accepté & annoncé avec emphaſe comme ſon chef-d'œuvre. Il n'eſt cependant pas venu lui-même pour le faire exécuter, il eſt hors d'état de ſe déplacer, & c'eſt le ſieur *Salieri*, ſon éleve, qui eſt chargé de ce ſoin. On prétend que cet éleve vaut bien ſon maître. On en jugera par *ſémiramis*, ſa premiere production, qui doit avoir ſon tour après les *Danaïdes*.

8 *Avril*. M. le baron de *Goltz*, miniſtre plénipotentiaire du roi de Pruſſe, a jeté les hauts cris lorſqu'il a été inſtruit de l'impreſſion & de la publicité des *Mémoires de Voltaire*. On dit qu'il en retire tous les exemplaires qu'il peut, ce qui les rend rares.

9 *Avril*. On raconte que ces jours derniers la reine avoit beſoin de 900,000 livres pour nettoyer quelques dettes, & ſur-tout pour ſatisfaire à des actes de bienfaiſance. S. M. a parlé avec confiance au contrôleur-général. Celui-ci, après avoir témoigné à la reine qu'il étoit à ſes ordres, lui a repréſenté que ce déplacement dans ce moment-ci, contrarieroit fort ſes autres arrangements. « A la » bonne heure, a dit S. M. je veux bien attendre, » mais à condition que vous viendrez tour-à- » l'heure avec moi chez le roi, lui atteſter com- » bien je ſuis raiſonnable. » M. de *Calonne* a ſuivi la ſouveraine; le roi a été enchanté de la modération de ſon auguſte compagne, & en même temps de la fermeté reſpectueuſe du miniſtre des finances. Cette anecdote le met mieux que jamais auprès du monarque.

9 *Avril*. Le *Mesmérisme* n'est plus qu'un jeu. Hommes, femmes, enfants, tout s'en mêle, tout magnétise. On confirme de plus en plus que le soufre est le principal agent de ces merveilles. On écrit d'Amiens qu'un professeur de physique a enseigné cet art là à ses écoliers, qui s'en amusent. Une Mad. de *Saint-Martin*, femme vaporeuse, après avoir été long-temps entre les mains d'un des docteurs de la nouvelle secte, lui a volé son secret & tient aujourd'hui école de magnétisme chez elle. Un augustin, fameux prédicateur, appellé *pere Hervier*, non content de guérir les ames, a voulu guérir aussi les corps. Il a acheté, du bénéfice de ses sermons, le secret de *Mesmer*. Sa réputation l'ayant fait appeller à Bordeaux pour la station du carême, il remplit aussi son second apostolat, & propage de son mieux la secte de son maître.

Le sieur *le Dru*, qui est aussi un *Magnétisant* dans son genre, est toujours chargé de l'hôpital que le gouvernement a confié à ses soins; mais plus que jamais brouillé avec la faculté dont les commissaires se sont retirés, il a fallu que S. M. donnât des lettres de cachet à quelques-uns pour continuer à suivre le traitement.

Les sieurs *Mesmer*, *Deslon*, *le Dru*, on ne peut le dissimuler, operent quelques cures, mais en trop petit nombre pour pouvoir les attribuer à leur art, plutôt qu'au temps, à la nature, aux circonstances, ou aux remedes connus, dont ils font usage aussi.

10 *Avril*. L'auteur des *Commentaires des mémoires du comte de Saint-Germain*, s'annonce pour un officier-général qui a été employé en 1779, & écrivoit alors. Il paroît qu'il connoissoit par-

faitement ce ministre & son ouvrage; qu'il en parle en homme très-instruit, ayant approfondi toutes les parties de l'art militaire, & le loue & le blâme avec une parfaite impartialité. Tout ce qu'il dit est clair, lumineux, & à portée des plus ineptes. Les commentaires font beaucoup mieux goûter les mémoires.

Du reste, l'écrivain montre une ame forte, courageuse, au dessus des préjugés & des craintes. Il est curieux par ses anecdotes dont il nomme assez les masques, & parle presque toujours comme témoin; ce qui donne beaucoup plus de poids à ses assertions. M. le maréchal de *Broglio* est son héros actuel. Il exalte quantité d'autres officiers-généraux, colonels, &c. & s'accorde assez bien avec l'opinion publique. Cependant il la contrarie quelquefois. C'est ainsi qu'il fait cas d'un *Senac de Meilhan*; d'un *Foulon*, dont le premier passe pour un colifichet, & le second pour un bourreau, qui fait trembler la France toutes les fois qu'on parle de l'élever au ministere.

M. *Necker* est aussi, suivant l'auteur, le plus grand homme en administration qu'il connoisse, & il est très-possible qu'il l'ait cru, qu'il en ait été dupe, comme beaucoup d'autres gens éclairés, mais peu au fait de l'état des finances, peu propres à découvrir le vice des manœuvres hypocrites de ce charlatan.

En général, il résulte des observations du nouvel éditeur, que les mémoires du comte de *Saint-Germain* sont très-estimables, très-précieux, mais qu'il n'en a pas suivi le plan dans ses opérations; qu'il n'a pas eu le courage de les exécuter comme il les avoit conçues, & qu'il s'est souvent trouvé en contradiction avec lui-même; ce qui résultoit en partie de sa foiblesse à consentir qu'on morcelât son ensemble, de sa présomption à croire qu'il voyoit mieux que personne, & de sa défiance de ceux qui auroient pu l'éclairer & lui faire prévoir les obstacles à vaincre. En un mot, il convient que ce réformateur avoit certainement des principes; mais il lui reproche d'avoir manqué de méthode. Il dit que sa marche étoit chancelante, incertaine; ses opérations décousues & sans liaison.

Ces commentaires sont écrits, comme ils sont pensés, avec beaucoup d'énergie. Le style en est pour l'ordinaire correct & noble; cependant on y rencontre quelquefois des incorrections & des trivialités.

10 *Avril.* On a oublié de faire mention de l'abbé *Blanchet*, censeur-royal, interprete de la bibliotheque, & ancien garde des livres du cabinet du roi à Versailles. C'étoit un littérateur très-instruit dans plusieurs langues. Il étoit peu curieux de se faire imprimer. Il venoit de publier tout récemment deux volumes de *Variétés morales & amusantes*. Il laisse en porte-feuille des *contes Orientaux*, dont ses amis disent beaucoup de bien.

11 *Avril.* Extrait d'une lettre de Bordeaux, du 6 Avril..... Je ne puis vous dire si ce sont des merveilles ou des prestiges, mais il est certain que le pere *Hervier* est fort étonnant. Voici ce qui m'a frappé le plus par les circonstances.

Il prêche dans la paroisse destinée au plus célebre orateur, parce que c'est l'église de la cour; il y a ce qu'on appelle le banc du parlement. Un jour qu'il étoit en chaire, une femme de l'auditoire se trouve mal, a des convulsions, & ressemble beaucoup à une épileptique. Cet événement cause une grande rumeur : on s'effraie ; le prédicateur est obligé de s'arrêter : il descend, il s'approche de la malade, il dit qu'on ne s'inquiete point ; il la *magnétise* & la remet dans son état naturel. Il remonte en chaire & continue son discours. Les uns le prônent comme un saint homme, un faiseur de miracles ; les malveillants disent que c'est un sorcier. Les grands-vicaires qui régissent le diocese pour l'archevêque absent, instruits du fait, interdisent provisoirement le pere *Hervier*. Il jette les hauts cris, il demande ce qu'est donc la charité, l'humanité, la bienfaisance ; depuis quand on convertit en crime des actes de cette espece, les secours qu'on donne à son prochain, en un mot l'art de guérir ? Il invoque tous les témoins de la cure ; il les somme d'articuler s'il s'est passé rien de malhonnête ou d'indécent dans son opération. Il supplie sur-tout les magistrats de le juger & de le justifier. Ceux-ci prennent fait & cause pour lui ; ils agissent auprès des grands-vicaires, qui sont obligés de rendre la parole à l'interdit, mais à condition qu'il ne magnétiseroit plus les femmes.

Le pere *Hervier* est remonté en chaire & a pris son texte de l'exemple de *Jesus-Christ* guérissant les malades, pour faire son apologie & la satire des grands-vicaires, mais d'une façon adroite ; en sorte que ceux ci, sans pouvoir se venger, sont devenus la risée de la ville pour leur imbécillité.........

11 *Avril*. Mad. la duchesse de *Praslin*, morte le 27 décembre 1783, a fait un testament olographe, bizarre & dénaturé, par lequel, quoiqu'ayant des enfants & des petits-enfants, elle institue son

légataire universel, un étranger ; le maréchal prince de *Soubise*, & à son défaut le fils cadet de Mad. la princesse de *Guimené*. Le prince de *Soubise* s'est désisté du legs universel ; mais le jeune *Guimené* étant encore mineur, il a fallu réclamer le legs pour lui, ce qui a donné lieu à des plaidoiries aux requêtes du palais, où la cause a été portée.

Me. Boudet, avocat du vicomte de *Choiseul*, fils de Mad. la duchesse de *Praslin*, a prétendu que ce testament, quelque bien fait qu'il fût, devoit se regarder comme un testament *ab irato*; & les juges en ont sans doute pensé de même, puisque le mineur *Guimené* a perdu & a été condamné aux dépens. L'arrêt est du 2 avril, & a été, dit-on, unanime.

On assure que Mad. de *Praslin* imaginoit que ses enfants n'étoient pas à elle, & que son mari leur avoit successivement substitué ceux du même sexe qu'il avoit eus de Mlle. *Dangeville*. Quelque romanesque & absurde que fût cette supposition, elle étoit tellement entrée dans la tête de cette dame vaporeuse & singuliere, qu'elle l'a portée à une aversion soutenue de sa postérité, à laquelle elle n'a jamais donné la plus légere marque de tendresse. Elle avoit fait un premier testament, daté du 7 janvier 1766, qui manifestoit ses dispositions barbares, & les a confirmées dans un second du 19 février 1779.

Mad. de *Praslin* n'aimoit pas plus son mari, & elle ne parle de lui dans son testament, que pour le persiffler par un legs ridicule. L'article porte :

« Je prie M. le duc de *Praslin*, mon mari,
» d'accepter le modele du cheval de bronze sur

» lequel eſt *Henri IV*, que j'ai apporté de mon
» château de la Fleche. »

C'eſt peut-être la premiere mere de famille ayant des enfants & des petits-enfants, & raſſemblant ſous ſes yeux juſqu'à la troiſieme génération, qui ait conçu le projet de déshériter tous ſes enfants nés & à naître, qui l'ait exécuté autant qu'il étoit en elle, ſans aucun motif légitime ou apparent, & avec le ſang-froid, la réflexion de la raiſon la plus calme.

Une autre bizarrerie appartenant à cette cauſe, c'eſt que la teſtatrice ne connoiſſoit pas le jeune *Guimené*, appellé au défaut du prince de *Soubiſe*, qu'il y a deux cadets de ce nom, & qu'elle le déſignoit d'une maniere ſi incertaine qu'il en auroit enſuite réſulté néceſſairement un procès entre les deux freres pour faire prononcer par la juſtice quel étoit ce légataire qu'elle préféroit à toute ſa deſcendance.

Madame la ducheſſe de *Praſlin* étoit *Champagne* en ſon nom, & avoit apporté plus de 150,000 livres de rentes à ſon mari.

C'eſt Me. *Treilhan* qui plaidoit pour le mineur, & Me. de *Bonnieres* pour le vicomte de *Choiſeul*.

12 *Avril*. Le jugement prononcé dans l'affaire des chevaux-légers le 21 mars, porte exactement que le ſieur de *Villers*, major, eſt condamné à un an de citadelle & ſuſpendu ; de *Montemain* à ſix mois d'abbaye (Saint-Germain, priſon des militaires à Paris) & ſuſpendu pour trois ans ; de *Sarraſin* à quatre mois d'arrêts & ſuſpendu juſqu'en 1785 ; de *Saint-Eloi* & *Stableton*, à trois mois d'arrêts & même ſuſpenſion ; de *Grand-camp*, à un mois d'arrêts. Celui-ci n'étoit point de l'aſ-

semblée, mais avoit signé depuis le procès-verbal en forme de lettre au duc d'*Aiguillon*.

MONSEIGNEUR,

« Le conseil informé que *Renaud* a donné à
» monseigneur un mémoire, dans lequel il inculpe
» la plupart des membres de ce conseil, & no-
» tamment le major, M. de *Montemain*, supplie
» monseigneur de prononcer entre cet homme &
» les accusés, qui de lui ou d'eux doit rester
» dans l'hôtel & dans sa place. *Renaud* interpellé
» de dire au conseil les motifs de ce mémoire,
» l'a nié & a été expulsé par M. de *Montemain*,
» à coups de plat d'épée, parce qu'il n'avoit pas
» de bâton.

» Le conseil demande pardon à monseigneur de
» descendre à la parité avec *Renaud*; mais la jus-
» tice est pour tout le monde & le conseil ne
» demande rien de plus à monseigneur; il est
» certain de l'obtenir.

» P. S. Depuis cette délibération, le conseil a
» eu des raisons, & M. de *Montemain* lui-même
» de croire qu'on n'avoit pas fait l'honneur à ce
» dernier de le nommer dans le mémoire, mais
» seulement dans les propos qu'il méprise, dès
» qu'il peut croire qu'ils ne sont pas parvenus
» à monseigneur. Ceci ne change rien à la ques-
» tion, & le conseil ne persiste pas moins à de-
» mander justice. »

Cette lettre seule, dans laquelle il n'y a ni
esprit, ni sens, ni style, prouve combien M. le
duc d'*Aiguillon* avoit raison de leur donner un
tuteur.

12 *Avril. Mémoire pour servir à l'histoire de*

siege de Gibraltar. Tel est le titre d'un ouvrage proscrit sévérement, suivant l'ordre de M. le garde-des-sceaux, aux imprimeurs & libraires de Paris & de France, rapporté au mois de septembre dernier. Cette proscription en a rallenti seulement la publicité. Il devient plus commun aujourd'hui. On voit par l'annonce que ce mémoire avoit paru autrefois, mais *mutilé*. On annonce que les restitutions sont indiquées dans l'édition présente par des accolades, dont le texte & les notes fourmillent également.

13 *Avril*. On ne peut douter, en lisant le *mémoire pour servir à l'histoire du siege de Gibraltar*, que ce ne soit celui de M. d'*Arçon*, l'ingénieur, auteur du projet & du plan des batteries flottantes. Il ne répond nullement au surplus à l'idée qu'on en avoit donnée. Il est peu curieux ; il ne contient que des anecdotes vagues, légérement indiquées & par conséquent dénuées d'intérêt.

C'est une répétition longue & fastidieuse de tout ce qui a été dit sur cette matiere. On juge bien que l'apologiste voudroit faire entendre que l'amour-propre & la jalousie de M. de *Crillon* ont été la cause véritable & secrete du défaut de succès ; mais il n'attaque pas ce général avec la vigueur annoncée que lui permettoit l'anonyme. On ne voit pas pourquoi ce pamphlet a été si sévérement proscrit & persécuté.

13 *Avril*. Jamais *Turenne*, ou *Condé*, ou le maréchal de *Saxe* ne furent mieux accueillis à la cour que l'a été le bailli de *Suffren* depuis son retour de l'Inde. Comblé d'honneurs, de graces, de faveurs, il a vu *Monsieur* l'embrasser & le serrer tendrement dans ses bras pendant quelques instants. Il a vu la reine le conduire elle-même chez

M. le Dauphin, le présenter à ce jeune prince en lui disant: *Mon fils, apprenez de bonne heure à entendre prononcer & prononcer vous-même le nom des héros, défenseurs de la patrie.*

On assure que c'est *Monsieur* qui a le premier parlé au roi du mérite & des talents de M. de *Suffren*, qu'il avoit eu occasion de connoître lors de son voyage à Toulon.

13 *Avril.* M. *Raulin*, docteur en médecine, censeur royal, & membre de plusieurs académies nationales, vient de mourir. Il a écrit quelques ouvrages de son état.

14 *Avril.* Un événement extraordinaire, suite apparemment du long & rigoureux froid qui a régné dans toute l'Europe durant cet hiver, a jeté l'alarme en Bretagne, & est aujourd'hui tellement constaté, qu'on ne peut plus le révoquer en doute.

Le 7 mars, la grande marée jeta dans la baie d'Audiern trente trois monstres effroyables, ayant 43 pieds de long, mais peu filés, d'une grosseur presqu'égale à leur longueur. Il y avoit six pieds de distance entre leurs yeux; la mâchoire inférieure étoit garnie de deux rangs de dents; ils en avoient au total 44, de la forme & de la grosseur de la corne d'un taureau sur 9 à 10 pouces de long. Quatre hommes auroient pu passer de front & avoir leurs coudées franches dans la gueule de ces monstres. Ils approcherent en troupe, en s'élevant sur leur queue, dont chaque coup les jetoit 25 pieds en avant. Leurs mugissements faisoient retentir les environs & donnerent l'épouvante aux paysans; mais ils se trouverent ensablés quand la mer se retira. Etendus sans eau sur le rivage, ils périrent bientôt. Une femelle mit bas plusieurs petits qui, tirant moins d'eau, décampèrent; deux seuls resterent. Ils sont gros comme un cheval. Comme ils rendoient les derniers soupirs, un officier de marine & plusieurs autres monterent sur l'un d'eux qu'ils croyoient mort: d'un coup de queue le monstre les lança à dix pieds sur le sable. L'amirauté y est descendue, disant que c'est un *poisson-royal*, de petites *baleines*, des *souffleurs*, des *cachalots*. On prétend que chaque poisson a dû rendre 30 ou 40 barriques d'huile.

Tous ces détails se trouvent dans une lettre de Quimper, en date du 9 mars, imprimée, & qui a été publiée à Rennes, sous l'inspection du parlement, ce qui en garantit l'authenticité.

14. *Avril.* On ne croiroit pas que le concert spirituel, spectacle si froid & si grave, pût dégénérer en opéra bouffon & même en farce: c'est ce qui est cependant arrivé hier mardi de pâques, malgré la sainteté du jour, afin de jeter apparemment plus de variété dans ce spectacle trop monotone.

On a terminé par une symphonie de *Hayden*, remplie de traits agréables qui n'ont pu être entendus, tant le public étoit en gaieté & éclatoit de rire. Successivement chaque musicien, après avoir fait sa partie, a éteint sa bougie, pris son instrument sous le bras & quitté l'orchestre; ensorte que le premier violon s'est trouvé à la fin jouant seul.

On prétend que cette caricature harmonique tient à une anecdote qu'il faut savoir. C'est sans doute une énigme dont on nous donnera le mot. Quoi qu'il en soit, le directeur du concert a trouvé plaisant de l'appliquer à la circonstance, en ce que c'étoit la derniere fois que l'on exécutoit dans cette salle, & que le lieu de la scene sera désormais la salle des machines, dans le même palais des Tuileries.

15 Avril. On a dit que l'auteur des *Liaisons dangereuses*, pour se disculper d'avoir composé un roman trop noir & trop atroce, avoit promis d'en donner un d'un genre différent. C'est ce qu'il fait aujourd'hui en publiant les *Mémoires du vicomte de Barjac*, en deux petits volumes très-succincts, où tous les hommes sont francs & généreux, toutes les femmes & filles honnêtes, quoique couchant par fois avec des hommes & faisant des enfants; mais elles vont bientôt pleurer leur faute & ensevelir leur honte dans une retraite, ou même dans un cloître. Cependant ce fond de vertu générale pourroit devenir fastidieux. M. de *Laclo* l'a varié de détails critiques en politique & en littérature, de tableaux, de portraits, qui n'ont souvent que le trait. On peut lui reprocher malheureusement d'être dans les premiers, tranchant, dur & peu judicieux; dans les seconds, obscur & inintelligible. Malgré ces defauts, ces *mémoires pour servir à l'histoire de ce siecle*, ainsi qu'il l'annonce, se font lire avec plaisir, par la rapidité des faits, la chaleur du style & le très-bon ton qui y regne; mais ils n'ont pas le caractere original des *Liaisons dangereuses*.

L'auteur s'est ménagé une pierre d'attente pour donner une suite à ce roman, en cas que cela convienne au public, ou qu'il lui en prenne fantaisie à lui-même. Au reste, de bons connoisseurs doutent encore que cet ouvrage soit réellement de M. de *Laclo*.

15 Avril. Le procès du comte de *Mirabeau*, sur sa demande en cassation de l'arrêt du parlement de Provence du 5 juillet 1783, qui le fé-

pare de corps & d'habitation d'avec fon épouſe, commence à prendre couleur, & l'on voit déjà dans le monde un *Mémoire à conſulter & conſultation pour M. le comte de Mirabeau fils*, qu'on dit être très-curieux & très-bien fait. Il eſt volumineux & a 155 pages. Quoiqu'il ſoit ſigné d'un Me. *Duport du Tertre*, avocat, ceux qui l'ont lu, n'y trouvent nullement le travail lourd & peſant du barreau, mais tous les caracteres d'un ouvrage de littérature, & ne doutent pas qu'il ne ſoit en entier de la plume de M. de *Mirabeau*, ſauf la conſultation, ſignée de ſept juriſconſultes, dont quelques-uns très fameux.

15 *Avril*. Les muſiciens du prince d'*Eſterhazy* ayant eu quelques difficultés avec les officiers de ſa maiſon, donnerent leur démiſſion, qui fut acceptée. Le jour de leur départ étoit fixé, & la veille ils exécuterent le dernier concert qu'ils devoient donner au prince. *Hayden* compoſa pour cette circonſtance une ſymphonie, dont le dernier morceau eſt d'un genre très-extraordinaire. C'eſt un *adagio*, où chaque inſtrument récite, l'un après l'autre, un *ſolo*, après lequel *Hayden* avoit écrit ſur la partie: *éteignez votre lumiere & allez-vous-en*. En effet, le premier hautbois & le ſecond cor s'en vont les premiers; après eux le ſecond hautbois & le premier cor; puis les baſſons, puis les baſſes, & ainſi de tous les exécutants; il ne reſte que deux violons ſeuls qui finiſſent la ſymphonie. Le prince étonné demanda à *Hayden* ce que cela ſignifioit; *Hayden* lui dit que ſes muſiciens partoient & que leurs voitures étoient prêtes. Le prince eut la bonté d'aller les trouver, leur reprocha avec ſenſibilité la maniere dont ils abandonnoient un ſi bon maître: les muſiciens ſe jeterent à ſes pieds, & rentrerent à ſon ſervice.

Telle est l'origine de la symphonie qui termina avant-hier le dernier concert spirituel donné dans la salle actuelle. On l'exécuta avec toute la pantomime, & MM. *la Houssaye* & *Guénin* resterent seuls dans l'orchestre & finirent le morceau.

16 *Avril*. On a remis, il y a quelques jours, à beaucoup de portes cocheres, un *Mémoire* manuscrit pour le marquis de *Vaudreuil*, en réponse à ceux du comte de *Grasse*. Il a été donné de la part de la marquise & du comte de *Vaudreuil*. Il est assez volumineux & précédé d'une lettre du marquis de *Vaudreuil* au marquis de *Castries*, où il lui fait sentir la nécessité de répandre cet écrit justificatif.

16 *Avril*. M. le maréchal duc de *Richelieu*, gouverneur de Guienne, a jugé à propos de rendre une ordonnance de police, qui défend à qui que ce soit d'aller sur le théâtre pendant tout le spectacle, excepté aux deux jurats gentilshommes. Cette ordonnance qui blessoit les droits des jurats, prétendant avoir la police du spectacle exclusivement, a sur-tout déplu au maire, M. le vicomte de *Noë*. Il étoit à Paris & s'est rendu à Bordeaux ; il s'est présenté pour passer avec les jurats non gentilshommes, & a été arrêté par un Suisse à la livrée du roi : sur un refus formel & soutenu, il a fait enlever cet homme & mettre en prison.

L'affaire, on ne sait pourquoi, a été portée au tribunal des maréchaux de France, qui ont condamné M. de *Noë* à faire des excuses au gouverneur en tels termes qui lui seront dictés, & l'ont suspendu un an de ses fonctions.

M. de *Noë* a eu peine à se soumettre à la sentence : il prétend qu'il y a partialité ; que plusieurs membres du tribunal étant gouverneurs, ne pouvoient être juges, & l'on croit que le parlement de Bordeaux interviendra.

16 Avril. Depuis cet hiver on parloit de disposer au château des Tuileries un appartement pour loger la reine, lorsque S. M. jugeroit à propos de coucher à Paris. Depuis l'arrêt du conseil du 14 mars, où S. M. déclare qu'elle va suspendre les constructions qui devoient se faire sur les fonds de ses bâtiments, on présumoit que l'arrangement projeté cette année n'auroit peut-être pas lieu; mais on ne regarde pas sans doute cette dépense comme assez considérable pour y faire attention, & l'on présume qu'il en est sérieusement question, puisque le concert spirituel qui se tenoit dans la piece devant servir de salle des gardes, n'y doit plus être, à commencer de demain.

17 Avril. Mlle. *le Vasseur* qui avoit acquis une grande réputation du temps des opéra du chevalier *Gluck*, au succès desquels elle avoit même contribué, ne jouoit plus il y a du temps, & étoit devenue presque inutile, sur-tout depuis que Mlle. *Saint-Huberty* l'avoit remplacée & éclipsée. Cependant elle ne parloit point de quitter le comité: on lui a fait sentir qu'il étoit temps qu'elle songeât à sa retraite, & enfin elle a pris ce parti forcé, quoique pour ménager son amour-propre on soit convenu qu'il seroit annoncé comme volontaire.

Mlle. *Peslin*, danseuse, qui auroit dû disparoître aussi plutôt, a sa retraite également.

17 Avril. Le *Concert spirituel* a été transporté hier à la salle des machines du château des Tuileries sur le théâtre où ont joué successivement l'opéra & la comédie françoise. Il s'y est rendu une foule immense, moins pour le spectacle, que pour juger des arrangements de ce nouveau local. On a été fort surpris de trouver une salle horriblement enfumée, où l'on n'a remarqué d'autres changements que des banquettes dans le parterre.

Quant au théâtre, le fond en étoit tapissé de planches en demi-cercle, non peintes, & figurant assez ces voiles qu'on met sur les autels & les tableaux dans les églises durant le carême. La salle, en outre, étoit fort mal illuminée ; en un mot, tout caractérisoit une mesquinerie affreuse. L'essentiel étoit de juger si elle seroit sonore, & pour comble de désagrément on l'a jugée sourde ; ce qui n'a poit fait honneur au directeur, le Sr. *le Gros*.

Quant au concert en lui-même, il a été peu brillant : nulle nouveauté. Le seul morceau qui ait véritablement fait plaisir, quoique peu neuf, c'est le *ô salutaris*, motet sans accompagnement ; de M. *Gossec*, qu'on a redemandé. Il est d'une simplicité onctueuse & sublime. Il a été exécuté dans la plus grande perfection par les sieurs *Lais*, *Rousseau* & *Cheron*. La *Sortie* d'*Egypte*, oratorio de M. *Rigel*, très-connu aussi, n'a pas eu le même succès, faute de voix.

Mlle. *Paradis* a continué de faire l'admiration du public par sa profonde intelligence & son exécution savante, précise, rapide & sûre.

18 *Avril*. M. le marquis de *Paulmy* avoit demandé la place de bibliothécaire au roi. Il ne vouloit, dit-on, que le titre & offroit de rendre les émoluments au fils de M. *Bignon* : à cette condition il auroit laissé, après sa mort, au roi sa propre bibliotheque très-précieuse. S. M. qui étoit décidée à donner à M. *le Noir* cette marque de faveur & cette récompense, n'a point voulu changer la destination qu'elle avoit faite. Dans tout autre cas l'offre du marquis de *Paulmy* auroit été acceptée. C'est, en outre, un seigneur ami des lettres, les cultivant, & chez qui cette

paſſion tient lieu aujourd'hui de toutes les jouiſſances.

18 *Avril*. Le mémoire de M. le comte de *Mirabeau* fils, eſt d'autant plus curieux qu'il y rend compte de toute ſa vie, en fixe les diverſes époques, & par les détails qu'il donne, conduit à éclaircir ou rectifier ce qu'on en a dit en pluſieurs endroits.

En juin 1772, il épouſa Mlle. de *Marignane*, qui rompit en ſa faveur d'autres engagements.

Le 8 octobre 1773, elle lui donna un fils.

La modicité du revenu qu'on lui aſſigna, les dépenſes de ſon mariage, la dépenſe perſonnelle de madame de *Mirabeau*, lui firent contracter des dettes. Son pere en prit occaſion pour faire prononcer contre lui une interdiction de biens, au châtelet de Paris, & il obtint des ordres du roi pour fixer ſon ſéjour au château de Mirabeau, & enſuite dans la ville de Manoſque. Sa femme l'y ſuivit.

Au mois de mai 1774, ſon époux découvre une correſpondance imprudente : il en témoigne ſa jalouſie ; il pardonne & pouſſe la généroſité juſqu'à continuer de rendre des ſervices à l'homme qui en étoit l'objet. Les intérêts de celui-ci exigent que le comte de *Mirabeau* faſſe un voyage aux environs de Graſſe. Il rompt ainſi ſon exil; une rixe imprévue divulgue le ſujet de ſon voyage; il eſt décrété de priſe-de-corps.

A la ſollicitation de ſon pere, afin de prévenir les ſuites de la procédure, il eſt enfermé au *Château-d'If*, le 13 ſeptembre 1774.

Le 11 février 1775, un cantinier du château l'accuſe de l'avoir volé avec ſa femme; M. d'*Alegre*, le commandant du château, le juſtifie. Il est transféré en mai au château de *Joux*, prison plus douce: il obtient bientôt de n'avoir que les arrêts de la ville de *Pontarlier*. Tout-à-coup le comte de *Saint-Maurice* qui commandoit dans le château & la ville, ordonne la retraite du prisonnier au château. Il s'évade au mois de février 1776.

Le 25 août 1776, la marquise *le Monnier* disparoît de *Pontarlier*; on accuse le comte de *Mirabeau* de l'avoir engagée à venir le trouver en *Hollande*, où il s'étoit réfugié. Il est condamné par une sentence de contumace à la mort.

Sa famille le fait arrêter en *Hollande* le 17 mai 1777, & il est mis au château de *Vincennes* jusqu'au 17 décembre 1780.

M. de *Mirabeau* est resté depuis seize mois auprès de son pere, & il ne l'a quitté que pour faire anéantir, par sa représentation, la sentence de *Pontarlier*.

Le 11 août 1782, par une transaction passée entre le marquis *le Monnier* & lui, toutes les difficultés nées & à naître entre eux sont éteintes & terminées.

Il arrive enfin en *Provence*; il réclame sa femme. Après avoir tenté inutilement tous les moyens de réconciliation, il a recours à la justice; il plaide sa cause lui-même plusieurs fois, & le 17 juin 1783 en présence de l'archiduc & de l'archiduchesse de *Milan*. Son pere & son oncle le soutiennent dans cette affaire. Enfin intervient l'arrêt dont il demande la cassation, parce que sur-tout la séparation a été prononcée, sans ordonner la preuve des moyens de séparation, & sans qu'aucun de ces moyens ait été prouvé.

19 *Avril*. Les demoiselles danseuses de l'opéra viennent de faire un acte de police fort édifiant. Durant les vacances, il a été commis un assassinat & un vol, dont une demoiselle BOURGEOIS est accusée d'avoir été complice, ou témoin au moins. Elle est sœur d'une de leurs camarades, portant le même nom. Quand celle-ci est venue pour les répétitions, les autres n'ont point voulu communiquer avec elle, & l'ont expulsée.

19 *Avril*. Madame la marquise de *Cabris* la jeune, qui dans trois *Factums* vigoureux a déjà exposé fort au long au public le sujet de ses réclamations, vient de les reproduire dans un quatrième plus volumineux que les autres. Il a 191 pages, & porte pour titre : *Mémoire & consultation pour madame la marquise de Cabris, belle-fille, défendant l'interdiction de son mari; contre madame de Lombard de Saint-Benoît, marquise de Cabris, douairiere, poursuivant l'interdiction du marquis de Cabris son fils, pour cause de démence*.

C'est un nouvel orateur qui se met aujourd'hui sur les rangs, comme le champion de cette dame. Il se nomme Me. de *Beauséjour*. Il a joint une *consultation* en date du 19 mars 1784, signée de lui seul.

Il faut se rappeller que la jeune marquise de *Cabris* est *Mirabeau* en son nom, sœur du comte. On croit que celui-ci, infatigable au travail, occupé de sa propre défense n'a point négligé celle de sa sœur & a beaucoup de part à ce mémoire; ce qui le rend encore plus recherché.

20 *Avril*. Madame la comtesse d'*Artois*, quoique malade, & ne recevant personne, voulut cependant voir M. de *Suffren*, lorsqu'il fut pré-

senté à la cour, & c'est la seule personne qui entra chez elle pendant toute la journée.

M. le duc d'*Angoulême* étoit à son travail, lorsque l'amiral entra chez lui. Il se leva & s'avançant lui dit : *Je lisois dans ce moment même l'histoire des hommes illustres ; je quitte mon livre avec plaisir, puisque j'en vois un.* On assure que ce propos est vraiment du jeune prince, rempli de vivacité & d'esprit.

Le roi entretint M. de *Suffren* pendant plus d'une heure de ses opérations de l'*Inde*, & ce marin fut étonné de la maniere dont sa majesté avoit les choses présentes, comme si elle eût été à côté de lui pendant ses opérations.

En entrant dans la salle des gardes, quelqu'un ayant averti la sentinelle que M. le *Maréchal* de *Castries* passoit : « *Messieurs*, dit le ministre, « c'est *Monsieur* de *Suffren*. » A ces mots les gardes-du-corps se leverent, & quittant leur mousqueton formerent le plus grand cortege à cet amiral jusqu'à la chambre du roi.

A dîner, le 4 de ce mois chez le maréchal de *Castries*, où étoient beaucoup d'officiers de la marine, & sur-tout le comte d'*Estaing*, quelqu'un appelloit toujours celui-ci, général. Monsieur d'*Estaing*, désignant M. de *Suffren*, lui répondit : « Monsieur, voilà le seul général qu'il y » ait ici. »

Quelqu'un disant à M. de *Suffren* : « voilà » bien des honneurs ; mais y a-t-il quelque » pension ? Il répondit : *Je me soucis bien* » *de pension, je suis plus riche qu'eux tous.* » En effet, il a 54,000 livres de rentes en commanderie, & dans peu il lui en revient une à-peu-près aussi forte. Sa place de vice-amiral lui vaudra 24,000 livres; le cordon du *Saint-Esprit* 3,000 livres. Il jouit outre cela de 6,000 livres d'anciennes pensions. Il aura pour sa part plus de 100,000 livres de ses prises; & les présents d'*Hyder-Aly*, avec ce qu'il lui a laissé par testament, forment un objet de plus de 300,000 liv.

20 *Avril.* On ne peut se dissimuler que le *Mémoire de madame de Mirabeau* signé d'elle seulement, & auquel étoit jointe la consultation de six avocats, publié à *Aix* le 6 avril 1783, ne contînt des griefs suffisants, s'ils étoient prouvés.

Elle y propose la vie entiere de son mari comme un moyen de séparation.

Il n'a jamais connu de devoirs, s'est joué de l'honneur, de la bonne foi, de la vertu; il n'a respecté ni les liens du sang, ni ceux de la nature.

Il a attenté à la propriété d'autrui, & son caractere féroce a menacé la société.

Flétri par des décrets, par des procédures, par des sentences infamantes, il a toujours été dans des maisons de force ou sous la main de la justice; il a souscrit une transaction flétrissante qui écarte à jamais toute idée d'absolution.

Il a été mauvais fils, mauvais époux, mauvais pere, mauvais citoyen, sujet dangereux.

Mauvais fils: il a attenté à l'honneur de son pere par d'infames libelles.

Mauvais mari: il a accablé sa femme de soupçons & de coups, & profané la sainteté du mariage par des crimes.

Mauvais pere: des exemples funestes, un nom avili & dégradé. Voilà ce qu'il préparoit à son fils.

Mauvais citoyen, sujet dangereux : il est infame & flétri.

Enfin la consultation dit qu'un homme qui rassemble tous les vices, qui ne respecte rien & qui, couvert d'opprobre & d'infamie, les feroit partager à sa femme, n'a pas droit de la réclamer.

Les mémoires respectifs ont été supprimés par l'arrêt.

20 *Avril*. Relation de la séance publique de l'académie royale des inscriptions & belles-lettres, tenue aujourd'hui pour sa rentrée d'après pâques.

M. *Dacier*, secretaire, a d'abord annoncé que l'académie avoit été assez heureuse pour pouvoir distribuer deux prix à cette époque. Que le premier sujet étoit de déterminer *l'influence des loix maritimes des Rhodiens sur la marine des Grecs & des Romains, & l'influence de la marine sur la puissance de ces peuples*. Que c'étoit M. *Pastoret*, conseiller à la cour des aides, qui l'avoit le mieux rempli. Il a pris occasion de-là pour faire l'éloge d'un jeune magistrat à qui cette matiere auroit dû naturellement être fort étrangere. M. *Pastoret*, présent, étant venu recevoir la médaille des mains du prince de Beauveau, directeur, M. *Dacier* a dit que le sujet du second prix étoit de comparer entr'elles *la ligue des Achéens*, 280 ans avant Jesus-Christ; *celle des Suisses* en 1307 de l'ere chrétienne; *celle des Provinces-unies* en 1579; *& de développer les causes, l'origine, la nature & l'objet de ces associations*. Ce second prix extraordinaire a été remporté par M. *Jean*, baron de *Meerman*, seigneur de *Dulem*, résident à la Haye, & l'on n'a pas été surpris qu'un homme libre eût le mieux traité cette matiere.

Enfin le secretaire a proposé au nom de sa compagnie pour le sujet du prix à délivrer à la saint Martin 1785, de rechercher *quel fut l'état de l'architecture chez les Egyptiens, & ce que les Grecs paroissent en avoir emprunté.*

Faute d'éloges à lire, le reste de la séance a été rempli par la lecture de quatre mémoires.

M. *Dutheil* a commencé le premier. Beaucoup de gens ont été surpris de voir reparoître cet académicien, dont ils ignoroient la destinée. Il nous a appris qu'il avoit été faire à *Rome* les mêmes recherches que M. de *Brequigny*, son confrere, avoit été faire à *Londres*. Il faut savoir que M. *Bertin* ministre, cherchant toutes sortes de moyens d'agrandir son département, qui n'étoit composé qu'aux dépens des autres & de divers petits détails, avoit adopté le projet qu'on lui avoit suggéré d'un bureau de correspondance & de dépôt pour recueillir les matériaux propres à éclaircir l'histoire de France. M. *Dutheil*, curieux de voyager en Italie, offrit en 1776 ses services à M. *Bertin*, qui les accepta & lui donna ses instructions au mois d'août.

Depuis ce temps, M. *Dutheil* est resté à Rome, occupé à fouiller dans la bibliotheque du Vatican, dans celles de *saint Pierre* & du château *saint Ange*, & dans d'autres particulieres. La premiere est toute remplie de manuscrits, au nombre de 15,000, mais si connus des savants, qu'il n'a guere trouvé qu'environ 60 ouvrages à copier. Les deux autres, qui contiennent les lettres des papes, sont moins fréquentées. Il en a extrait 5,000 lettres & 5,000 par fragments, par sommaires & par dates. Il a composé deux ouvrages pendant son séjour à Rome. La traduction d'un traité

traité de Plutarque à l'usage des nouveaux mariés, & une vie de Raphaël Meng, peintre espagnol.

Outre l'énumération que M. *Dutheil* a faite de ses longs travaux, il a rendu compte ensuite de tous ceux qui lui ont fourni des secours pour réussir dans une entreprise où il y avoit des difficultés de plus d'un genre. Il a terminé par un éloge du cardinal de *Bernis*, auquel il a mis le comble en disant que c'étoit le meilleur des hommes.

Il paroît que M. *Dutheil* n'est pas au bout de ses recherches, & compte retourner pour reprendre le cours de ses travaux : c'est aujourd'hui sous les auspices de M. le garde-des-sceaux, qui a succédé à M. Bertin, pour cette partie.

A ce mémoire, assez ennuyeux dans ses détails, en a succédé un beaucoup plus intéressant, de M. de Keralio, *sur les loix & usages militaires des Grecs & des Romains*. Il a réservé la derniere partie pour une séance particuliere, & n'a traité que la premiere. Il a divisé celle-ci en deux ; il a parlé successivement d'Athenes & de Lacédémone. On ne peut croire qu'il ait dit des choses bien neuves sur une matiere dont ont écrit tant d'historiens ; mais il en a rapproché les détails d'une façon tout-à-fait piquante. Son mémoire est précis, rapide & très-plein. Son but est de faire voir principalement combien l'éducation de la jeunesse & la discipline militaire donnoient de force à ces républiques ; que c'est elles seules qui engendrent & forment les bonnes troupes & les héros.

Quand cette discussion ne serviroit qu'à nous apprendre ces grandes & importantes maximes, elle seroit très-utile. M. de *Keralio* insinue en outre, que notre tactique pourroit y gagner, & que tout récemment nous avons emprunté de celle des Grecs & des Romains ce qu'on appelle l'*Ordre profond*.

M. BOUCHAUD, qui s'occupe depuis long-temps de travaux sur le droit Romain, a fait lire le troisieme mémoire par M. *Anquetil*, son confrere. Il est à la suite de ses recherches, & roule sur la *seconde table de la loi des douze tables*. Il y est question uniquement d'un passage au sujet duquel les commentateurs se sont donné la torture. Après en avoir rapporté les opinions absurdes & ridicules, l'académicien fait voir que le meilleur sens est le plus naturel, celui qui se présente le premier.

M. de *Rochefort* a terminé la séance par un quatrieme mémoire sur le poëte *Menandre*, & *sur l'art qui régnoit dans ses comédies*. On sait que c'est à ce poëte qu'a commencé le moyen âge de la comédie. Il n'y avoit pas un siecle d'écoulé depuis *Aristophane*, & il l'avoit déjà purgée des personnalités, de la licence & des grossiéretés qui l'infectoient dans son berceau sous le premier des comiques. On juge, quoiqu'il ne reste que des fragments de cent cinq comédies qu'il avoit composées, qu'il avoit même poussé cet art à un grand point de perfection : par des inductions amenées avec beaucoup de finesse, M. de *Rochefort* prétend découvrir dans ces lambeaux épars les principes d'*Aristote* sur la comédie, traité qui est aussi perdu. Il paroît qu'une grande simplicité caractérisoit les plans de *Menandre*, dont *Terence* a beaucoup emprunté, mais en les compliquant davantage d'incidents. Cette dissertation est pleine d'excellentes vues sur l'art, de jugements prononcés avec goût, & peut-être lue avec fruit par les jeunes gens qui entrent dans la carriere. M. de

Rochefort défend sur tout son héros du reproche qu'on lui a fait de n'avoir pas de *vis comica*, & en rapportant l'avis de celui qui a dit que *Ménandre* étoit le poëte le plus philosophe après *Homere*, on voit qu'il penche de ce côté & est assez disposé à le croire.

21 *Avril*. Relation de la séance publique de l'académie-royale des sciences, tenue aujourd'hui pour sa rentrée d'après pâques.

M. le duc de *la Rochefoucault*, président, sans doute pour soulager M. de *condorcet* qui, en qualité de secretaire, auroit dû lire les annonces d'usage, les a faites lui même. Elles sont ainsi:

Le prix de physique sur la question concernant les cotonniers, proposé pour 1781, & remis à 1784, a été accordé au mémoire N°. I, ayant pour devise: *Deus bone*, qui avoit été envoyé au premier concours, & qui l'a été de nouveau avec des additions importantes. L'auteur est monsieur *Quatremere d'Isjonval*, le même qui a remporté en 1777 un prix, dont le sujet étoit *l'analyse & l'examen chymique de l'indigo*, & qui a aussi obtenu en 1781 celui de l'académie de *Rouen*, sur les *terres calcaires*.

Quant au prix, dont le sujet étoit « de déterminer la nature & les causes des maladies des ouvriers employés dans la fabrique des chapeaux, particuliérement de ceux qui *secrettent*, & les meilleurs moyens de les préserver de ces maladies, soit par des moyens physiques ou méchaniques, soit par des changemens avantageux dans les différentes opérations de leur travail. » Il a été remis à l'année prochaine, & la proclamation ne s'en fera que dans la séance publique d'après la Saint-Martin 1785.

Dans le nombre de mémoires envoyés au concours, il y en avoit plusieurs, contenant des recherches intéressantes & des expériences tendant à remplir l'objet de l'académie ; cependant ils ne satisfont pas à ce qu'elle a particuliérement demandé sur l'objet essentiel. Le directeur a ensuite indiqué des détails particuliers à faire pour satisfaire véritablement la question principale.

L'académie a remis encore pour la même assemblée de 1785, un autre prix, dont le sujet étoit « de perfectionner la construction des moulins à » eau, sur-tout de leur partie intérieure, de » maniere qu'ils soient plus simples, s'il est pos- » sible ; qu'ils donnent plus de farine & des » produits plus distncts dans la qualité de ces » farines; que par la réunion & le jeu des blute- » ries, à mesure que la farine est extraite du grain » ils deviennent propres à la nouvelle espece de » mouture adoptée depuis quelques années dans les » moulins de Corbeil & dans quelques autres, voisins » de la capitale. Enfin qu'ils renferment différentes » méchaniques, pour qu'elles puissent, au moyen » de la force qui les fait mouvoir, produire les » divers effets nécessaires à leur service. »

Deux mémoires ont été distingués par l'académie. L'un annonce un auteur très-instruit sur la construction des moulins & sur la mouture des bleds. S'il releve les avantages de la mouture économique, & la regarde comme préférable à toute autre qu'on a employée jusqu'à présent, il prétend aussi que les procédés qu'on y fait sont défectueux à qelques égards, & propose les moyens de les rectifier; mais en s'expliquant sur quelques-uns, il garde le silence sur un autre très-essentiel, en convenant que ce moyen, auquel il attache un grand prix, demande une suite d'expériences dont il est occupé.

L'auteur du second mémoire a présenté d'une maniere très-exacte tout ce qui concerne la mouture des grains, & principalement les procédés qui sont propres à la mouture économique; mais ces connoissances rassemblées avec autant d'ordre que de clarté, ne sont proprement qu'un précis des meilleurs ouvrages publiés sur cette matiere.

Après ces annonces, M. le marquis de *Condorcet* a lu l'éloge de M. *Hunter*. Cet éloge, très-court, a intéressé, quoique roulant sur un étranger, par la nature du personnage. C'étoit un médecin anglois, qui devoit d'abord entrer dans l'église, & s'y refusa pour ne pas mentir à sa conscience en signant des formules contraires à sa maniere de penser. Dégagé des préjugés, il paroît qu'il n'étoit pas fort croyant à rien, & son panégyriste s'est lui-même expliqué à cet égard d'une façon assez libre; ce qui ne lui est pas ordinaire : il s'est sans doute trouvé entraîné par la force de son sujet ; il n'a pas même dissimulé que la mort très-philosophique du docteur a répondu au reste de sa vie.

La franchise de M. *Hunter* s'étendoit jusques à sa doctrine; il ne faisoit pas grand cas de sa profession ; il croyoit que les empiriques, les charlatans pouvoient réussir aussi par hasard; il n'excluoit personne de l'art de guérir, bien loin de se l'attribuer exclusivement, comme fait le médecin ignorant ou médiocre.

A la lecture de cet éloge, a succédé celle de plusieurs mémoires, qui sont:

1°. Celui de M. d'*Aubenton* sur des draps fabriqués avec de la laine superfine de France, provenue de son troupeau de Montbard. On sait qu'il s'occupe depuis très long-temps d'expériences tendantes à améliorer nos laines. Son grand moyen est de faire parquer les moutons, & de les tenir à l'air au moins pendant neuf mois de l'année. L'académicien prétend qu'il est d'autant plus nécessaire de généraliser ce travail, que nous sommes à la veille de manquer des laines que nous fournissoit l'Espagne. Ce gouvernement commence à s'éclairer, & pourroit établir incessamment chez lui des manufactures pour lesquelles il conserveroit cette matiere premiere.

2°. Celui de M. *Tenon* sur les moyens que la nature a donnés aux oiseaux & aux poissons pour se diriger dans l'air & dans l'eau. Son objet, dans un temps où l'homme veut franchir les limites prescrites à ses facultés, & marcher dans les eaux, s'élever dans les airs, est de prouver que la structure des ailes ou des nageoires tient à des principes tels qu'il seroit difficile & même impossible d'en imiter & d'en appliquer utilement le méchanisme.

3°. Celui de M. *Meusnier* sur la décomposition de l'eau & sur les moyens de faire l'air inflammable en grand. Il prouve par des expériences faites en commun avec M. *Lavoisier*, que le fluide dont il s'agit n'est point une substance simple, & indique comment il est parvenu à le reconnoître: découverte bien essentielle dans un temps où l'on a un si grand besoin de cet air inflammable, agent du nouvel art de s'élever dans les airs. Celui qu'on obtient de la décomposition de l'eau est dix à douze fois plus léger que l'air atmosphérique.

Il auroit été fait part au public de plusieurs autres mémoires intéressants, si le restant de la séance n'eût été destiné à l'éloge de M. d'Alembert. M. *Houdon*, dont le ciseau paroît plus particuliérement consacré à perpétuer l'image des hommes célebres, a fait présent à l'académie du buste du défunt. On venoit de le placer, & c'est devant cette image que M. de *Condorcet* a fait fumer son encens.

Quoique le panégyriste eût déjà ébauché deux fois l'éloge de M. *d'Alembert*, il n'a pas craint de se répéter en un sujet où il se complaisoit si fort, & s'est donné carriere pendant plus d'une heure. Il a très-noblement traité l'anecdote de sa naissance; il a observé que les grands hommes n'avoient pas besoin d'aïeux pour être illustres, ni de postérité pour perpétuer leur mémoire immortalisée par leurs ouvrages. A l'égard de ceux-ci, il s'est étendu principalement, ainsi que l'exigeoit la circonstance sur les scientifiques. Il a cependant encore trop exalté en M. *d'Alembert* l'homme de lettres. En faisant un éloge pompeux du discours préliminaire de l'*Encyclopédie*, il n'a pas dissimulé la part qu'y avoit M. *Diderot*, & a osé le louer, quoiqu'il ne soit d'aucune académie. En définissant assez bien le caractere des éloges d'académiciens françois composés par son héros, il a eu l'adresse de les présenter sous un point de vue avantageux, & de les priser beaucoup plus qu'ils ne le méritent réellement.

Il n'a pas dissimulé les défauts personnels de M. *d'Alembert*; il est convenu qu'il étoit aigre dans la dispute, dénigrant, exclusif; mais il a encore adouci cet aveu, en disant que c'étoit en lui vivacité, franchise & zele. Cette tournure de l'amitié fait d'autant plus d'honneur au panégyriste, qu'il essuyoit souvent des bourrasques de l'humeur de son maître, sur-tout durant les derniers mois de sa maladie, lorsqu'il l'accompagnoit aux Tuileries, & portoit le bourrelet pour asseoir moins douloureusement le philosophe souffrant ; car la vénération de l'illustre élève le portoit jusqu'à lui rendre ce petit service.

On a cru que la tête de M. d'*Alembert* s'étoit affoiblie sur la fin ; on s'est trompé : il ne pouvoit plus s'occuper des hautes méditations qui l'avoient toujours agité ; mais il se livroit à la littérature ; il aimoit à en entendre parler dans son lit de mort, & il s'est endormi avec ces idées agréables.

M. de *Condorcet* n'a pas osé aller plus loin & s'étendre sur l'anecdote de l'enterrement, qui auroit nécessité de sa part une sortie trop vigoureuse contre les prêtres.

21 *Avril*. Quand on a lu le volumineux mémoire de Mad. de *Cabris* la jeune, on est en effet très-porté à la croire innocente. Il paroît qu'elle y établit assez bien la fausseté des imputations de ses ennemis, ou plutôt qu'elle y dévoile avec beaucoup d'adresse la malignité par laquelle ils sont parvenus, en mêlant le vrai & le faux, à la faire juger coupable & à en imposer même aux magistrats.

Ce mémoire, d'ailleurs, est très-précieux, en ce qu'il jette un grand jour sur plusieurs endroits de la vie du comte de *Mirabeau*, son frere, si intéressant par son nom, par ses malheurs, par son courage & par ses écrits.

22 *Avril. Seconde suite des Lettres curieuses & édifiantes*. Il paroît que le projet de l'auteur ou

des auteurs de ce pamphlet seroit de le convertir insensiblement en ouvrage périodique, qu'ils substitueroient à la gazette ecclésiastique, devenue si insipide depuis la destruction des jésuites. Outre plusieurs lettres de correspondance entre les divers prélats qu'on a déjà mis en scene, & dont la plus récente est datée du 17 janvier 1784, on y trouve deux pieces plus remarquables.

1. *Mandement de monseigneur l'évêque de Rennes, en faveur des biens de l'église*. Persifflage assez plaisant, où on lui fait annoncer à ses ouailles le projet du gouvernement de faire rendre, par les évêques, aux pauvres la portion qui leur étoit réservée autrefois sur les revenus des gros bénéficiers. En conséquence il ordonne des actions de graces au tout-puissant, des prieres pour le roi, &c.

2. *Troisieme partie du mémoire des bénédictins des Blancs manteaux*, où ce profond théologien, canoniste & homme d'état, indique de quelle maniere on peut ramener l'usage des biens ecclésiastiques à leur destination primitive, & à quels établissements d'utilité publique, conformes à l'esprit des saints canons, on peut employer la portion qui n'est pas nécessaire à l'entretien des ministres de l'église & de ses temples.

Ces lettres ne sont pas aussi plaisantes & aussi méchantes que celles contre l'évêque d'Autun & autres prélats administrateurs; mais elles tendent visiblement à un but plus utile. Le gouvernement dont elles servent parfaitement les vues, doit les favoriser sous main.

22 *Avril*. Quoique dans les quatre derniers volumes du *Tableau de Paris* de M. Mercier, il n'y ait pas plus de plan, de liaison, d'ordre que dans les précédents; quoiqu'il y ait encore quan-

tité d'articles hétérogenes, croqués, bas, plats, on y en trouve aussi d'intéressants, de piquants, & ils sont en général plus soignés & plus amusants. Mais c'est toujours un ouvrage de libraire, qu'on grossit comme l'on veut. C'est une encyclopédie entiere, où l'on ne trouve que des matieres effleurées, aucune d'approfondie. Il contient en tout 674 chapitres; ce qui fait environ quatre pages pour chacun, & il en est qui exigeroient des volumes. On ne peut disconvenir pourtant qu'il n'ait un certain succès, sur-tout dans les provinces & chez l'étranger, & c'est à son titre qu'il le doit principalement.

13 *Avril.* On a sans doute été content de l'administration actuelle de l'opéra: malgré tous les bruits de changements & les intrigues des aspirants à la direction, on l'a conservée sur le même pied. Quoi qu'il en soit, pendant l'année dramatique derniere, on n'a donné sur le théâtre lyrique que cinq ouvrages nouveaux, mais on en a remis neuf.

Produit des Capitations.

Premiére   Castor.... 7,569 liv.
Seconde   Iphigénie
 en Aulide....... 8,626   } 38,930 livres
Troisieme   Didon... 7,608
Quatrieme   Iphigénie
 en Aul. & la Carav.... 15,127

Il faut déduire de cette derniere somme 4,894 liv. provenant de gratifications qu'ont coutume de donner à la fin de l'année, pour leurs loges, les princes & autres personnes considérables; reste toujours celle de 10,233 liv. à laquelle n'a jamais atteint aucune recette de capitation faite dans la salle actuelle.

24 Avril. Le sieur de Beaumarchais, ainsi qu'on l'avoit prévu, a si bien intrigué qu'il l'emporte enfin, & sa piece est annoncée pour mardi 27 sous le double titre de la Folle journée ou le mariage de Figaro, comédie en cinq actes & en prose.

24 Avril. Les travaux des comédiens françois, cette année, se réduisent à quatre tragédies nouvelles, & trois remises, quatre comédies nouvelles, & cinq remises; un mélodrame: en tout dix-sept ouvrages. Il y faut ajouter l'Inconstant, comédie en cinq actes & en vers, jouée à la cour.

Ceux des comédiens italiens sont toujours extraordinaires: ils ont joué dix drames ou comédies, quinze opéra comiques, ou pieces en vaudevilles. Ils ont remis trois ouvrages: en tout vingt-huit ouvrages.

Ils ont en outre joué à la cour les cinq ouvrages suivants: les deux Soupers, comédie lyrique en trois actes; l'Amant sylphe, comédie lyrique en trois actes; le Dormeur éveillé, comédie lyrique en quatre actes; les Quatre coins, opéra comique en vaudevilles; les Paysans patriotes, comédie lyrique en trois actes.

24 Avril. Ce qui prouve à quel point M. le duc de Chartres est embarrassé pour la location de ses nouveaux bâtiments, c'est l'accès qu'il donne à tous les charlatans qui, sous ses auspices, cherchent à faire des dupes, par l'annonce fastueuse d'institutions nouvelles. On parle aujourd'hui d'un Lycée de Paris, club littéraire, sous la protection immédiate de S. A. S. monseigneur le duc de Chartres & sous la direction de M. Bassi. On doit en répandre incessamment le prospectus.

24 Avril. Jamais le tombeau de *saint Médard* n'attira plus de monde & n'opéra des choses plus extraordinaires que le mesmérisme. Il mérite enfin l'attention du gouvernement. Pour savoir le tolérer & jusqu'à quel point, S. M. a nommé quatre commissaires de la faculté, quatre de l'académie des sciences & autant de la société royale, chargés de suivre les traitements du docteur *Deslon*, & de lui en rendre compte.

Cela devient un spectacle. Derniérement madame la princesse de *Lamballe*, avec une dame de sa suite, est allée chez le docteur *Deslon*, comme il magnétisoit. Il n'y avoit pas moyen de refuser une princesse, & malgré la parole donnée par ce médecin aux malades, S. A. les a vus entourant le baquet mystérieux & s'y livrant à toutes les simagrées qu'il leur fait faire. Les femmes sur-tout ont été très-scandalisées d'une semblable curiosité, car ce sont elles qui éprouvent les plus singulieres convulsions, tenant beaucoup des extases du plaisir; aussi sont-elles les plus ardentes à prôner le mesmérisme.

25 Avril. C'est demain décidément qu'on joue sur le théâtre lyrique les *Danaïdes*, opéra en cinq actes, dont les paroles sont du feu baron de *Tschoudy*, revues & corrigées par M. le bailli du *Rollet*. Quant à la musique, dans l'annonce on la donne en commun au chevalier *Gluck* & à M. *Salieri*, maître de musique de S. M. l'empereur & des spectacles de la cour de Vienne. Aux répétitions on n'a remarqué aucune disparate qui ait pu faire connoître la différence des deux manieres; ce qui doit faire supposer que l'éleve est digne du maître.

De grands effets tragiques, peu de chant, de mauvais airs de danse, voilà le résultat du jugement des connoisseurs qui ne font pas fanatiques.

25 *Avril.* M. de *Vermont*, accoucheur de la reine, pour rétablir sa mauvaise réputation, pour repousser les reproches qu'on lui a fait de dureté, d'inhumanité, de barbarie, vient de faire annoncer un nouveau prix qu'il a fondé, consistant en une médaille d'or de 300 liv. destinée au meilleur mémoire ou aux observations les plus utiles aux progrès de l'art des accouchements, envoyés dans le courant de l'année: comme de raison, le jugement remis à l'académie royale de chirurgie.

Dans cette annonce M. de *Vermont* est qualifié pour la première fois de *conseiller d'état.* Ainsi le voilà *haut & puissant seigneur*, de même que M. *Nicolas Beaujon.* Il faut se rappeller à ce sujet la sensation que fit dans Paris le billet d'enterrement de la femme de celui-ci.

26 *Avril.* Aucun ouvrage du chevalier *Gluck*, même sa première *Iphigénie*, n'a attiré autant d'affluence que celui d'aujourd'hui. La reine n'a pas manqué de l'honorer de sa présence.

M. le bailli de *Suffren*, qui paroissoit pour la première fois en public, ayant été apperçu au balcon où il avoit pris place, a été applaudi universellement, avec transport & pendant très-long-temps, malgré la gêne effroyable où étoit le parterre. L'orchestre, excité par cet enthousiasme, l'a salué d'une fanfare avec les timbales & trompettes. Le public a crié *bis*, & la fanfare a recommencé.

Les actes des *Danaïdes* sont heureusement fort courts, car on ne pourroit supporter long-temps cet affreux spectacle, dont les ballets mêmes, parfaitement analogues au genre, ne sont que des jeux atroces, que des pantomimes représentant allégoriquement ce qui doit bientôt se passer en action. C'est sur-tout au troisieme acte appellé l'*acte du festin*, qu'est le comble de l'horreur, par la perfidie de ces femmes dansant avec leurs maris, les caressant, les agaçant, lorsqu'elles ont décidé, dès le second acte, de les massacrer durant leurs embrassements secrets, & que le spectateur est déjà confident de cet exécrable complot.

Il n'est point d'ouvrage, malgré la noirceur du sujet, qui présente un ensemble aussi riche & aussi imposant. La multiplicité des personnages, le nombre des décorations & leur genre pittoresque, la belle exécution des machines, le brillant des costumes, tout contribuoit à saisir l'imagination & à frapper le spectateur d'étonnement.

M. *Gardel* a mis beaucoup d'intelligence dans ses ballets & s'est montré digne de marcher sur les traces de M. *Noverre*. Il a senti qu'il ne falloit pas trop distinguer entre eux les freres, & les sœurs entre elles; il en est résulté que les premiers sujets font corps avec les figurants, ce qui donne beaucoup plus de vérité à la pantomime, malgré la confusion qui a régné un moment, mais qui s'éclaircira par une exécution plus répétée.

Le jugement déjà annoncé sur la musique s'est confirmé. On y pourroit ajouter que l'ouverture ne répond nullement au sublime d'horreur qu'elle devroit rendre. Au reste, un tel ouvrage mérite qu'on y revienne.

26 *Avril*. Le parlement a repris ses séances pour les affaires publiques, interrompues pendant les vacances de pâques. On ne croit pas qu'il s'en tienne encore à la seconde réponse du roi à ses remontrances, concernant les bénédictins, la commission des réguliers, & l'affaire des Quinze-

vingts, qui lui défendoit *de se mêler de ces af-*
faires, sa majesté s'en étant réservée la connois-
sance.

Quant aux réflexions de la cour sur les lettres d'extinction en faveur du sieur de *Sainte-Foy*, on regarde cela comme une affaire finie, par la réponse de sa majesté qu'elle réfléchiroit sur cet objet, & qu'elle feroit connoître à son parlement ses intentions à cet égard.

26 *Avril.* On dit aujourd'hui que la principale raison qui a empêché d'accepter l'offre de M. de *Paulmy*, c'est qu'il est ministre d'état, caractere indélébile qui, s'il avoit été bibliothécaire du roi, lui auroit donné le droit de travailler avec sa majesté, sans l'intervention du ministre de Paris, démembrement auquel le baron de *Breteuil* s'est opposé.

27 *Avril.* Ç'a sans doute été aujourd'hui pour le sieur de *Beaumarchais*, qui aime si fort le bruit & le scandale, une grande satisfaction de traîner à sa suite, non-seulement les amateurs & curieux ordinaires, mais toute la cour, mais les princes du sang, mais les princes de la famille royale ; de recevoir quarante lettres en une heure de gens de toute espece qui le sollicitoient pour avoir des billets d'auteur & lui servir de *battoirs* ; de voir madame la duchesse de *Bourbon* envoyer dès onze heures des valets de pied au guichet, attendre la distribution des billets, indiquée pour quatre heures seulement ; de voir des cordons bleus confondus dans la foule, se coudoyant, se pressant avec les savoyards, afin d'en avoir ; de voir des femmes de qualité, oubliant toute décence & toute pudeur, s'enfermer dans les loges des actrices dès le matin, y dîner & se

mettre sous leur protection, dans l'espoir d'entrer les premieres ; de voir enfin la garde dispersée, des portes enfoncées, des grilles de fer même n'y pouvant résister & brisées sous les efforts des assaillants. Mais le triomphe véritable pour lui, ç'a été de faire lever une défense du roi de jouer sa piece, donnée par écrit il n'y a pas un an, & signifiée avec une solemnité qui sembloit en faire & caractériser une affaire d'état. Et dans quelle circonstance ? Lorsque l'auteur le plus honnête n'auroit osé proposer une pareille piece, par la crainte d'allusion à des bruits qui ont affligé cet hiver la famille royale, & qui pouvoit rappeller le souvenir d'une calomnie atroce. lorsque du moins aucun censeur n'auroit pris sur lui de laisser subsister un incident prêtant si fort à la malignité du spectateur.

Quoi qu'il en soit, on juge bien qu'avec cet empressement général la salle a été remplie de bonne heure. A ces séances tumultueuses il arrive toujours quelque distraction qui occupe le public. C'est ainsi que M. le bailli de *Suffren* ayant paru, il a été applaudi avec les mêmes transports qu'hier à l'opéra ; mais ce qui a beaucoup diminué le mérite de cet enthousiasme, & indigné les vrais patriotes, ç'a été de voir la dame *Dugazon* qui, rétablie de sa honteuse maladie, ne s'étoit pas encore montrée au spectacle, occasionner les mêmes transports que le héros.

Quant à la comédie, le plus grand nombre des spectateurs s'attendoit bien qu'elle seroit mauvaise, mais non aussi longue. On croyoit qu'elle occuperoit la durée ordinaire du spectacle, puisque les comédiens n'avoient point annoncé de petite piece. On ne s'imaginoit pas qu'elle seroit prolongée depuis cinq heures & demie jusqu'à dix heures. Et pourquoi faire? Pour nous peindre un grand seigneur au milieu de sa valétaille qui le dupe, le joue & le bafoue durant tout ce temps. La seule présomption d'occuper le public françois pendant plus de quatre heures avec une farce aussi dégoûtante méritoit d'être sifflée. Il y a bien eu des huées, des sifflets même, mais très-modérés, quoique fréquents, & l'on ne sait ce qu'admirer le plus, ou de l'impudence du sieur de Beaumarchais, ou de la patience des spectateurs!

Monsieur a paru s'ennuyer beaucoup de cette *folle journée*. Quant au comte d'*Artois*, on sait qu'il s'étoit déja en quelque sorte opposé à la représentation, en disant au roi que c'étoit une vilainie, une infamie.

Malgré cela, comme la piece, bien inférieure encore au *Barbier de Séville*, n'a pas éprouvé, à beaucoup près, les mêmes contrariétés, on ne seroit pas surpris qu'à la faveur sur-tout des accessoires, du chant, de la danse, des décorations, de la satire vive, des obscénités, des flagorneries pour le parterre, dont cette nouvelle facétie comique est mêlée, elle allât loin, & eût beaucoup de représentations.

28 *Avril*. C'est à l'instar du fameux *Club Littérraire* du café de *Saint-James*, établi à *Londres* par *Willis*, *Steele*, *Adisson*, *Swift*, où a été composé le fameux *Spectateur*, que M. *Bassi* veut instituer le *Lycée de Paris*. Il a déjà donné à Lyon l'idée d'un semblable établissement, ouvert en 1777 sous le nom de *Lycée de Lyon*, & ce fut sur celui-ci que le sieur de *la Blancherie* imagina son musée. C'est sur les ruines de ce dernier que M. *Bassi* songe à élever le sien, mais plus étendu, plus utile & plus général.

Il y aura quatre salles pour le service des membres : la première pour la lecture, la seconde pour l'étude, la troisieme pour les conférences, & la derniere pour les exercices.

Dans l'une, on trouvera une bibliotheque bien assortie en nouveautés sur-tout de tous les genres ; dans l'autre, des maîtres de toutes les langues étrangeres. La salle des conférences indique par son nom seul ce qu'elle doit être. La quatrieme offrira des instruments de physique, de méchanique, des modeles, des plans, des dessins, des cartes, des objets d'histoire naturelle, des morceaux de peinture, sculpture, gravure, architecture, que les artistes seront invités à exposer. Enfin parmi les *Clubistes* on choisira vingt membres formant académie. C'est au premier novembre prochain que le lycée doit s'ouvrir.

28 *Avril*. Extrait d'une lettre de Dijon, du 20 avril.... Des trois canaux de navigation entrepris par nos états, l'un s'étendra depuis la ville de *Châlons* sur *Saône* jusqu'au bourg de *Digoin*, durant une longueur de vingt-quatre lieues, & opérera la jonction des deux mers par celle de la Saône & du Rhône avec la Loire. Il s'appellera *Canal de Charolois*. Comme il sera compris en entier dans la *Bourgogne*, la province en fera les frais en totalité.

L'autre, appellé *Canal de Bourgogne*, commence à la ville de *Saint-Jean-de-Lône* jusqu'au village de *la Roche*, & sera long de cinquante-deux lieues. Il ouvrira une seconde communication des deux mers par celle de la *Saône* & du *Rhône*, avec l'*Yonne* & la *Seine*. La partie qu'en construira la province ne sera que de six lieues, & pourra être navigable indépendamment du reste.

Enfin le troisieme, sous le titre de *canal de Franche-Comté*, s'étendra depuis le village de *Saint Symphorien* jusqu'auprès de la ville de *Dôle*. De-là il sera continué jusqu'au dessous de *Strasbourg*, & opérera une troisieme jonction des deux mers par celle de la *Saône* & du *Rhône* avec l'*Ill* & le *Rhin*. La partie qui concerne les états de *Bourgogne* est de plus de trois lieues, & sera navigable, indépendamment du surplus.

Ces trois canaux sont déjà commencés & ouverts en plusieurs endroits, & l'on espere que toutes les parties aux frais des états de Bourgogne seront entiérement achevées en 1790.

La premiere pierre de ces trois canaux doit être posée solemnellement cette année par le prince de *Condé*, au nom du roi, durant l'assemblée des états.

Il a en conséquence été frappé une médaille qui porte d'un côté le buste du roi, avec cette légende: *Ludovici XVI Franciæ & Navarræ Regi Optimo*. Et l'exergue: *Comitia Burgundiæ*. Au revers, la figure de la *Saône*, ayant sur sa tête la couronne ducale de *Bourgogne*, & à ses pieds l'écusson des armes de cette province, portant dans ses mains les emblêmes du commerce & de la prospérité, & mêlant ses eaux à celles de la *Loire*, de la *Seine* & du *Rhin*, avec cette légende: *Utriusque Maris junctio triplex*, & à l'exergue: *Fossis ab Arari, ad Ligerim, Sequanam & Rhenum simul apertis*, 1783.

Cette médaille multipliée en proportion, a dû être présentée au roi & à toute la famille royale, par les élus généraux des états de Bourgogne.

28 *Avril.* Suivant un *Avertissement* mis à la tête du poëme des *Danaïdes*, l'auteur, qu'on sup-

pose être le bailli du *Rollet*, annonce qu'après les succès nombreux & multipliés que ce sujet a obtenus sur nos différents théâtres, il n'auroit pas osé le faire reparoître sur celui de l'opéra, s'il n'avoit imaginé de l'y montrer sous une forme nouvelle. Du reste, il déclare que ce mérite ne lui appartient pas tout entier ; qu'il s'est beaucoup aidé d'un poëme manuscrit de M. de *Calzabigi*, auteur de l'*Orphée* & de l'*Alceste* italiens ; qu'il a emprunté quelques idées du ballet des *Danaïdes* de M. *Noverre*, & qu'enfin un de ses amis, pour accélérer l'ouvrage, a mis en vers une partie de sa composition. Il prend de-là occasion, sans le nommer, de faire l'éloge de l'illustre défunt, le baron de *Tschoudi*, excellent homme, connu par plusieurs ouvrages en prose & en vers également estimés, aussi recommandable par ses vertus sociales, son mérite militaire & sa haute naissance, que par son esprit & ses talents littéraires.

29 Avril. Il paroît que les demoiselles danseuses de l'opéra, malgré leur répugnance à fraterniser avec la Dlle. *Bourgeois*, n'ont pu l'expulser de leur société, puisqu'on la trouve encore au nombre des figurantes dans les cinquante *Danaïdes*; mais par une délicatesse fort singuliere, dans la liste de ces demoiselles, mise au-devant des paroles de cet opéra, on ne l'a désignée que sous la premiere lettre de son nom, avec des points, B...

29 Avril. Depuis l'ouverture de la nouvelle salle de comédie françoise, on avoit fait différents essais pour la bien éclairer, qui n'avoient pas réussi. On a eu recours à une invention de MM. *Lange* & *Quinquet*. Cette lumiere, d'un genre plus parfait, quoiqu'elle laisse encore bien des choses à désirer, a été jugée ce qu'on avoit tenté de mieux. Elle est vive, douce, nette, sans la moindre fumée & peu dispendieuse.

30 *Avril*. Au premier acte des *Danaïdes*, le théâtre représente le bord de la mer & un temple. Les préparatifs des sermens de la *Paix* & de l'*Hymen*; les fils d'*Egyptus* descendant de leurs vaisseaux dans la ville d'*Argos* où est la scene; les sermens, des danses & une explosion de tendresse entre *Lyncée* & *Hypermnestre* remplissent tout cet acte.

La scene au second acte est un lieu souterrain du palais de *Danaüs*, consacré à *Nemesis*. La statue de la déesse est au milieu. Au-devant est un autel. Ici le roi révele à ses filles son projet de vengeance. Il leve un voile cachant un faisceau de poignards dont il les arme. Serment effroyable qu'elles font. *Hypermnestre* seule s'y refuse & résiste à toutes les menaces de son pere. Monologue de cette princesse, où elle peint la situation horrible de son cœur.

Le troisieme acte, plus en danses & en fêtes qu'en paroles, n'a que trois scenes, dont deux très-courtes. On voit un jardin orné pour une fête consacrée à *Bacchus* & aux dieux d'hyménée. On y voit ce qui suivoit chez les anciens, le banquet du soir au jour des noces : orgie, où les épouses assises à côté des nouveaux époux, paroissent vouloir les plonger dans une double ivresse & leur versent incessamment à boire. *Lyncée* présente sa coupe à *Hypermnestre*, qui recule d'horreur, sans pouvoir lui apprendre la cause de ce changement. Elle sort: *Danaüs* rassure l'époux, & lui promet de la ramener plus docile. Il exhorte les autres à la joie : on chante un hymne à *Bacchus*. Des *Hymens*, avec leurs flambeaux, précedent chaque couple d'époux que des *Génies* enchaînent avec des guirlandes & paroissent conduire dans la chambre nuptiale.

De-là l'ouverture du quatrieme acte, dont la décoration offre une galerie qui communique à l'appartement d'*Hypermnestre*, & à celui de ses sœurs. Nouveau combat entre *Danaüs* & celle-là. Il la quitte en renouvellant ses menaces, si elle n'obéit pas, ou si elle parle. Scene d'inquiétude, de tendresse, de jalousie, d'horreur entre *Lyncée* qui survient, & *Hypermnestre*. Enfin elle le remet à un officier qu'elle a gagné & chargé de ménager sa fuite. Il ne peut s'y déterminer sans avoir vengé ses freres, dont on lui apprend la catastrophe. Cris des époux. *Hypermnestre* s'évanouit.

La même décoration qu'au quatrieme acte continue au cinquieme. *Hypermnestre*, inquiete sur le sort de *Lyncée*, goûte un moment de joie en apprenant de la bouche même de son pere qu'il ne se trouve pas au nombre des victimes. Il la fait charger de chaînes. On lui fait annoncer que *Lyncée* reparoît armé & à la tête de ses soldats. Le barbare veut tuer au moins sa fille & est prévenu par l'un de ses sujets. *Lyncée* entre: il se réunit à *Hypermnestre*: ils quittent ensemble ce palais horrible que la foudre écrase.

La tragédie finit par le spectacle des enfers, où l'on voit le supplice de *Danaüs* & de ses filles.

En général, ce poëme n'est point mal fait. Les paroles en sont mâles, énergiques & pittoresques. A la représentation, on y a fait un heureux changement au quatrieme acte : on a supprimé la fin. La mort des époux est caractérisée par une musique rompue, brisée, dans le genre terrible, à laquelle succede un silence plus affreux. Les *Danaïdes*, en Bacchantes, entrent en foule & en désordre, & par-tout leur ensemble confirme le crime qu'elles viennent de commettre. *Danaüs* vient les féliciter, mais se plaint qu'une victime, que *Lyncée* lui échappe. Avides de sang, elles sortent & courent pour la chercher & l'immoler.

Du reste, on ignore pourquoi l'on a jugé à propos de changer le supplice des *Danaïdes*, imaginé dans la fable, qui pourroit prêter tout autant à la pantomime & offroit un genre d'attitudes plus neuf, & pourquoi l'on y punit *Danaüs* de celui de *Prométhée*.

30 *Avril*. Extrait d'une lettre de Nantes, du 26 avril...... J'ai fait ce que j'ai pu afin de prendre une idée juste de ce qui est depuis si long-temps l'entretien du public, & depuis plusieurs mois le conseil de guerre de l'*Orient*. 1. J'ai lu tous les mémoires publiés par les divers accusés, & je n'y ai vu que mauvaises manœuvres, insubordination, désordre. 2. J'ai interrogé quantité de matelots, d'officiers mariniers, d'officiers de la marine, d'officiers de terre employés sur les différents vaisseaux de l'armée navale à l'affaire du 12 avril, & je n'ai trouvé que partialité, animosité & dénigrement réciproques. Chacun attaché au capitaine de son vaisseau & à sa division, les défendoit pour inculper les autres. 3. Voulant me déterminer par les pieces mêmes, je me suis fait représenter les mêmes journaux de différents pilotes qui, destinés par leurs fonctions à consigner sur le champ chaque signal, ne peuvent en être distraits par aucun ordre étranger, & de tout ce que j'ai lu, il ne m'est resté que l'image d'une confusion générale; en sorte que je regarde comme impossible

aux juges de démêler la vérité à travers ce chaos de contradictions.

30 Avril. Histoire raisonnée des opérations militaires & politiques de la derniere guerre, suivie d'observations sur la révolution qui est arrivée dans les mœurs, & sur celle qui est sur le point d'arriver dans la constitution d'Angleterre. Tel est le titre d'un ouvrage nouveau qui, quoique daté de 1783, ne commence à paroître que de ce moment-ci. On n'attribuera pas sa lenteur à percer & sa clandestinité à sa méchanceté, car il est très-louangeur du gouvernement & des généraux françois, très-dépréciateur du gouvernement & des généraux anglois.

Pour mieux juger de ce livre, il faut d'abord en connoître l'auteur qui y a mis son nom. Il s'appelle *Joly de Saint-Valier*, & se qualifie de lieutenant-colonel d'infanterie. Il nous apprend qu'il a déjà composé des *réflexions sur l'éloge de M. de Voltaire, par M. d'Alembert* ; un *traité sur l'éducation des deux sexes* & autres opuscules.

M. de *Saint-Valier* convient lui-même que, pour vivre, il a été obligé d'aller en 1778 offrir ses services à l'*Angleterre*, ce à quoi il ne put parvenir. De là sans doute déjà une grande prévention de sa part contre un peuple qui a refusé son bras & ses lumieres, puisqu'il déclare modestement que si on l'avoit écouté, les affaires de la Grande-Bretagne seroient sur un tout autre pied. On présume que c'est au chevalier *Yorck* qu'il s'adressa, & il cite là-dessus un *mémoire* qu'il a publié sur ce qui se passa entre ce ministre & lui. Il attribue à ce même personnage sa détention à Londres, où il fut mis à *Bridwell* le 13 novembre 1782, & y resta jusqu'au 11 janvier 1783. Il a été acquitté

de

de la maniere la plus honorable : mais malgré sa protestation d'impartialité, de sang froid, on conçoit qu'après un pareil traitement, il est difficile de voir ses persécuteurs de bon œil.

M. de *Saint-Valier* prétend que jusqu'à présent personne n'a su écrire l'histoire parmi les anciens & les modernes. Il en veut donner un modele dans celle-ci. Indépendamment du peu de justesse de ses réflexions, malgré sa briéveté ou plutôt sa séchéresse, on trouvera ce sommaire encore trop long & trop bavard. Beaucoup de choses mal vues, tout indiqué, rien d'approfondi, plusieurs anachronismes, quantité d'erreurs. Tels sont les principaux reproches qu'on peut lui faire.

A ce qu'on a rapporté de la présomption de l'écrivain, il faut ajouter qu'il n'aime ni *Voltaire*, ni l'abbé *Raynal*, ni Me. *Linguet*; qu'il appelle le premier un *ignorant*, qu'il réprouve le ton *tranchant & décisif* du second, & traite le troisieme de *sot discoureur*.

Au reste, le style de M. de *Saint-Valier* n'est pas mauvais ; il est clair, simple, ferme & assez noble. Sa méthode seroit excellente, si son plan étoit bien rempli, si les assertions étoient prouvées par les faits, & ses digressions enrichies d'anecdotes & de portraits propres à leur ôter ce ton de monotonie & de pédantisme, qui sent moins l'histoire qu'un traité dogmatique.

1 *Mai* 1784. Ce qu'on avoit prévu vient d'arriver. L'abus fait des *Ballons* en a découvert le danger & a forcé le gouvernement de s'opposer à ces jeux, ou du moins de les modifier. Par une *ordonnance de police*, du 23 Avril, il est défendu de fabriquer & faire enlever des *ballons* & autres *machines aérostatiques*, auxquels seroient adaptés des

réchauds à l'esprit de vin, de l'artifice & autres matières dangereuses pour le feu. Il est ordonné en outre que tous autres *Ballons aérostatiques* ne pourront être enlevés sans en avoir préalablement obtenu la permission. Elle ne doit, suivant le prononcé, être accordée qu'à des personnes d'une expérience & d'une capacité reconnues, & contiendra le lieu, le jour & l'heure auxquels pourront se faire lesdites expériences, à peine contre les contrevenants de 500 livres d'amende.

1 *Mai*. Il paroît un arrêt du conseil, du 13 avril, contenant *Réglement pour l'académie royale de musique* : il est en 19 articles.

1 *Mai*. Les comédiens, pour satisfaire l'avidité du public, ont joué jeudi & vendredi *le Mariage de Figaro*. Tout le monde veut voir cette piece, & il n'est personne qui n'en dise du mal en sortant. Les plus modérés s'en tiennent à la trouver excessivement longue. Cependant elle est raccourcie d'environ une demi-heure. L'intrigue n'en est pas plus claire ; elle est tellement compliquée qu'aucun spectateur ne peut s'en rendre compte, & qu'il n'est point de journaliste qui ait osé l'entreprendre. Du reste, elle se passe, comme on l'a observé, entre des personnages si bas & si méprisables, qu'elle ne peut exciter aucun intérêt, même de curiosité, sur-tout pendant un espace de temps qui embrasse le double de la durée d'une comédie ordinaire. Le comte *Almaviva*, qui veut débaucher la fiancée de *Figaro*, femme de chambre de la comtesse sa femme ; la comtesse qui veut séduire un jeune page, & ce jeune page voulant trousser le cotillon à toutes celles qu'il rencontre ; & pour comble de turpitude, *Figaro* qui se trouve avoir couché avec une vieille sorcière de *Mar-*

celine, qu'il découvre être sa mere : tel est le canevas de la piece, dont les incidents, quelquefois ingénieux & piquants, s'ils étoient neufs, sont empruntés de sept ou huit comédies, entre autres de la *Gageure imprévue* de M. *Sedaine*, & du *Barbier de Séville* même. Tout ce fond est couvert d'une infinité de détails, où certaines gens trouvent beaucoup d'esprit, mais où les connoisseurs, plus exercés & plus difficiles, ne remarquent qu'un abus continuel de l'esprit. Quant au style, il est tout-à-fait vicieux & détestable. L'auteur, suivant qu'il lui convient, rajeunit de vieux mots, ou en forge de nouveaux, mêle des expressions d'un persifflage fin & délicat avec les propos grossiers & triviaux des halles ; d'où il résulte une bigarrure vraiment originale & qui n'appartient qu'à lui. En un mot, dans cette piece, tenant beaucoup de la vieille comédie, bouffonne & non gaie, satirique & non critique, où l'on prêche le vice, loin de chercher à en corriger, le poëte paroît avoir eu pour but véritable d'insulter à la fois au goût, à la raison & à l'honnêteté publique, & en cela il a parfaitement réussi.

1 *Mai*. Il paroît que le conseil de M. le duc de *Penthievre*, pour éluder les réclamations de nom & d'état du comte d'*Arcq*, n'a trouvé d'autre tournure que d'empêcher d'abord que la cause fût plaidée à l'audience, ce qui la déroberoit à la publicité & à l'éclat que redoute S. A. & ensuite de la faire appointer ; ce qui rend ordinairement une affaire interminable. C'est sur cet incident que la cour doit prononcer incessamment, & ce qui a donné lieu à deux nouveaux écrits très-bien faits : l'un, *Résumé*, & l'autre, *Observations par le*

comte d'Arcq, fuivis de *Confultations*, en date des 19 & 30 avril 1784.

2 *Mai*. Extrait d'une lettre de l'Orient, du 28 avril..... « Le 26 avril le confeil ordonne que l'affaire du *Zélé* & de l'*Aftrée* n'eft pas relative au combat du 12 avril, & point de fa compétence. »

2 *Mai*. MM. *Matthieu Johannot* font très-renommés dans l'art de la papeterie. En 1760 ils avoient déjà obtenu le prix des arts de l'académie de *Befançon*, deftiné à celui qui perfectionneroit les manufactures de papier de ce royaume. En 1762 ils découvrirent l'apprêt de l'*échange*, ou *relevage*, qui avoit fait la réputation des papiers de *Hollande*; & l'emploi qu'ils en firent leur mérita en 1764 le fuffrage de l'académie royale des fciences. Ce font eux qui ont auffi introduit les premiers en *France* la fabrication du *papier vélin*, qui fert actuellement aux fuperbes éditions des ouvrages deftinés à l'éducation du dauphin.

Sur le compte rendu au contrôleur général des heureux établiffements de MM. *Matthieu Johannot*, ce miniftre s'eft déterminé à leur accorder le prix inftitué par l'ordonnance du 28 octobre 1777, en faveur de ceux qui auront frayé de nouvelles routes à l'induftrie nationale, ou qui auront mérité, en la perfectionnant, quelque marque publique de l'approbation du confeil.

2 *Mai*. En attendant qu'on voie au falon le bufte de M. le bailli de *Suffren*, que fans doute nos artiftes ne manqueront pas d'y expofer, on lui a fait l'infcription fuivante, très-jufte & qui n'eft point un lieu commun :

Dans l'Inde ce héros déployant fon grand cœur
Contre l'Anglois altier qu'il eftime & qu'il brave,
Combattit quatre fois, & quatre fois vainqueur,
Vengea fon roi, la France. l'Inde & le Batave,

2 *Mai*. Extrait d'une lettre de Dijon, du 18 avril.... Le *Ballon* de M. de *Morveau*, tant & depuis si long-temps annoncé, est parti avec succès. Il avoit pour compagnon de voyage monsieur *Bertrand*. Ils se sont rendus à six lieues d'ici, près d'Auxonne, en une heure & demie. Ils prétendent s'être servis avec succès de rames qu'ils avoient imaginées ; mais cette derniere circonstance n'est pas bien claire. De quatre ils n'en avoient plus que deux en état d'agir & le gouvernail déboîté. Cette circonstance particuliere rend cependant l'expérience plus curieuse que les précédentes, & par-là nos navigateurs aériens ont enchéri sur les autres. Ils estiment avoir été à une élévation de deux mille toises.

On travaille actuellement avec beaucoup d'activité au bassin de Dijon, pour la communication du canal de *Bourgogne*. Cet ouvrage sera très-utile au commerce & fera beaucoup d'honneur à ceux chargés de son exécution.

2 *Mai*. On assure que M. le marquis de *Montesquiou-Fezensac* a été élu jeudi membre de l'académie françoise, à la place de M. l'ancien évêque de Limoges. On critique beaucoup ce choix, en ce que ce seigneur n'a pour tout mérite littéraire que d'avoir fait des bouts-rimés ; ce qui ne lui donnoit pas le droit de l'emporter sur les concurrents nombreux qu'il avoit, tous gens de mérite & ayant fait leurs preuves. Les académiciens s'excusent & gémissent eux-mêmes d'avoir eu la main forcée par le protecteur auguste de M. de *Montesquiou*, premier écuyer de *Monsieur*.

3 *Mai*. C'est par une lettre de M. de *Calonne*, en date du 18 avril, que MM. *Matthieu Johannot*, pere & fils, d'*Annonay*, ont été instruits de la

récompense qui leur a été accordée. Elle consiste en une médaille envoyée à l'intendant de *Languedoc* pour leur être remise.

3 *Mai*. Non content de nous assommer du *Tableau de Paris*, faisant aujourd'hui une masse énorme de huit gros volumes, on a eu la friponnerie de le reproduire en trois autres volumes non moins gros, sous le titre du *Tableau de Paris critiqué par un solitaire du pied des Alpes*. Bien des gens supposent que cet aristarque n'est autre que M. *Mercier* lui-même, faisant ainsi la demande & la réponse, & si l'on ne connoissoit son honnêteté, on seroit tenté de le croire; car outre que ce solitaire ne dit presque mot, & se contente de reproduire le texte, le plus souvent sans contradiction, c'est que le peu de critique qu'il se permet, est très-ménagé, & consiste en un dialogue entre lui & l'auteur, dans lequel ce dernier a toujours raison. Il faut tout au moins supposer que c'est une tournure imaginée par la cupidité des imprimeurs, pour gagner plus d'argent sans se donner de peine. S'il se trouve des dupes, l'ouvrage n'en restera pas là; car il n'embrasse que la premiere partie de l'œuvre de M. *Mercier*.

4 *Mai*. Extrait d'une lettre de Bordeaux, du 27 Avril... M. le garde-des-sceaux, pour tirer monsieur *Dupaty*, qu'il soutient, de la position fâcheuse où il étoit ici, a imaginé de lui faire donner par le roi une commission de travailler à la réforme de la justice criminelle; de comparer la jurisprudence des divers parlements en cette matiere, & de mettre ses observations sous les yeux de S. M. afin de rédiger un nouveau code criminel où l'on réforme les abus de l'ancien. M. *Dupaty* travaillera ou ne travaillera pas à cet ouvrage, mais en

gardant sa charge & son hôtel ici, c'est un prétexte pour n'y pas revenir & rester à Paris.

M. *Dudon* le fils, jusqu'à présent s'en est encore mieux tiré. En partie par le secours de l'autorité, en partie par l'astuce de son pere, il a vaincu tous les obstacles. On étoit résolu de n'admettre ses conclusions dans aucune affaire : la premiere chambre des enquêtes s'en étoit fait une loi expresse. Il a d'abord triomphé à la grand'chambre, puis à la tournelle. Enfin jusqu'à cette premiere chambre des enquêtes tout a molli & il est en pleine activité par-tout. Au mois de mars dernier il a cependant encore été rédigé & envoyé à la cour des remontrances contre lui; mais je crois qu'on n'y a pas répondu, & puisqu'il a la possession, ce débat devient inutile.

Notre intendant ne s'en tirera pas si bien. L'affaire est bien évoquée au conseil, mais le parlement a rendu un second arrêt, où, malgré celui du conseil qui casse le sien, il ordonne de plus fort, *sous le bon plaisir du roi*, l'exécution du premier. Il s'agit d'extorsions, de vexations commises dans les corvées. Un de ses secretaires avoit été décrété de prise de corps & s'est enfui à Paris. Un subdélégué a été décrété d'assigné pour être oui. Par les dépositions entendues, il a transpiré une anecdote assez gaie, qui ne fait rien au fond de l'affaire, mais donne mauvaise opinion des vie & mœurs de M. *Dupré de Saint-Maur*. On a découvert qu'il menoit avec lui dans ses tournées une fille, sa maîtresse, déguisée tantôt en dragon, tantôt en abbé, tantôt en capucin.

Quant à notre maire, M. le vicomte de *Noë*, il a refusé de faire les excuses au gouverneur, & a présenté au roi un mémoire, où il fait voir que le tribunal des maréchaux de France est incompétent dans cette matiere. On croyoit que le parlement s'en mêleroit & prendroit fait & cause pour les officiers municipaux ; mais la cour regarde cette affaire comme ministérielle, & l'on croit qu'elle restera telle. On assure que l'évêque de *L'Escar*, frere du vicomte, a beaucoup travaillé au mémoire de son frere.

Quant aux autres petites tracasseries subalternes qui agitoient notre parlement, on les regarde comme finies, ou du moins comme assoupies.

4 Mai. Il y a dans la ville de Châtelleraut un prince de *Nassau-Siegen*, reconnu tel par *Louis XV*, qui en a même une pension ; mais dans une si grande détresse, malgré cela, qu'il y exerce la profession de maître d'école. Il est âgé & a trois garçons. Le prince de *Nassau* qui est ici & veut s'attribuer exclusivement ce nom en France, l'a fait assigner pour qu'il eût à quitter le sien. Comme le premier s'y refuse, cela va faire l'objet d'un grand procès.

4 Mai. Le public ayant beaucoup murmuré depuis l'ouverture de la nouvelle salle de comédie italienne, contre une foule d'incommodités, d'irrégularités & d'absurdités de cet édifice, on a profité du temps de la vacance de pâques pour corriger ces défauts. M. *Heurtier* s'étant refusé à ce travail, soit par amour-propre, soit par impuissance, on a eu recours à M. de *Wailly*, l'un des auteurs de la salle de la comédie françoise. Au moyen d'une dépense d'environ 100,000 liv. cet habile artiste a tiré tout le parti possible de ce local. D'abord l'ensemble de la salle, dont la forme oblongue n'a pu être changée, offre du moins plus de régularité & d'élégance, & les spectateurs sont moins pressés & gênés dans les loges. La corniche énorme qui masquoit toutes les loges & autres places des quatriemes, a disparu, ou plutôt est attachée au cintre & ne fait plus qu'ornement. On a ramené le paradis, formé aujourd'hui d'un amphithéâtre immense, & pouvant contenir cinq cents personnes; en outre, beaucoup plus de loges & en si grand nombre, qu'on calcule que la recette de ce spectacle pourra être augmentée de 40 mille écus par an.

5 *Mai*. On ne répand que dans ce moment-ci des *Observations* sur un imprimé en huit pages, intitulé : *Mémoire à consulter & consultation pour la dame marquise de Cabris, belle-fille; contre la dame marquise de Cabris, douairiere*, quoiqu'elles eussent dû être antérieures au grand mémoire de la premiere. Ces observations ne sont précieuses que par les notions qu'elles donnent sur le défenseur de la douairiere, Me. *Robin de Mozas*. On y apprend qu'il a été pendant dix ans avocat au parlement de Grenoble; qu'il s'est présenté depuis 1781 au barreau de Paris. Il paroîtroit que les défenseurs mêleroient de part & d'autre du personnel dans cette affaire. La jeune marquise de Cabris dit dans l'écrit qu'on discute : *Je connois déjà l'esprit, l'inventeur & le rédacteur de votre mémoire. C'est une nouvelle piece ajoutée à leurs annales scandaleuses.* Cette phrase ambiguë réveille l'attention à propos d'*annales* & d'*annales scandaleuses* ; on songe à Me. *Linguet*, qui est aussi avocat. Est-ce qu'il auroit mis la main au mémoire ? Est-ce qu'il auroit des relations avec Me. *Robin* ? C'est l'énigme à résoudre.

5 *Mai*. Les comédiens italiens, en retard depuis pâques pour les nouveautés, n'ont donné

qu'hier la premiere. C'eſt une comédie en deux actes & en vers, ayant pour titre: *la Confiance dangereuſe*. L'auteur, M. de la *Chabeauſſiere*, a ſans doute peu de mérite du côté de l'invention, puiſque la piece, originairement angloiſe ſe trouve traduite dans les œuvres de Mad. *Riccoboni*. Ceux qui connoiſſent ces deux ſources, aſſurent qu'il a fait peu de changemens. L'ouvrage eſt médiocre. Il y a quelque choſe dans les rôles principaux du *Fat* & de la *Coquette* : mais c'eſt tout, & en général on devoit attendre mieux de l'auteur des *Maris corrigés*.

5 Mai. Il paroît ici des remontrances imprimées du parlement de Bordeaux, datées du mois de mars 1784. Elles ſont dirigées contre M. *Dudon* fils, reçu en ſurvivance de ſon pere, procureur-général de cette compagnie; ce qui, comme on l'a dit, a cauſé beaucoup de trouble. Elles ſont, à ce qu'on aſſure, de la plus grande force.

6 Mai. Un M. *Squire*, fils d'un pair d'Angleterre, entré dans le commerce, s'eſt trouvé, par une ſuite de complots, de fraudes & d'eſcroqueries, non-ſeulement ruiné, lui & ſon aſſocié, mais par une perfidie plus infame encore, entraîné en France. Il a été arrêté & conſtitué priſonnier à Calais, à la requête de ces mêmes traîtres qu'il avoit ſouſtrait par pitié au châtiment qu'ils méritoient & qu'ils alloient ſubir à Londres. Le détail de tant de noirceurs eſt conſigné dans un mémoire très intéreſſant, ſuivi d'une conſultation de Me. *Target*, en date du 2 avril, & dans un autre écrit en forme de *réponſe* pour l'accuſé à l'expoſé ſommaire du ſieur *Clapſien* & du marquis de *Cavalcabo*, ſes adverſaires.

Ce procès a fait grand bruit, & parce que ces

deux aventuriers semblent n'avoir agi qu'à l'instigation du prince de *Salm-Kirbourg*, qui vient d'entrer en cause & qui a dû être assigné au Châtelet, & par l'intérêt vif que l'ambassadeur d'Angleterre y a pris.

Le sieur *Squire* a été élargi provisoirement, & le procès va se discuter au fond. Il faut attendre de plus amples éclaircissements pour savoir jusqu'à quel point le prince de *Salm-Kirbourg*, très-dérangé dans ses affaires, a trempé dans ce complot d'iniquités & en a été l'ame.

6 MAI. Outre les affaires dont on a parlé dans la lettre de *Bordeaux*, on sait que le parlement de *Guyenne* en a plusieurs autres avec la cour, si graves, qu'elles sembleroient devoir causer la chûte de M. le garde-des-sceaux, où la cassation de ce parlement, s'il ne mollit pas.

1. Les négociants de Bordeaux en faillite s'étant soustraits à l'article de l'ordonnance de 1673, qui ordonne le depôt du bilan, à peine d'être poursuivi comme banqueroutier frauduleux, lorsqu'on manque à cette formalité; arrêt qui les y assujettit.

2. Le contrôleur des actes a voulu assujettir les billets à ordre au contrôle dans cette ville. Arrêt du parlement qui défend cette innovation, & la regarde comme une concussion.

3. La régie des domaines a voulu s'emparer des alluvions au nom du roi, quoique les alluvions aient été jusqu'à présent & doivent être au profit des propriétaires des terres. Arrêt du parlement, qui ordonne que la loi reste en vigueur & défend à la régie de pareilles usurpations.

4. On a dénoncé enfin aux chambres assemblées l'ordonnance du gouverneur concernant les jurats, la sentence du tribunal des maréchaux de France

contre le vicomte de *Noë*. Cette affaire-ci ne paroît pas encore mûre; mais dans toutes les autres, il y a eu des arrêts du conseil qui ont caffé ceux du parlement qui, *fous le bon plaifir du roi*, ordonne de plus fort l'exécution des fiens. Dans quelques-unes même, autre arrêt du conseil caffant de nouveau le second du parlement, comme attentatoire à l'autorité du roi, &c.

La conteftation qui fait le plus de tort à M. le garde-des-fceaux, eft celle concernant l'intendant, en ce que l'arrêt caffe des décrets lancés d'après des charges & informations, fans en avoir préalablement ordonné l'apport, ainfi que quelques magiftrats l'avoient obfervé à M. le garde-des-fceaux, irrégularité manifefte, qui rend nul l'arrêt de caffation.

Peut-être la parlement fléchira-t-il fur tous ces objets, mais on doute qu'il le faffe à l'égard des alluvions; ce qui touche effentiellement les intérêts de meffieurs, tous ou prefque tous propriétaires de terres.

6 Mai. Lettre de M. l'évêque de *** à madame la duchesse de *** fur cette queftion importante: « S'il eft permis d'expofer à la cenfure publique » les excès dans lefquels tombent les miniftres de » la religion ? » Tel eft le titre d'une brochure nouvelle de 55 pages, petit caractere. On fe doute bien qu'elle a pour but de juftifier l'auteur qui, depuis le mois d'octobre 1782, où parurent les premieres lettres contre l'adminiftration de monfieur l'évêque d'*Autun*, n'a ceffé de défoler ce prélat & fes adhérents. On a déjà traité en paffant la queftion dans ces lettres; on la traite ici *ex profeffo* & très-amplement. On y fait voir non-feulement qu'elles ne méritent point la dénomination de *libelle*; mais qu'elles ne sont en rien contraires à la charité que la religion commande, & à la modération ou à la tolérance, qui est la grande vertu de notre siecle.

Cette dissertation n'est point de la même main que les lettres ; elle est mâlement & noblement écrite, sans aucune plaisanterie, appuyée & nourrie de citations de l'écriture & des peres qui lui donnent un grand poids. A des préjugés vagues, fort répandus & non moins nuisibles à la chose publique, le prélat substitue des principes lumineux & des regles certaines pour diriger nos sentiments & notre conduite, dans une infinité de circonstances.

7 Mai. A la salle provisoire de l'opéra, s'est commencé une heureuse révolution dans ce rideau qui ferme le théâtre avant l'ouverture ; on y a substitué un tableau qui s'éleve & se perd majestueusement dans le haut. On a imité cet exemple dans les nouveaux changements de la comédie italienne. Sur le rideau qui avoit autrefois l'air d'un vilain papier doré, on a remarqué avec surprise un temple peint, où se fait une offrande, un sacrifice au dieu du goût, par les muses de la *comédie*, de la *musique* & du *drame*. De chaque côté du temple on voit deux obélisques, où sont attachés par des génies les bustes & médaillons des auteurs & musiciens célebres à ce théâtre, avec leurs noms, tels que *Goldony*, *Monsigny*, *Sedaine*, *Gretry*, &c.

L'idée de ce tableau allégorique est de monsieur *Monnet* : il en a dessiné l'esquisse. L'exécution est de M. *Chays*. L'effet en sera peut-être peu solide, mais il est pour le moment agréable, pittoresque, distinct & très-bien senti.

7 Mai. Le parlement de Bordeaux, dans ses

remontrances, s'éleve d'abord contre les survivances ; abus que la sagesse des rois a souvent proscrit, & que l'importunité & l'intrigue ont toujours fait renaître. Il discute ensuite les provisions du sieur *Dudon* fils, déterminées par les grands & importants services de son pere. Mais le premier n'a aucun titre qui lui donne des droits à cette place. Au contraire, une foule de motifs se réunissent pour l'en exclure. Il a été jurat de Bordeaux ; fonctions peu propres à le former à la place de procureur général. Il a été avocat-général durant le parlement intermédiaire ; fonctions qui, au contraire, le rendent incapable de fraterniser avec les magistrats rétablis, & il est le premier qui ait conçu le projet de franchir la barriere qui l'éloigne à jamais du temple de la justice. L'enquête de vie & de mœurs est un préambule indispensable pour tout magistrat. M. *Dudon* a surpris des lettres-patentes qui l'en dispensent; & elles étoient plus nécessaires à son égard, puisque le public l'accuse d'avoir eu les mœurs les plus dépravées.

Le jour où le parlement refusa d'enrégistrer ces dispenses, & délibéra des remontrances au roi, tous les officiers reçurent des lettres de cachet pour se rendre le lendemain au palais, avec défense de délibérer. Le sieur *Dudon* y fut installé par le porteur des ordres du roi ; mais le parlement protesta contre cet enrégistrement illégal.

Tels sont les objets de ces remontrances contre un homme qui se vante d'avoir un appui auprès du trône, qui, couvert d'une telle égide, insulte aux efforts du parlement, & annonce hautement qu'il est sûr que l'autorité le soutiendra. Elles finissent par ces questions foudroyantes ;

« Comment, SIRE, le sieur *Dudon* pourroit-il
» défendre la propriété de vos sujets ? Il a été
» lui-même un usurpateur ! Comment oseroit-
» il invoquer les loix de l'état ? Il les a violées !
» Comment enfin pourroit-il censurer les mœurs
» de vos sujets ? Les siennes sont aux yeux du
» public un objet de scandale ! »

7 Mai. Pour une nouvelle preuve de l'impudence du sieur de *Beaumarchais*, on cite un de ses propos à M. *Amelot*, qui, l'an passé, lors de la défense, poussé à bout par cet auteur qui se lavoit de tous les reproches faits à sa piece, lui dit : « Enfin, Monsieur, la grande raison
» pour que votre comédie ne soit pas jouée, c'est
» que le roi ne le veut pas. » Il reprit : « *Si ce*
» *n'est que cette raison, Monsieur, ma piece sera*
» *jouée.* »

8 Mai. Jeudi, à la cinquieme représentation du *Mariage de Figaro*, avant que l'on commençât la piece, il se détacha des quatriemes loges des imprimés qui volerent dans la salle. Ce fut à qui en auroit. Les femmes en demandoient à grands cris ; les gens du parquet au bout des cannes en présentoient aux loges ; des plaisants y mettoient du papier blanc ou même des polissonneries ; tous les crayons étoient en l'air pour copier : c'étoient des cris de joie, des brouhahas, un tumulte, une farce qui valoit mieux que celle de *Figaro*, & qui amusoit tellement le public, que la représentation en a été reculée pendant plus d'une demi-heure. Au surplus, voici ces vers :

Je vis hier du fond d'une coulisse,
　　L'extravagante nouveauté,

Qui triomphant de la police
Profane des François le spectacle enchanté.
Dans ce drame honteux chaque acteur est un vice
Bien personnifié dans toute son horreur.
  Bartolo nous peint l'avarice,
  Almaviva, le suborneur ;
  Sa tendre moitié, l'adultere ;
  Le Double-main, un plat voleur ;
  Marceline est une Mégere ;
  Basile, un calomniateur ;
Fanchette.... l'innocente est trop apprivoisée !
Et tout brûlant d'amour, tel qu'un vrai *Chérubin*,
Le page est, pour bien dire, un fieffé libertin,
Protégé par *Suson*, fille plus que rusée,
Prenant aussi sa part du gentil favori,
Greluchon de la femme & mignon du mari.
Quel bon ton ! quelles mœurs cette intrigue rassemble !
Pour l'esprit de l'ouvrage... il est chez *Bride-oison :*
Et quant à *Figaro*.... le drôle à son patron
  Si scandaleusement ressemble,
  Il est si frappant qu'il fait peur.
Mais pour voir à la fin tous les vices ensemble
Le parterre en *chorus* a demandé l'auteur.

Vraisemblablement ce qui avoit déterminé l'auteur de cette épigramme à choisir ce jour-là, c'est que les partisans du sieur de BEAUMARCHAIS avoient fait courir le bruit que la reine y viendroit, & que la revue qui, contre l'usage, a eu lieu à midi n'avoit été avancée que pour cela. Ce bruit s'est trouvé faux.

8 MAI. On parle beaucoup d'un pamphlet très-

court, intitulé: *Testament de l'abbé Pommier.* Ceux qui ont lu cette facétie, assurent qu'elle est très-plaisante. Elle est imprimée, mais fort rare. Heureusement sa brièveté permet de la copier & de la multiplier à l'infini.

9 Mai. M. le prince *Ferdinand*, archevêque de Cambray, qui a déjà brigué l'évêché de Liege, se met de nouveau sur les rangs, & a dû partir pour s'y rendre. Peut-être la politique engagera-t-elle cette fois-ci la *France* à le soutenir. Quoi qu'il en soit, il n'ignore pas à quel dangereux compétiteur il a affaire. Il n'ignore pas les sommes énormes déjà consacrées à gagner les suffrages pour son rival. Mais il dit qu'il est beau, même en succombant, d'avoir lutté contre la maison d'*Autriche*. Cet événement va gâter davantage les affaires des créanciers du prince de *Guimené*. On ne doute pas que toute la maison de *Rohan* ne fasse des efforts pécuniaires & ne s'épuise en cette occasion.

9 Mai. On assure que le roi, lassé de ne point voir arriver le mémoire qu'il avoit demandé au parlement sur la réforme de la justice, en a fait dimanche dernier des reproches au premier président, mandé à cet effet, & lui a dit qu'il eût à le lui apporter aujourd'hui.

9 Mai. Les comédiens italiens ont joué hier pour la première fois une piece à ariettes, ayant pour titre: *les deux Tuteurs*, en deux actes. Les paroles sont de M. *Fallet*, & la musique de M. d'*Alairac*. Tous deux ont fait plaisir. La piece est gaie & bien intriguée, & la musique est pittoresque, agréable & variée. On reproche aux deux auteurs des réminiscences.

9 Mai. Le comte de *Grasse* a répondu au second mémoire du marquis de *Vaudreuil* par de *Nouvelles Observations*, en dix ou douze pages, terminées par une *Lettre au roi*.

Voici les deux passages des lettres écrites au comte de *Grasse* par le marquis de *Vaudreuil*, qu'on trouve absolument contradictoires avec ce qu'il a écrit au gazetier de *Leyde*, pour se disculper d'avoir rien dit contre M. de Bougainville.

Dans la lettre du 18 juin 1782, il mandoit : « Il paroît que vous avez été aussi mécontent de l'escadre de M. de Bougainville que vous avez été content de la mienne. La plus grande partie de ses vaisseaux se sont pourtant bien battus; mais il n'a pas su les faire manœuvrer, & lorsque j'étois sous le vent à vous, j'ai été étonné de les voir à portée de vous secourir & ne point le faire. »

Dans sa lettre du 15 septembre, il mande : « On peut dire que chaque vaisseau s'est bien battu, même M. de Bougainville, dont vous avez eu lieu de soupçonner le courage dans les autres combats. *Mais il ne sait pas manœuvrer; ce n'est pas sa faute.* »

10 *Mai. Le Testament de M. l'abbé Pommier* n'a que deux pages d'impression au rouleau, mais en exigeroit dix de commentaire pour le commun des lecteurs. Cette facétie, qui comprend plusieurs anecdotes déjà ressassées dans les pamphlets de l'année derniere, ne peut guere être bonne qu'aux yeux des gens du palais. Ainsi, malgré sa briéveté, on se dispensera de la rapporter. On n'en citera que le trait suivant, comme le plus à la portée de tout le monde. . . . . . Il roule sur la vilenie de M. le premier président qui jouissant de 500,000 livres de rente, régale cependant fort mal *Messieurs* dans les repas d'apparat. On

fait dire au teſtateur : « Je donne & legue à M. d'*Aligre* toute ma bibliotheque ſouterraine, tout mon vin de BOURGOGNE, de *Champagne*, de BORDEAUX, de liqueurs & autres, le priant ſur-tout de le verſer à *Meſſieurs*, pour qu'il ne ſoit plus taxé à l'avenir *d'empoiſonner la cour des pairs.* »

10 *Mai*. On cite un bon mot de Mlle. *Arnoux* à l'occaſion du *Mariage de Figaro*, qui ſeul vaut mieux que toutes les plaiſanteries de cette ennuyeuſe facétie, parce qu'il peint d'un trait & la nature de l'ouvrage & le ſot engouement des badauds. Après la premiere repréſentation on diſoit : « Mais c'eſt une piece qui ne peut ſe ſou-
» tenir. Oui, répondit-elle, *c'eſt une piece qui*
» *tombera*...... *quarante fois de ſuite.* »

11 *Mai*. M. de *Montgolfier* a réclamé contre l'attribution faite au ſieur *Johannot*, de l'introduction des procédés hollandois dans l'art de la papeterie & celui de la fabrication du papier vélin. En conſéquence, il a obtenu par arrêt du conſeil le titre de manufacture royale pour l'établiſſement qu'il a formé à *Annonay*, & il a reçu, ainſi que le ſieur *Johannot*, la médaille d'or deſtinée à ceux qui ont frayé de nouvelles routes à l'induſtrie nationale, ou perfectionné une fabrication déjà connue.

11 *Mai*. On compte que le ſéjour du roi de Suede ici ſera de trois ſemaines au moins. Il y aura quelques opéra ſur le grand théâtre de Verſailles, entr'autres l'*Armide* du chevalier *Gluck*, qu'on prépare à cet effet. Les comédiens joueront auſſi ſur le même théâtre la tragédie d'*Athalie*, qui ſera miſe dans toute ſa pompe, c'eſt-à-dire, avec les chœurs. Il y aura bal paré, appartement & petites fêtes à Trianon.

11 Mai. On croit avoir enfin découvert la trame des lettres qui désolent depuis si long-temps l'évêque d'Autun & ses adhérents. Du moins on soupçonne véhémentement un trio d'abbés, manœuvrant, écrivant, colportant sous les auspices d'un prélat de cour ambitieux, & qui voudroit bien supplanter le ministre de la feuille. C'est M. de *Conzié*, évêque d'Arras. Comme il est très-répandu, qu'il épie avec soin toutes les démarches, toutes les intrigues, tous les détails de la vie de M. de *Marbœuf*, on a jugé que certaines révélations ne pouvoient venir que de lui. Il communique ses découvertes à l'abbé de *la Sepousse*, son grand vicaire, qui les transmet à l'abbé de *Boismont*, qui les rédige & y jette son vernis académique. Le prélat, vraisemblablement, les fait imprimer dans son diocese ou ailleurs. Enfin l'abbé *Maury* les distribue.

12 Mai. Par un arrêté du premier mars 1784, le parlement de Provence, instruit de l'abus introduit par les négocians en faillite qui ne déposent point à la chambre consulaire leurs livres & écritures de commerce, après s'être fait remettre sur ce sujet des mémoires des juges-consuls, & avoir consulté les députés de la chambre du commerce de Marseille, a ordonné que les ordonnances & déclarations du roi, concernant les faillites, seroient exécutées suivant leur forme & teneur, & en cas de contravention, que le négociant seroit réputé banqueroutier frauduleux, & sujet comme tel aux peines portées par les ordonnances.

12 Mai. Il n'est point étonnant que les livres se multiplient aujourd'hui si prodigieusement par l'impudence des plagiaires d'une part, qui copient dix fois les mêmes ouvrages & se contentent d'en changer le titre, & la bonhommie des lecteurs qui, oubliant le lendemain ce qu'ils ont lu la veille, achetent la même chose autant de fois qu'on la reproduit. C'est ainsi que fait fortune un livre prétendu nouveau, intitulé : *Les Entretiens de l'autre monde sur ce qui se passe dans celui-ci*, ou *Dialogues grotesques & pittoresques entre feu Louis XV, feu le prince de Conti, feu monsieur Turgot, feu l'abbé Terray, feu monsieur de Clugny, feu le comte du Muy, feu le comte de Saint-Germain, feu le Duc de la Vrilliere, feu le comte de Maurepas & autres personnages*. Le premier des onzes Dialogues dont est composé ce livre, est pris mot-à-mot de l'*Espion Anglois* : plusieurs autres en sont également empruntés, moins évidemment. Le compilateur a aussi mis à contribution les *Anecdotes sur la comtesse Dubarri*, les *Mémoires pour servir à l'administration des finances de l'abbé Terray*, le *Tableau de Paris*, les *Annales de Me. Linguet*, le commentaire sur les *Mémoires du comte de Saint-Germain*, & tout cela forme une bigarrure de style vraiment originale, à travers laquelle on démêle quelquefois celui du plagiaire, saillant de platitudes & de grossièretés. Telle est la rapsodie que l'on vante, que les colporteurs vendent fort cher sous le triple manteau, & que les amateurs achetent avec avidité & prônent avec enthousiasme.

13 MAI. M. le comte de *Mirabeau* n'ayant pu obtenir la permission de distribuer le Mémoire dont on a rendu compte, & dont plus de 2,000 exemplaires ont été saisis, en a porté ses plaintes à M. le garde-des-sceaux, avec lequel il a eu une

conversation très-vive à ce sujet. N'ayant pu faire revenir ce chef de la justice, M. le comte de *Mirabeau* a pris le parti d'écrire une lettre très-forte au roi, où il se plaint du déni de justice de M. de *Miromesnil*, & il est en même temps parti pour le pays étranger, où il va faire réimprimer son Mémoire, précédé de sa conversation avec le garde-des-sceaux, auquel il joindra sans doute d'autres anecdotes.

M. le prince de *Poix*, de son côté, qui se trouve de service auprès de S. M. en ce moment, a cru devoir faire une démarche de politesse vis-à-vis du garde-des-sceaux, qui s'est obstiné à ne vouloir rien accorder au comte de *Mirabeau* de ce qu'il demande. Il paroît même qu'il le regarde comme son ennemi personnel, comme l'auteur des pamphlets publiés contre lui; & l'on s'attend à voir les suites de cette explosion. M. le comte de *Mirabeau* a pour lui tous les *Noailles*, tous les *Vaudreuil*, tous les *Polignac*, la reine même. M. le garde-des-sceaux a beaucoup d'ennemis & de rivaux; cette nouvelle agression pourroit lui devenir funeste.

De son côté le marquis de *Mirabeau* vient d'essuyer une nouvelle mortification de la part de sa femme qui, malgré son opposition, séparée de corps & de biens, a obtenu tout récemment au parlement de vendre une terre. Il paroît même qu'elle triomphe de ce redoutable époux; qui sollicitoit une lettre de cachet pour la faire renfermer.

14 *Mai.* Sur les *Danaïdes* & le *Mariage de Figaro*, qui depuis un mois attirent une si grande affluence à l'opéra & au théâtre françois, on a

fait l'Epigramme suivante, qui les caractérise à merveille :

Pour les deux nouveautés de Paris idolâtre,
Excitant les bravo, l'incroyable fureur,
Moi, je déserterois à jamais le théâtre :
L'une me fait pitié, l'autre me fait horreur!

14 *Mai. Apologie de la justice d'alors*, 1784. Tel est le titre qu'on a donné au mémoire présenté par le parlement au roi, & résultat du travail des commissaires pour la réforme de la justice, suivant lequel tout seroit bien à-peu-près, il n'y auroit rien à critiquer que les frais excessifs occasionnés par les impositions du roi ; ce qui ne dépend pas des magistrats. On croit que ce mémoire est celui rédigé par M. d'*Amecourt*.

15 *Mai*. M. *Court de Gebelin*, l'auteur du *Monde primitif*, vient de mourir : quoique protestant, il étoit censeur royal.

15 *Mai*. Le vendredi 7, aux chambres assemblées, quand il fut question de lire le mémoire de M. d'*Amecourt*, à présenter au roi & d'y donner la dernière main, des membres des enquêtes s'y opposèrent & prétendirent qu'on avoit exclus, mal à propos celui de M. d'*Outremont*. Il résulta de violents débats. Les grands-chambriers déclarèrent qu'ayant été discuté & rejeté dans l'assemblée des commissaires, il n'en devoit plus être question. Les défenseurs de ce mémoire vouloient qu'ayant éprouvé le feu de la contradiction, & revu par l'auteur, il fût le meilleur. En un mot, ils soutenoient que le mémoire de M. d'*Amecourt*, n'étoit que l'ouvrage des commissaires, & de la

grand'chambre au plus; que celui de M. d'*Outremont* ayant au contraire le vœu des enquêtes & requêtes, devoit être celui de la compagnie. Sur quoi l'on convint d'aller aux voix, & que celui qui en auroit le plus seroit réputé le mémoire du parlement. Il s'est trouvé cinquante six voix pour M. d'*Amecourt*, contre trente-huit pour monsieur d'*Outremont*.

16 *Mai*. Un nouveau défenseur des protestants s'éleve & plaide leur cause d'une maniere très-piquante dans une brochure qui paroît depuis peu. Elle a pour titre: *Le vieux Cevenol*, ou *Anecdotes de la vie d'Ambroise Borely, mort à Londres, âgé de cent trois ans, sept mois & quatre jours, recueillies par W. Jesterman*.

L'auteur a joint à cette espece de *Roman moral* des *Réflexions sur les loix relatives aux protestants*.

16 *Mai*. Enfin on sait à quoi s'en tenir sur la musique des *Danaïdes*, par une lettre datée de Vienne le 26 avril 1784, écrite à M. le bailli *du Rollet*. Le chevalier *Gluck* déclare qu'elle est entiérement de M. *Saliéri*; qu'il n'y a d'autre part que celle des conseils, que ce nouveau débutant à Paris a bien voulu prendre de lui, & que son estime pour son éleve & son peu d'expérience lui ont inspiré.

M. le bailli *du Rollet*, muni de cet aveu, a vraisemblablement voulu attendre qu'à l'abri du grand nom qu'elle portoit, la musique des *Danaïdes* eût bien pris, avant de publier ce qui en étoit. Ce n'est que par une lettre aux journalistes de Paris, datée d'hier 15 mai, qu'il a jugé à propos de révéler ce secret.

17 *Mai*. Les motifs d'évocations & attribu-

tions fondés sur l'énormité des frais de justice, paroissent, suivant le début du mémoire du parlement, avoir en effet déterminé les magistrats à s'empresser d'examiner si ces bruits étoient fondés. Le coup de fouet donné au parlement, le 22 juillet dernier, par des ordres du roi directs à cet égard, les ont forcés à ne point abandonner leur travail, malgré son inutilité prévue.

L'on convient dans le mémoire, que les frais de justice sont énormes. Cela tient à des causes particulieres & à des causes générales.

Les causes particulieres sont les abus qui naissent de l'inexécution des loix faites pour les prévenir. Il dépend des magistrats de les mettre en vigueur, de les exécuter, & c'est ce qu'ils font à l'égard de tous les suppôts qui sont sous leur discipline : mais on ne peut punir que des délits prouvés, & les prévaricateurs ont grand soin de s'envelopper d'une nuit salutaire. Au surplus, ces cas sont rares. Les greffiers avides sont contenus par la surveillance des chefs ; les procureurs sont honnêtes pour le plus grand nombre, & les sécretaires, réduits à un simple méchanisme, ne peuvent guere exercer l'arbitraire des salaires.

Il n'en est pas de même des causes générales qui influent également sur toutes les affaires, frappent sans distinction toutes les especes, & dont l'effet est d'autant plus funeste, qu'il est le résultat inévitable des loix qui les produisent, & dont l'exécution est absolue & journaliere. Les magistrats n'y peuvent rien ; ils sont les premiers à en gémir, & à plaindre le sort du malheureux plaideur.

C'est ainsi que l'auteur du mémoire, en rejettant toute la plus grande énormité des frais sur le compte du roi, lie la cause des magistrats à celle de sa majesté, & rejette sur le gouvernement tout l'odieux qu'on voudroit leur imputer.

Ce n'est pas sans doute sans malice que dans la longue énumération des impôts dont on a grevé tous les détails & toutes les opérations de la justice, l'auteur cite les déclarations de juin & de juillet 1691, où *l'état se plaint de ce qu'on met dans une page ce qui pourroit en occuper plusieurs; & pour prévenir la diminution que le droit du timbre en souffriroit, fixe le nombre des lignes de chaque page & des syllabes de chaque ligne.* Passage burlesque, révoltant, qui verse à la fois le ridicule sur l'administration d'alors, & souleve l'indignation contre elle.

L'auteur du mémoire passe légérement sur les vacations & épices, autre impôt mis sur la justice, accordé aux magistrats pour leur fournir un traitement proportionné à la finance de leurs offices, & à leurs travaux. Quoiqu'il soit arbitre pour tous les membres du parlement *modérément* & *non excessivement*, leur vœu commun est qu'il soit supprimé.

Tel est le précis du mémoire, supérieurement bien fait, mais avec beaucoup d'astuce & qui ne resteroit pas sans réplique si l'on y vouloit répondre. Il est clair, serré, précis, méthodique; le style en est ferme, noble & austere: c'est un petit chef-d'œuvre dans son genre, où le mensonge même a l'air d'ingénuité, & la cupidité est artificieusement cachée sous les apparences du zele & du désintéressement.

17 *Mai.* On apprend de *Bordeaux* qu'un aérostat qu'on y devoit lancer, spectacle pour lequel non-seulement toute la ville, mais tous les environs

s'étoient rassemblés, n'ayant pas eu lieu, il s'en est suivi une révolte si considérable, qu'il y a eu des gens morts, beaucoup de blessés & un tel désordre, qu'on a été obligé de demander les troupes du *Château-Trompette*.... On a saisi quelques mutins. Par arrêt du parlement, deux ont été pendus sur le champ, un banni à perpétuité, & deux condamnés seulement à assister à la potence. C'est le 3 de ce mois qu'est arrivée l'émeute.

17 *Mai*. Extrait d'une lettre de Besançon, du 17 mai.... Depuis six semaines environ notre parlement est dans l'inaction, & ne juge aucune affaire, par la scission nouvelle des avocats. En voici l'origine:

L'ordre venoit de rayer du tableau Me. *Marguet*. C'étoit un fait notoire que lui ni les magistrats ne pouvoient ignorer. Jusqu'à présent on ne connoissoit point encore d'exemple d'un avocat qui eût osé se montrer au palais, & parler dans cet état. Celui-ci, peu après, a paru à la grand'chambre pour plaider dans une cause dont il étoit chargé précédemment. Son adversaire, avant qu'il ouvrît la bouche, prévient les magistrats de la radiation de Me. *Marguet*, & leur déclare qu'il ne peut défendre contre lui. L'on va aux voix, & sous le prétexte sans doute que le bâtonnier n'avoit pas prévenu les présidents des chambres de la délibération de l'ordre, l'on opine de passer outre, & l'on permet au rayé de plaider: l'autre se retire; les avocats qui devoient plaider dans diverses causes ce jour-là, désertent aussi le palais: on mande le bâtonnier, qui déclare le motif de la cessation des fonctions de son ordre. La tournure alors de cette querelle devient juridique, & l'on décrete le bâtonnier d'*assigné pour être ouï*.

Tous ses confreres rassemblés conviennent de renvoyer les sacs aux procureurs, & non-seulement de ne pas aller au palais, mais de ne donner aucune consultation par écrit ou verbale.

Depuis ce temps tout est en fomentation. Cependant Me. *Monnot*, avocat, député de son ordre, est aujourd'hui à Paris, pour concilier l'affaire avec le garde-des-sceaux.

18 *Mai*. On ne sait s'il a existé un *Cevenol* mort à *Londres*, âgé de cent trois ans, sous le nom d'*Ambroise Borely*; mais sa vie n'est certainement pas traduite de l'anglois; elle est même fictive, & à la lecture de l'ouvrage on le juge aisément. C'est la production d'une imagination exaltée; tournure heureuse pour peindre d'une façon nouvelle & plus frappante la monstrueuse législation qui existe encore en France contre les *protestants*, suivant laquelle ils sont tourmentés par des déclarations du roi depuis le moment de leur naissance, jusqu'à leur mort & après. Ils ne peuvent ni croître, ni s'éduquer sous les yeux de leurs parents, ni prendre un état ou profession, ni se marier, ni quitter le royaume, ni hériter ni tester, ni être enterrés, &c.

Ces loix barbares, il est vrai, ne sont pas toutes en vigueur aujourd'hui; elles sont même, pour le grand nombre, tombées en désuétude; mais enfin elles subsistent, & sont fréquemment invoquées par des gens intéressés à leur exécution.

On ignore quel est l'auteur de ce roman moral, plein de chaleur, de sensibilité, de mouvement. Il s'annonce pour être revenu depuis quatre ans des cours du nord, ce qui sembleroit indiquer quelqu'un employé dans le corps diplomatique. Son style est vigoureux & rapide, mêlé de sarcasmes à la *Voltaire*, mais sur tout de ces élans d'une ame forte & énergique, profondément émue à la vue des maux, des injustices, des cruautés & des atrocités qu'éprouvent nos semblables & nos freres.

Dans la dissertation qui suit la *vie du Cevenol*, le même écrivain expose ses réflexions relatives à la nécessité de révoquer les loix qui s'opposent au droit naturel de la nation. Il répond à quelques objections qu'on pourroit faire sur sa proposition ; il examine les avantages réels qui résulteroient de la tolérance des protestants ; & sans rien dire de neuf sur cette matiere, il remet sous les yeux des vérités qu'il ne faut pas se lasser de répéter jusqu'à ce qu'elles aient opéré l'heureux effet qu'en attendent les philosophes.

18 *Mai*. Pendant qu'on entreprend des canaux de toutes parts, M. *Tellès d'Acosta*, grand-maître des eaux & forêts de France, dans un supplément à l'instruction sur les bois de marine & autres, donnée en 1778, se plaint qu'on ait discontinué les travaux du canal souterrain de la *Picardie* ou de *Saint-Quentin*, que le célebre *Laurent* avoit commencé, dont l'objet étoit de joindre la *Somme* qui passe à *Saint-Quentin*, à l'*Escaut* qui passe à *Valenciennes*. Ce canal, non-seulement eût été des plus intéressants en temps de guerre, pour des munitions navales, mais on pourroit à présent tirer des charbons de terre de *Valenciennes* & autres mines, & même des bois pour tous usages.

18 *Mai*. M. *d'Aubenton*, de l'académie des sciences, a été choisi par M. de *Calonne*, pour présider à différents établissements utiles. Ce ministre a sur-tout accueilli celui des bergeries, dont on a l'obligation au philosophe. Selon son projet,

les moutons passeront neuf mois de l'année dans les champs, & au moyen des grosses sonnettes que chaque mouton portera au cou, il assure qu'il n'aura rien à craindre des loups; le bruit de ces sonnettes étant suffisant pour les effrayer.

Les intendants de plusieurs provinces du royaume ont reçu des ordres de faire des essais en ce genre, & il a été envoyé aux subdélégués des instructions pour les faire exécuter dans les campagnes.

Fin du vingt-cinquieme Volume.

www.ingramcontent.com/pod-product-compliance
Lightning Source LLC
Chambersburg PA
CBHW070751170426
43200CB00007B/737